华章经典 · 金融投资

漫步华尔街

| 原书第13版 |

A RANDOM WALK DOWN
WALL STREET

The Best Investment Guide That Money Can Buy

(13th Edition)

〔美〕伯顿·G. 马尔基尔 著 张伟 译

（Burton G. Malkiel）

机械工业出版社
CHINA MACHINE PRESS

图书在版编目（CIP）数据

漫步华尔街：原书第 13 版 /（美）伯顿·G. 马尔基尔（Burton G. Malkiel）著；张伟译 .—北京：机械工业出版社，2024.3

书名原文：A Random Walk Down Wall Street: The Best Investment Guide That Money Can Buy（13th Edition）

ISBN 978-7-111-75350-6

Ⅰ . ①漫…　Ⅱ . ①伯…②张…　Ⅲ . ①金融投资　Ⅳ . ① F830.59

中国国家版本馆 CIP 数据核字（2024）第 054873 号

机械工业出版社（北京市百万庄大街22号　邮政编码100037）
策划编辑：张竞余　　　　　责任编辑：张竞余　刘新艳
责任校对：马荣华　宋　安　责任印制：单爱军
保定市中画美凯印刷有限公司印刷
2024年7月第1版第1次印刷
147mm×210mm·12.5印张·3插页·310千字
标准书号：ISBN 978-7-111-75350-6
定价：99.00元

电话服务　　　　　　　　网络服务
客服电话：010-88361066　机 工 官 网：www.cmpbook.com
　　　　　010-88379833　机 工 官 博：weibo.com/cmp1952
　　　　　010-68326294　金 书 网：www.golden-book.com
封底无防伪标均为盗版　机工教育服务网：www.cmpedu.com

谨以此书献给爱妻南希和派珀[○]

○　派珀应是作者妻子养的狗之类的宠物。——译者注

致　谢

我在此特别感谢诸多个人，他们提供了必要的数据资料，使支持本书所提建议的实证分析得以持续更新。《漫步华尔街》第1版问世至今已五十载，我更加坚信本书最初所确定的主题。从过去半个世纪投资经验中提取的数据显然支持这样的观点：基于大型指数的指数化投资，乃是财富管理的最优策略。

对给本书以前数版提供过很多帮助的金融从业人员、金融机构和学术同僚，我依然深怀感激之情。此外，我必须向数位人士致以诚挚的谢意，他们为此五十周年版做出了特殊贡献，裨益尤甚。Leuthold集团的Kristen Perleberg提供了更新的数据计算，有助于解释以往证券收益模式。Larry Swedroe分享了与证券收益因素相关的数据，以及显然考虑了组合投资的环境、社会和治理方面而得出的历史结果。Jeremy Schwartz和Jeremy Siegel更新了长期股票收益的计算结果。Scott Donaldson为年度收益提供了最近的引用数据。

先锋集团的Andrew Shuman收集了共同基金数据，因此书中大量为投资建议提供支持的图表和模拟计算，便有了数据基础。我所在的普林斯顿大学的学生助理Shazra Raza也协助做了研究。James

Lange 在诸多方面为此周年版提供了支持。

我与 W.W. 诺顿出版公司依然保持极好的合作，感谢该公司的 Brendan Curry 和 Caroline Adams，他们为此版的问世提供了不可或缺的帮助。

我的妻子南希·韦斯·马尔基尔（Nancy Weiss Malkiel）对过去 9 版的成功完稿贡献最大。除了给予我最富有爱意的鼓励和支持，她还仔细阅读了书稿的大量草稿，在清晰和准确的文字表达方面，提出了数不胜数的建议。她甚至能找出从我和众多校对员、编辑眼下溜走的错误。最重要的是，她给我的生活带来了难以置信的快乐。她最应得到本书的题献。

伯顿·G. 马尔基尔

2022 年 7 月于普林斯顿大学

五十周年版前言

自从《漫步华尔街》第1版问世，至今已经过去50年。初版给出的投资建议很简单：倘若投资者买入并持有以大型指数为基础的指数基金，而不是勉为其难地买卖个股或主动管理型基金，那么他们的财务境遇便会好得多。彼时我就大胆提出，影响个体上市公司前景的任何信息，都将很快反映在其股价之中。在这样的情况下，一只蒙着眼睛的大猩猩向不同公司的股价列表投掷飞镖，也能选出一个收益表现与专家所选一样好的投资组合。当然，此建议并非真的要投掷飞镖。更为准确的类比是，扔一条毛巾覆盖于股价列表之上，买入并持有股市某个大型指数的所有成分股。如此选定的投资组合，其投资业绩很可能会超过专业人士管理的股票基金，因为那些基金每年向投资者收取高昂费用，在交易操作中支付大量交易成本，加上税收影响，会使投资回报大打折扣。

50年后的今天，我更加坚信最初的观点，之所以如此，是因为有一个七位数的优势回报证明我的看法正确。假设在1977年初（即第一只指数基金发行上市时），某位投资者将1万美元投在指数基金上，并且此后将所有股利再投资于指数基金，那么到2022年初，这一投资组合的价值就会达到2 143 500美元。同时，另一位投资者在

1977 年初用 1 万美元购买投资业绩平平的主动管理型基金份额，那么这笔投资会增值到 1 477 033 美元。两位投资者的回报差距之大，令人震惊。截至 2022 年 1 月 1 日，购买指数基金的投资者要多赚 666 467 美元。

如今，人们已广泛接受这样的观点：指数化投资乃是最优投资策略。目前，投入股票基金中的资金，超过一半投于指数基金。另外，还有数万亿资金投在指数化的交易所交易基金（ETF，即在公开证券市场交易的指数基金）中。但在当初，投资者应当购买指数基金的观点却遭人嘲笑，被奚落为愚蠢且不慎。

若说《漫步华尔街》最初未收到积极回应，恐怕是极为轻描淡写的说法。一位股市专业人士在《商业周刊》杂志上撰写评论，对第 1 版进行全面抨击。这位书评人认为，书中呈现的观点往好里说是幼稚，往差里说则是糊涂。为何投资者应当满足于"有保障的平庸收益"？这位评论者感到困惑不解。还有一些评论者将我们的金融市场相当有效这一观点，描述为"经济思想史上一个最为显著的谬误"。

很幸运，我并未被吓倒。我想，如果无人厌恶你所撰写的东西，那么你出版的东西或许不值一写。不发一言，不做一事，你总能避免批评指摘。

本书面世三年之后，先锋集团首席执行官约翰·博格推出第一只社会公众可以投资的指数基金。"首只指数基金"的市场反响，并不比《漫步华尔街》更好。先锋集团雇用一些华尔街投资银行家打算出售 2.5 亿美元的基金份额，开始创设这只基金。结果，这些专业人士只能找到价值 1 100 万美元份额的基金认购人。尽管先锋集团愿以零佣金发售更多的基金份额，但认购者仍是寥寥。我曾跟约翰·博格开玩笑说，他和我是仅有的基金份额持有人。人们普遍把这只基金说成一个失败的产品，称之为"博格干的蠢事""注定会失败"，甚至"根本不是美国的东西"。此后多年，这只指数基金都未吸引多少资金投入。然而即便乐观如约翰·博格，也无法想象指数化投资最终竟达到数万亿美元的规模。

读者将看到大量支持以下观点的证据：我们的市场会无延迟地反映新的信息，而且高度有效。多年来累积的证据应令人信服，即使对我当初倡导的指数化投资观点持怀疑态度者，也应当成为信奉者。最重要的是，本书始终旨在提供全面的投资指南，并对其中所包含的投资思想的实际应用给予清晰的阐释。但是首先，我想尽可能简单地告诉你"有效市场"这一术语的含义，以及该术语在新闻媒体中常常如何受到错误解读。此外，我想阐明一些常识性理由，说明指数基金为何应当成为为退休生活能够舒适或实现财务安全而攒钱的人的核心投资。

指数化投资是将你的投资组合中的核心资金进行投资的最佳方法，这一观点背后的理论常以"有效市场假说"（简称 EMH）的花哨名头出现。阿尔伯特·爱因斯坦曾谈及假说和理论："如果你无法向一个六岁儿童解释清楚假说和理论，那么说明你自己并不理解。"下面便是我对这一理论的简单解释。

有效市场假说由两个基本原则构成。该假说首先认为，公开信息会无延迟地反映到股票价格之中。利好（或利空）任何金融工具未来价格的信息，总会反映在该资产今日的价格之中。如果一家现在以每股 20 美元价格交易的制药公司获准生产一种新药，而这种新药将在明天赋予该公司以每股 40 美元的估值，那么，其股价将立即升至每股 40 美元，而不是缓慢地涨到这一位置。因为任何人以低于 40 美元的价格买入都将立即获得收益，所以我们可以预期市场参与者会无延迟地将股价推高至 40 美元。

当然存在一种可能，即这一新信息的充分影响不为市场参与者立即明白。有些参与者可能会大大低估这种新药的意义，而另一些参与者可能会大大高估其意义。因此，市场可能会对信息反应不足或做出过度反应。新冠疫情便是一个极好的例证，证明投资者情绪和预测其对经济破坏的广度和深度之难，如何能造成市场的强烈波动。但是，对信息的系统性反应不足或反应过度是否会为股票投资者提供获取超额收益的机会，这一点丝毫也不清楚。有效市场假说的这一方面必然包含该假说的第二个基本原则——在我看来，也是更为基本的原则。在有效市场中，若不承担额外风险，便不可能获取额外收益。

缺乏获取额外收益的机会这一点，我常常通过讲在金融学教授中流行的一个笑话加以解释。笑话说的是，一个主张有效市场假说正确的教授正和一名学生走在大街上。学生发现地上有一张百元钞票，便弯腰将其捡起。"别费事把它捡起来，"教授说，"如果真是一张百元钞票，它不可能在那儿。"若想把这个笑话说得不那么极端，可以改成：教授立即让学生捡起钞票，因为这张钞票不会在地上躺很长时间。在有效市场中，竞争将确保获得风险调整后超常收益的机会不会持续存在。

有效市场假说并不意味着股价总是"正确"的，也不意味着所有市场参与者总是理性的。大量证据表明，很多（或许是多数）市场参与者远非理性，并且在处理信息的过程中以及在交易习惯上，存在着系统性偏差。但是，即使股价总是由理性投资者确定，（依赖于不完美预测的）股价也绝不可能"正确"。股价始终是"错误的"。有效市场假说意味着我们永远不可能确切地知道股价已然过高还是过低。而且，任何可归因于做出比市场一致看法更为准确的判断而收获的利润，都不代表不承担远高于投资指数基金的风险，便可获得额外收益的机会。

我深知，股市有时可能会犯下极其严重的错误。2021年1月，大批疯狂的互联网投资者将游戏驿站（GameStop）的股价由15美元推高至近500美元，然后股价于2月暴跌回到应有的位置。2000年初，整个股票市场狂飙突进，飙升至前所未有的估值高度。此后一段时期，市场高扬期间的领头羊股票价格均下跌90%以上。但是，即便如此巨大的股市泡沫（有人认为是有效市场假说的铁定反证），亦未给投资者提供任何轻松获取超额收益的途径。

任何人都无法成功预测这场泡沫将膨胀至何种程度，也无法预测何时可能破裂。1996年，股价和市盈率已上涨到异常的高度。市盈率升至令人流鼻血的地步。这种股市形势对时任美联储主席艾伦·格林斯潘产生了影响，致使他发表了一次著名讲话，暗示股票市场已处于泡沫阶段，投资者的所作所为正是"非理性繁荣"的表现。此后，股票市场止跌反弹，强力上涨达四年之久，此次讲话之后买入股票的长期投资者收获了不菲的投资回报。

我们现在知道（这是事后知道），2000年初，股票的市场价格已登上巅峰。但是，没有任何人能提前准确辨别出泡沫的时间。事实上，大量证据表明，试图择时而动的个人和机构投资者，不可避免地会做出错误的事情。他们在乐观情绪甚嚣尘上、股价攀上高峰之际，买入股票，而在悲观情绪肆虐市场、股价跌至底部之际，卖出手中所持股票。虽然有些投资者因做出比市场一致看法更为准确的判断，在某些时段获得了超额收益，但这并不代表无风险的超额收益存在着未加利用的套利机会。这样的交易极具风险。另外一些投资者赌市场会下跌，在经济上遭受毁灭性打击。即使是一些对冲基金，它们在游戏驿站股票正上涨至"平流层"高度时，对其进行反向押注，也遭受破产清盘的损失。

市场能够相当迅速且无延迟地处理信息这一观点，让人联想到股价随着时间推移而变动，好比在随机漫步的观点。"随机漫步"这一术语本是数学概念，意思是一个数字序列中的下一个数字，完全独立于该序列中的前一个数字，并且不可预测。这一术语的首次运用似乎是在1905年《自然》杂志中出现的通讯交流之中。这篇通讯的主题是找到被扔在一处野地中的醉汉的最优搜寻步骤。答案相当复杂，但寻找的起始点就是醉汉被扔的地方。因为如果醉汉移动步伐，他很可能会以随机且无法预测的方式跟跄而行。

同理，如果股票的市场价格充分消化信息和所有市场参与者的预期，那么价格变动必然是随机的。股价当然会随着新信息向市场披露而发生变动，但现实中的信息却是随机的，不可能根据过去发生的事件进行预测。因此，在信息有效的市场，价格变动是无法预测的。价格的随机变动不意味着股票市场变化无常。随机属性表明，市场是一个运转良好的有效市场，而不是一个没有理性的市场。

如果股价合理地反映了所有已知信息，那么即便信息贫乏的投资者根据市场提供的一系列股票购入多样化股票，也会获得与专业投资人士同样丰厚的回报率。

当然，存在一种可能，即股票市场未能充分反映某一新信息，且逐日价格变动可能在某些实例中偏离随机属性。因此，从"相对"而非绝对有效的角度看待股票市场，很可能非常有益。麻省理工学院经济学家罗闻全（Andrew Lo）说，鲜有工程师会考虑测试一台特定发动机是否完全有效。但是工程师会尝试测量这台发动机相对于无摩擦的理想状态下的有效性。同样，为了接受有效市场假说而要求我们的金融市场完全有效，是不切实际的。但是，我相信，市场在消化信息并使之在股价中反映出来这一方面卓有成效，并且，我们的股票市场具有显著的有效性。有不可置疑的证据表明，低成本指数基金的收益表现并不平庸。相较于表现平平的主动管理型基金，指数基金给投资者提供的回报率整整高出 1 个百分点。

股票价格有时的疯狂表现，使得很多人难以接受有效市场假说（哪怕是相对有效）。但是，即便是不信奉这一假说的人，也应当拥抱指数基金，将其作为最优投资组合。指数基金的收益表现应当会继续优于主动管理型基金，即使市场并不有效。

请思考下面这样一个三段论。任何市场中的所有股票必然为某些人所持有，这一点无可置疑。美国股票市场中的所有股票要么为个人所持有，要么为机构所持有。因此，作为一个整体，投资者获得的总收益会等于股票市场所产生的任何可能的收益。指数基金作为一个整体，通过持有整个股市中的所有股票，也将获得市场收益。不过话说回来，这必然产生一个结果：所有其他投资者若主动管理其投资组合，也将获得市场总收益，因为他们可以获得的股票将是整个市场投资组合的一部分。

竞争已使得指数基金收取的管理费实质上降到了零。然而，主动管理型基金的投资者需要每年支付接近 1% 的管理费（这是向主动管理型基金投资者收取的平均费率）。因此，指数基金投资者，相较于主动管理型基金投资者，每年会获得平均高出近1%的净收益。而且，这种差异还未考虑到（不买卖个股的）指数基金会产生较低的交易成本和税收负担。

在我看来，证明股票市场极为有效的最令人信服的证据是，股票市场格外让人难以战而胜之。倘若市场价格一般由非理性投资者决定，人们能轻易识别可以预测的盈利模式或可资利用的定价错误，那么专业的投资管理人应该能打败市场。在本书后面的部分，我会给出充分证据，说明主动管理型投资者的表现如何之劣。在此，我要特别指出，每年大约三分之二被专业管理的股票投资组合的表现劣于一只简单的指数基金。而在某一年中战胜市场的三分之一的投资组合，通常到了第二年并非再次表现较优的投资组合。因此，当你观察主动管理型基金连续10年和15年的投资表现时，你会发现，其中90%的基金的表现不如市场。并非表现优于市场不可能做到，而是要找到真正善于挑选股票的明星基金好比在大海里捞针。如果你试图选出未来的明星基金，得到的收益结果可能远逊于一只简单的指数基金。而且，仅仅是某个基金经理在过去一年或十年里打败了市场，并不能可靠地向你表明，该基金经理会在接下来一年或十年里同样表现得优于市场。专业人士在战胜市场方面有着巨大的自身经济利益驱动，直接衡量他们所获得的实际收益是证明市场有效的最令人信服的证据。正如华尔街一句著名的箴言所说：当你确信已握有战胜市场的钥匙时，锁却被换掉了。

如果本书的基本主旨（市场有效，因而指数化投资乃是最优投资策略）是正确的，那么本书为何有必要在50年的历史中出版13版呢？回答是：随着时间的推移，大众可以获得的金融工具一直不断发生着巨大变化，而且不断累积的证据也强烈支持我所建议的投资策略。本书初版问世之时，指数基金甚至尚未诞生。一本旨在为个人投资者提供全面指导的投资理财书，需要与时俱进、及时更新，以涵盖人们可资利用的所有投资产品。再者，本书以每一个对投资感兴趣的人都能理解的通俗易懂的文字，对学术界和市场专业人士提供的大量新资讯进行了评判性分析，也可以使投资者获益良多。关于股市的观点和主张一直以来众说纷纭，让人无所适从，拥有一本澄清是非、揭示真相的书可谓十分必要。

50 年来，我们已习惯于接受物质环境中迅速发生的技术变化。如今，我们更有可能在家里通过流媒体服务享受电影和视频游戏，而无须去电影院或者购买实体光盘。即便新冠疫情有所趋缓，我们也仍然通过虚拟方式与人会见、交往。我们越来越多地通过网络获得日常资讯。新的医学进步对我们的生活质量产生了重大影响。电动汽车和无人驾驶汽车不再专属于科幻小说。随着人工智能的进步，我们的学习能力获得了提升，云技术已使工商企业得以加速创新，增强业务敏捷性，并降低了经营成本。

在过去 50 年间，金融领域的创新同样发展迅速。1973 年，本书初版问世，那时我们还没有货币市场基金、自动取款机、指数基金、交易所交易基金、免税基金、新兴市场基金、目标日期基金、浮动利率债券、波动性衍生工具、防通胀国债、权益型房地产投资信托、资产支持证券、罗斯个人退休金账户、529 大学教育储蓄计划、零息债券、金融和商品期货与期权以及新型交易技术。这些例子只是金融环境里出现的众多创新中的一部分。

今天，我们可以无须支付佣金而买卖股票，而且可以通过智能手机做到。指数化投资可以通过购买指数基金和交易所交易基金进行，这两类基金所收取的管理年费接近于零。本书初版之后的各版陆续包含很多新增内容，用以阐释各种金融创新，并说明投资者可以得益于其中哪些创新。如此多的新内容添加进来，即便在大学时代读商学院时看过本书以前版本的读者，也会发现这本五十周年版值得一读。

对于个人投资者而言，本书依然是一本可读性很强的投资指南。书中强调定期储蓄并投资指数基金非常重要，将之视为积累财富的唯一可靠途径。书中会阐述多样化投资和重新调整投资组合内资产类别权重，证明它们是控制投资风险的有效技巧。书中阐述了费率高昂如何消耗投资收益，有利益冲突的所谓的财富管理人如何常常将其自身利益置于客户之上。此外，本书还强调税收管理的重要性，并提供方案使个人投资者得以在避税的同时随着时间的推移让自己的投资收益呈复利增长。

最为重要的是，本书旨在赋能读者。本书不仅教给你股票市场的运行机制，还教给你在做出最佳投资决策时如何克服无力之感。市场专业人士常常说，严格意义上的投资极为复杂，普通人无法独自获得成功。事实胜于雄辩。最佳投资策略非常简单。我撰写本书的目的在于向你表明，为了实现你的投资目标并达成财务稳定，做出有见识、有效果的投资决策乃是轻而易举之事。不要认为你自己做不到。你的金融投资生活，应由你自己去塑造。一旦你感到自己有能力掌控自己的储蓄和投资选择，你便会体验到更多的满足感、自豪感，还会改善你的情绪健康。

成为一个收益高于平均水平的投资者并不难，实际上极其简单。在生活中，容易做的事情常常并非明智之举。矛盾的是，世界变得越复杂，简单投资策略越是获得投资成功最保险的途径。难以做到的是，严守定期储蓄小额资金的纪律，并坚定不移地做下去，无视市场出现的难以避免的危急时刻，比如新闻报道说天要塌下来，经济灾难必定随之到来时。事实上，你做出的获利最为丰厚的投资，正是在悲观情绪肆意蔓延于市场之时。

先锋集团的股市指数基金的实际净收益可以证明此处所述观点令人信服。假设一位投资者早早便开始进行指数化投资，选择一只多样化股票指数基金作为单一投资工具。（我在现实中会建议初入社会的年轻人照此去做，选择一只指数化的股票基金积累财富。）对于一个45年前，即指数基金首次问世的时候，便开始这一进程的投资者来说，投资结果令人惊讶。假设这个投资者当初投资500美元，然后每月投入100美元。这个投资者一生会投入53 200美元。若随后所有股票红利均再投资于这只基金，那么截至2022年1月，其投资组合会价值近150万美元。

过去45年间，有很多时候看起来都到了世界末日。1987年，股市曾于一天之内暴跌20%的市值。2000年网络股泡沫破裂之时，一些最知名的增长型公司丧失多半市值。苹果公司股价跌幅达80%，亚马逊市值损失90%以上。在2007～2008年金融危机期间，市场极度悲观。随着新冠疫情于2020年变得严重，很多新闻报道言之凿凿，对我们说世界铁定已发生根本性改变，并且无法挽回。

这些已足以说明问题。关键点在于一个每月储蓄100美元并将其投入股票指数基金的人却已身家达百万。

诚然，上述基于先锋集团指数基金的计算结果，只是一个虚构的例证。但是，我可以向你保证，无数投资者已遵循我的投资建议，并在今天收获着投资回报。我收到心怀感激的读者来信，信中所言使我深信，通过遵循本书倡导的简单投资策略，他们已获得类似的投资结果。

我甚感欣慰，《漫步华尔街》长销不衰，一直享有读者的好口碑。本书能对投资界产生影响，使之认识到被动投资的益处。本书有助于引导人们接受交易所交易基金（即在有组织的证券市场持续交易的指数基金）。本书一直为全球诸多大学和商学院所用，有助于普及一些永不过时的投资组合建议，比如成本最低化、定期储蓄、多样化投资、重新调整组合内资产类别权重、税收管理，等等。但是，比这一切更为重要的是，我深感满意，本书已帮助无数普通人实现了财务目标。

对我而言，自本书初版至今五十年来，最大的满足源自无数读者的来信，他们遵循我的建议，从一无所有开始，逐渐积累起可观的财富。有位读者来信告诉我，他在医务工作中从未挣得像样的薪水，却通过逐月小额积攒并投资于指数基金，现在正享受着舒适且无忧的退休生活。读到这封来信，我感到莫大满足。

人们总是希望自己所从事的专业活动，对社会福祉做出实际贡献。如果说测试一本投资理财书是否有益，其标准是"此书是否异于他者并产生了重要影响"，那么，《漫步华尔街》显然通过了这一测试。

目　录

第二部分
专业人士如何参与城里这种最大的游戏

第三部分
新投资技术

第四部分
随机漫步者及其他投资者实务指南

第一部分

股票及其价值

A RANDOM WALK DOWN
Wall Street

第1章

坚实基础与空中楼阁

何谓见利忘义者？就是这样一种人：知道所有东西的价格，却不知任何东西的价值。

——奥斯卡·王尔德

《温德米尔夫人的扇子》

在本书中，我将带你漫步华尔街，领你游览纷繁复杂的金融世界，向你提供切实可行的关于投资机会和投资策略的建议。很多人说，如今面对华尔街专业人士，个人投资者几乎没有什么战而胜之的机会。持有这种观点的人特别指出，专业投资策略中会使用复杂的衍生工具和高频交易。他们会看到媒体报道会计欺诈、巨型收购以及财力雄厚的对冲基金如何兴风作浪之类的新闻。在他们看来，这种错综复杂的形势表明，在当今市场上，个人投资者再也没有容身之地。然而，事实胜于雄辩。你可以做得和专家一样好，或许还可以更加出色。2020年3月，股市大崩盘时，稳健的个人投资者保持着清醒的头脑，正是他们随后看到自己所持有的股票最终收复失地，继而产生了不菲的回报。而许多专业人士因买入自己未能理解的衍生证券，在2008年输得体无完肤；亦有诸多专业人士于21世纪初，在投资组合中过度持有价格过高的科技股，而一败涂地。

本书是一部简明扼要的个人投资指南，涵盖了自保险至个人所得税的所有内容。书中会告诉你如何购买人寿保险，如何避免被银行和经纪人敲竹杠，甚至还会告诉你如何进行黄金、钻石和加密货币投资。但是，本书谈论的主要还是普通股投资。普通股作为一种投资工具，不但在过去提供了丰厚的长期回报，而且在今后的岁月里，仍可能代表着很好的投资选择。本书第四部分阐述的生命周期投资指南，为各个年龄段的投资者提供了不同的投资组合建议，这些建议既具体明确又符合理财目标，其中包括退休后要如何进行投资。

1.1 何为随机漫步

随机漫步（random walk），是指将来的步骤或方向无法根据历史进行预测。这一术语应用到股市，是指股票价格的短期波动无法预测。投资咨询服务、公司盈利预测、图表形态分析全无用处。在华尔街，"随机漫步"这个术语是一个贬义词，是学术界创造出来并用以高声谩骂那些专业预言者的。在逻辑上极而言之，这一术语意味着被蒙住眼睛的猴子向股票列表投掷飞镖，选出的投资组合也能与专家挑选的表现一样好。

当然，西装笔挺的金融分析师可不喜欢被比作光着屁股的猴子。他们反驳说，学术界人士浸淫于方程式和希腊字符（更别提沉闷古板的学术文本），连牛和熊都分不清，即便它们跑进瓷器店里也辨不明。市场专业人士为了对抗学术界的猛烈抨击，用两种武器来武装自己。这两种武器被称为基本面分析和技术分析，书中第二部分会进行详细论述。学术界为了应对市场专业人士使用的这两种武器，便以弱式有效市场、半强式有效市场、强式有效市场这三种版本，将随机漫步理论模糊化，同时创立了属于自己的被称为新投资技术的理论。这种新理论包括一个名为 β 的概念，"聪明的 β"就包含在其中，我对此颇不以为然，准备重重地踩它两脚。到了 21 世纪初，有些学术界人士也加入了市场专业人士的阵营，认为股票市场还是有点儿可预测性。时至今日，你也能看到盛大的战斗仍在进行。战斗双方打得你死我活，因为事关双方的切身利益，学术界人士为终身职位而战，市场专业人士为奖金红利而斗。所以我想，在华尔街漫步，你会感到很惬意。这里具有戏剧高潮的所有要素，包括巨额财富的创造和丧失，也包括这一切何以发生的经典论点。

但是，在开始漫步之前，或许我应该做一番自我介绍，陈述一下我作为导游的资格。在撰写本书的过程中，我利用了自己三个方面的人生阅历，每种阅历都为了解股市提供了不同视角。

首先，讲一下我在投资分析和投资组合管理两个领域的专业经历。职业生涯开始的时候，我在华尔街一家顶级投资银行担任市场专员。后来，我在一家跨国保险公司担任投资委员会主席，也在一家全球最大的投资公司担任董事多年。这些经历所具有的视角，对我来说是不可或缺的。毕竟，生活中有些事情，涉世未深的人是无法充分领略或理解的。在股市上，可谓道理亦然。

其次，我现在的职位是经济学家，同时也是数家公司的投资委员会主席。通过专门研究证券市场和投资行为，我已获得完备的学术研究知识，取得了一些关于投资机会的新研究成果。

最后，同样重要的是，我一直是个投资者，并且是个成功的市场参与者。究竟有多成功，我是不会说的，因为学术界有一种奇特现象，就是认为教授不应该赚钱。教授可以继承很多钱、通过嫁娶得到很多钱、花掉很多钱，但万万不应挣很多钱，挣很多钱便是不务学术之正业。

无论如何，教师应当"有献身精神"，政客和行政官员经常如是说，尤其是要给学术界的低工资做出合理解释的时候，更是如此。他们说学者应当追求知识，而不应当追求金钱回报。因此，正是从学者应当追求知识这个意义上，我一定要向你讲述我在华尔街取得的胜利。

书中包含大量事实和数据，但你不必为此烦恼。本书专门为金融门外汉撰写，为其提供切实可行、经过检验的投资建议。阅读本书，你不必具备金融知识，你只要怀有让投资为你赚钱的兴趣和渴望就行了。

1.2　如今，投资已成为一种生活方式

行文至此，我最好先解释一下我所谓的"投资"是什么意思，以及我如何区分这种活动与"投机活动"。我将投资视为一种购买资产的方式，其目的是获得可以合理预期的收入（股利、利息或租金），或者在较长时期里获得资产增值。投资与投机的区别，通常就在于对投资回报期的定义和投资回报的可预期性。投机者买入股票，希望在接下来几天或几周内获得一笔短期收益；投资者买入股票，希望股票在未来会产生可靠的现金流回报，在几年或几十年里带来资本利得。

在此，我要郑重说明，本书并非为投机者而作，亦非为超短交易者（超短交易者受零佣金的诱惑，而在股价以小时为单位的波动上下注）而作。实际上，若给本书加上一个副标题"稳步致富"，恐怕就很贴切。请记住，仅仅为了保值，你的投资就得产生与通货膨胀率持平的回报率。

21世纪最初一二十年间，美国和多数发达国家的通货膨胀率降至2%以下的水平；21世纪第三个十年初始，通货膨胀率直线飙升，而很多分析师却认为，物价水平将复归相对稳定。他们表示，通货膨胀只是例外，而非普遍情况；在接下来数十年期间，很可能几乎不会发

生通货膨胀。但我认为，投资者不应拒绝考虑这样一种可能性：引人关注的通货膨胀将成为未来的一个特征。尽管 20 世纪 90 年代和 21 世纪初生产率加速提高，但历史告诉我们，生产率提高的速度总是不平衡的。况且，在一些以服务为导向的经济活动中，生产率的提高更是难以实现。在整个 21 世纪，要表演弦乐四重奏，照例需要四位音乐人参与；要做阑尾切除手术，照样需要一位外科医生操刀。倘若音乐人和外科医生的工资随着时间推移而不断增长，人们在音乐会门票和阑尾切除手术上的支出也会水涨船高。因此，不能忽视物价上行的压力。

即使通货膨胀率保持在 2%～3% 的水平——远低于 20 世纪 70 年代和 80 年代初，这样的水平对于我们购买力的影响也是破坏性的。从表 1-1 中可以看出平均接近 4% 的通货膨胀率在 1962～2021 年期间造成了什么样的影响。我早晨阅读的报纸已上涨 59 倍，下午吃的好时巧克力棒涨了近 20 倍，而它的大小还不如 1962 年我读研究生的时候。如果通货膨胀率保持不变，到 2030 年买一份像今天这样的晨报，就要花费 5.5 美元以上。显而易见，即便为了对付温和的通货膨胀，我们也得着手制定策略，以维持我们的实际购买力，否则，我们的生活水平注定要日益下降。

投资是需要付出努力的，在这一点上万万不要搞错。一些富于浪漫色彩的小说中充满了这样的故事：因为疏于管理钱财或欠缺管理钱财的知识，巨额家族财富化为乌有。谁能忘记在契诃夫的伟大剧作中，那满园的樱桃树被砍倒的声音？自由企业制度造成了朗涅夫斯基家族的衰落——这个家族的人并未付出努力去保住自己的钱财。即使你将所有的资金托付给一家投资顾问公司或共同基金，你也得明白哪家顾问公司或共同基金最适合管理你的钱财。若以本书所包含的信息来武装自己，你会发现做投资决策时就会容易些。

表1-1　通货膨胀的啮噬

	1962年平均值 （美元）	2021年平均值 （美元）	增长百分比 （%）	年复合通货膨 胀率（%）
消费者价格指数	30.2	273	804.0	3.8
好时巧克力棒	0.05	1.00	1 900.0	5.2
《纽约时报》	0.05	3.00	5 900.0	7.2
1类邮资	0.04	0.55	1 275.0	4.5
汽油（美加仑⊖）	0.31	3.18	925.8	4.0
双层汉堡（麦当劳）	0.28[①]	4.79	1 611.0	4.9
雪佛兰轿车	2 529.00	27 500.00	987.4	4.1
带冷冻室的冰箱	470.00	1 498.00	218.7	2.0

[①]　1963年的数据。

资料来源：1962年价格数据取自1997年11月1日《福布斯》杂志，2021年价格数据来自各类政府和私营机构。

不过，最重要的是，事实上投资非常有趣。与投资界的众人进行智慧较量，并因此获得资产增值的回报，岂不快哉？看到回报以高于薪酬增长的速度不断积累，不亦乐乎？而且，了解关于产品和服务的新理念以及金融投资方面的创新，也是颇为刺激的。成功的投资者通常都是全面发展的个体，他们将天生的好奇心和对运用智慧的兴趣融入赚钱的努力之中。

1.3　投资理论

一切投资回报，无论来自普通股还是稀有钻石，都不同程度地取决于未来的事件。正是这一点造就了投资的魅力：投资就是一种成功与否取决于预测未来之能力的活动。传统上，投资界的专业人士一直使用以下两种方法中的一种来给资产估值：坚实基础理论（firm-

---

⊖　1加仑 =3.785 升。

foundation theory）与空中楼阁理论（castle-in-the-air theory）。基于这两种理论，无数美元上演着盈亏流转的戏剧。更加戏剧的是，这两种理论看起来相互排斥。如果你想做出明智合理的投资决策，了解这两种方法是必不可少的，同时，了解这两种方法也是避免大错、保全自己的一个前提条件。临近20世纪末的时候，名为新投资技术的第三种理论在学术界诞生，并在"街上"[⊖]流行起来。在本书后面的章节中，我会阐述这一理论及其在投资分析中的应用。

1.4　坚实基础理论

坚实基础理论声称：每一个投资工具，无论它是一只普通股还是一处房地产，都有一个被称为内在价值（intrinsic value）的牢固之锚，通过细致分析这个投资工具的现状和前景，可以确定它的内在价值。当市场价格下跌至低于（上涨至高于）这一作为坚实基础的内在价值时，买入（卖出）的机会便出现了，因为按照该理论的说法，这种价格波动最终总会得以修正。照此看来，投资就变成了一件枯燥而简单容易的事情，不过是将某物的实际价格与其坚实基础的内在价值进行比较。

在《投资价值理论》（*The Theory of Investment Value*）一书中，约翰·B. 威廉斯（John B.Williams）给出了一个确定股票内在价值的实用公式。他的计算方法以股利收入为基础。为了把事情弄复杂，他刁钻地引入了"折现"这一概念。折现的含义从根本上说就是向后看收入。比方说，不要看下一年你有多少钱（例如将1美元存入储蓄账户，利率为5%，一年后就有1.05美元），而要看预期未来得到的钱比现在的价值少多少（因此，下一年的1美元在今天大约只值95美分，

⊖　这里的"街上"是指华尔街，尤指证券界和金融投资界这种广泛意义上的华尔街。——译者注

而今天的 95 美分以 5% 的回报率投资，过一年大约会变成 1 美元)。

实际上，威廉斯对折现这一概念是很当真的。他继而给出理由认为，股票的内在价值等于股票未来所有股利的现值（或称折现值），他建议投资者将以后收到的钱进行"折现"。因为当时没几个人明白，所以这个术语才逐渐变得时髦起来。现在，"折现"已在做投资的人群中获得广泛使用。在享有盛名的经济学家、投资者、耶鲁大学教授欧文·费雪（Irving Fisher）的支持之下，它的地位得到了进一步加强。

坚实基础理论的逻辑颇令人称道，可用普通股作为例证来加以说明。该理论强调，股票的价值应建立在公司未来能以股利或股票回购形式分配的盈利流的基础之上。据此可以推出：目前的股利越多，股利增长率越高，股票的价值就越大，因而不同的股利增长率便成为股票估值中一个较为重要的因素。接下来，不易把握的未来预期因素也掺杂进来。证券分析师不仅必须估计股利长期增长率，还必须估计某种超常增长能维持多久。当市场对增长能持续多久过于热心时，华尔街上的人便普遍认为此时的股票不仅在将未来进行折现，恐怕连来世也在折现。坚实基础理论有赖于对未来增长率和增长持续期进行棘手的预测，这正是问题的关键所在。因此，内在价值这一坚实基础可能并没有该理论声称的那么可靠。

坚实基础理论并非只为经济学家所用。由于本杰明·格雷厄姆（Benjamin Graham）和戴维·多德（David Todd）合著的《证券分析》（*Security Analysis*）一书极富影响力，华尔街整整一代证券分析师都奉行这一理论。奉行该理论的分析师学到的是，所谓健全的投资管理，就是证券价格暂时低于其内在价值时便买入，证券价格暂时高于其内在价值时便卖出，就这么简单。沃伦·巴菲特（Warren Buffett）可能是使用格雷厄姆和多德分析方法最为成功的信徒。他是美国中西部人，精明老到，人称"奥马哈圣人"。他创造了传奇性的投资纪录，据说就是因为遵循了坚实基础理论的分析方法。

1.5 空中楼阁理论

空中楼阁理论把注意力集中在心理价值上。1936 年，著名经济学家、成功投资者约翰·梅纳德·凯恩斯（John Maynard Keynes）极为清晰地阐述了这一理论。在他看来，专业投资者不愿将精力用于估计内在价值，而宁愿分析投资大众将来可能会如何行动，分析他们在乐观时期会如何将自己的希望建成空中楼阁。成功的投资者力求估计出什么样的投资形势最易于被大众建成空中楼阁，然后在大众之前先行买入，从而占得市场先机。

凯恩斯认为，坚实基础理论的工作量太大，该理论的价值也令人怀疑。他将自己宣扬的理念付诸投资实践。伦敦金融行业的从业人士总是在拥挤的办公室里长时间疲惫不堪地工作，而凯恩斯只是每天早晨坐在床上操盘半个小时。靠着这种悠闲从容的投资方式，他为自己赚了好几百万英镑，同时也使自己任教的剑桥大学国王学院的捐赠基金价值增长了 10 倍。

凯恩斯在大萧条的数年间声名鹊起，此时多数人所关注的主要是他刺激经济的思想。当时，无论谁要建立空中楼阁或是梦想他人将要建立空中楼阁，都是很难想象的事情。尽管如此，凯恩斯在他的著作《就业、利息和货币通论》中，用一整章的篇幅论述股票市场和投资者预期的重要性。

关于股票，凯恩斯指出，无人确切知道什么因素会影响公司的盈利前景和股利支付。所以，他说多数人"主要关心的事，并非如何对一项投资在其整个持续期能获得多少回报做出更准确的长期预测，而是如何能够稍稍先于一般大众，预测到普遍认可的估值基础会发生什么变化"。换言之，凯恩斯利用心理原则而非财务评估来研究股票市场。

他写道："如果你相信一项投资按其可能产生的回报理应定价为30美元，也相信3个月后市场将其定价为20美元，那么你现在为这项投资支付25美元就不是明智之举。"

凯恩斯为了描述股票市场的玩法，用了一种他的英国同胞一看便能明白的说法：参与股票买卖，好比参加报纸举办的选美比赛。参赛者必须从100张照片中挑选6张最漂亮的面孔，谁的挑选最接近作为一个整体的所有参赛者的选择，谁将获得比赛的奖赏。

聪明的参赛者意识到，在确定谁是比赛冠军的过程中，个人的审美标准无关紧要，较好的比赛策略是挑选其他参赛者可能喜欢的面孔。这种逻辑往往会产生滚雪球效应。毕竟，其他参赛者至少也会带着同样敏锐的意识参加角逐。因此，最优策略，并非选择参赛者个人所认为的最靓面孔，或者其他参赛者可能喜欢的面孔，而是预测全体参赛者普遍认为其他人可能形成什么样的观点，或者沿着这一序列做出更进一步的预测。这就是英国的选美比赛。

选美比赛这一类比，代表了价格决定的空中楼阁理论的极端形式。对买家来说，一项投资之所以值某一价钱，是因为他预期会将这项投资以更高的价钱卖给别人。换句话说，投资是靠自身来支撑的。新的买家同样预期将来的买家愿意支付更高的价钱。

在这样的世界中，每时每刻都会诞生傻瓜。傻瓜以高于你为投资所支付的价格，购买你手上的投资品。只要其他人可能愿意支付更高的价格，再高的价格也不算高。发生这样的情况别无他因，正是大众心理在起作用。聪明的投资者需要做的，只是未听见发令枪便起跑——一开始就占得先机。说得损点儿，这一理论不妨称为"博傻"理论（"greater fool" theory）。只要以后能找到愿天真地以五倍于实际价格的价钱买入某物的人，那么你现在以三倍于实际价格的价钱买入该物，就完全没有问题。

　　无论在金融界还是在学术界，空中楼阁理论都有很多拥护者。诺贝尔奖得主罗伯特·希勒（Robert Shiller）在其畅销书《非理性繁荣》中指出，20世纪90年代后期，人们对网络股和科技股的狂热，只能从大众心理的角度加以解释。强调群体心理的所谓股市行为学理论，21世纪初在大学里都受到了青睐。2002年，心理学家丹尼尔·卡尼曼（Daniel Kahneman）因在行为金融学领域做出影响深远的贡献，获得了诺贝尔经济学奖。此前，奥斯卡·摩根斯坦（Oskar Morgenstern）是该领域的一个重要捍卫者，他认为寻找股票的内在价值无异于水中捞月、缘木求鱼。他相信，每个投资者都应在自己的书桌上方贴上这样一条拉丁文箴言：

　　一物的价值仅等于他人愿意支付的价格。

　　（Res tantum valet quantum vendi potest.）

1.6　随机漫步如何进行

　　介绍了参加这次旅程应知道的基本内容，现在就请跟我一道随机漫步穿过投资之林，最后沿着华尔街逛逛。我的任务，首先是让你熟悉历史上的定价模式，以及这些模式与两种投资定价理论之间的关系。桑塔亚纳（Santayana）⊖曾告诫我们：不吸取过去的教训，注定会犯同样的错误。因此，我马上就会向你描述一些蔚为大观的投机狂潮，既有历史久远的，又有新近发生的。有些读者可能对17世纪荷兰大众疯狂抢购郁金香球茎的行为嗤之以鼻，对18世纪英国的南海泡沫不以为然。但是，谁也不能不理会20世纪70年代的"漂亮50"热、日本房地产和股市令人难以置信的暴涨及其20世纪90年代初同

⊖　桑塔亚纳（1863—1952）20世纪著名哲学家。——译者注

样令人难以置信的暴跌、1999 年和 2000 年初的"网络股狂潮",以及 2006～2007 年的美国房地产泡沫。此外,21 世纪 20 年代对所谓模因股(meme stocks)和加密货币的疯狂投机亦提醒我们,市场或许会发生变化,但就其根本而言,依然不变。这些都在不断地向人们发出警示:无论个人投资者还是专业人士,对过去的错误仍然不具备免疫力。

第2章

大众疯狂

10月，是投机做股票特别危险的一个月份。其他特别危险的月份是：7月、1月、9月、4月、11月、5月、3月、6月、12月、8月和2月。

——马克·吐温

《傻瓜威尔逊》

在历史上，每出现一次壮观的经济热潮，一个最基本的特征便是贪婪的欲望一时间会恣意泛滥。在疯狂追逐金钱的过程中，市场参与者将价值的坚实基础抛诸脑后，转而沉迷靠不住却又令人兴奋不已的臆想，以为自己也能建成空中楼阁，从而在短时间内大发横财。这种想法在历史上曾风靡了一些国家。

投机心理俨然是上演荒诞剧的剧场，本章将为你呈现曾经演出过的几场大戏。演出当中，一些空中楼阁分别在以下几个基础上建立起来：荷兰郁金香球茎、英国南海公司等新股发行泡沫、美国老牌绩优蓝筹股。在每一次狂潮中，都有一些人在一些时间里赚了钱，但最终只有寥寥可数的少数人毫发未损地全身而退。

在这种情形下，历史确实给我们上了一课：尽管空中楼阁理论能很好地解释这样的投机狂欢，但要猜透变化无常的大众的反应，却是极其危险的游戏。古斯塔夫·勒庞（Gustave Le Bon）1895年写了一部论述大众心理的经典著作，他在书中说道："在群体中，积聚的是愚蠢，而不是让人明智的常识。"看来读过这本书的人并不多。纯粹依靠心理支撑而火箭般蹿升的市场行情，都已无可避免地屈服于金融万有引力定律。高不可攀的价格可能会维持数年之久，但最终总会反转而掉头向下。价格反转下落如地震般突如其来，而且狂欢暴饮愈烈，宿醉愈深愈沉。不顾后果建造空中楼阁者鲜少机智灵活到能够预计行情突然反转，并在一切轰然坍塌之时脱身。

2.1 郁金香球茎热

郁金香球茎热是历史上最为壮观的快速致富狂欢之一。想到这种狂热发生在17世纪初古老而宁静的荷兰，你的脑海中会浮现出更加栩栩如生的极度疯狂的画面。1593年，一位新获任命的植物学教授将收集的一些原产于土耳其的稀有植物从维也纳带到莱登，由此引发了导致这场投机狂潮的几件事。荷兰人对花园里的这种新品花卉甚为着迷，但对教授开出的价钱可不感兴趣（教授原本希望卖掉这些球茎，好好赚它一笔）。一天夜里，有个窃贼闯入教授家中，盗走这些球茎。随后，窃贼以低于教授向人们开出的价格把球茎卖掉，不过赚头却更大。

在此后十年左右的时间里，郁金香成了荷兰花园里一种广受欢迎但价格昂贵的花。许多郁金香花朵感染了一种叫作花叶病的非致命病毒，正是这种病毒引发了疯狂的郁金香球茎投机热潮。花叶病致使郁金香花瓣上长出对比强烈的彩色条纹或者说"烈焰"。荷兰人大为珍视受到感染的球茎，称之为奇异球。在很短的时间内，大众的欣赏口味趋于一致，因此球茎越奇异，拥有球茎的代价便越大。

渐渐地，郁金香球茎热登场了。起先，球茎商只是努力预测来年最受欢迎的杂色款式，就像服装生产商预测大众对衣料、色彩、裙摆长短的喜好一样。后来，他们囤积大量存货以期价格上涨。郁金香球茎的价格开始疯涨，球茎越昂贵，视之为明智投资的人便越多。查尔斯·麦基（Charles Makay）在其著作《大癫狂：非同寻常的大众幻想与群众性癫狂》中，按时间顺序描述了这一热潮的发展过程，并指出荷兰的一般行业因人们投机郁金香球茎而被弃置一旁："贵族、市民、农夫、机工、海员、男仆、女佣，甚至烟囱清扫工和老年女裁缝都不亦乐乎地涉猎其中。"每个人都想象着人们对郁金香的激情会永远持续下去。

说价格不可能再涨的人看到亲戚朋友大发其财，便在一旁大为懊恼。加入暴富行列的诱惑实在难以抗拒。大约自 1634 年至 1637 年初，也就是在郁金香球茎热的最后几年，人们开始以物易物，拿土地、珠宝、家具之类的个人财产换取郁金香球茎，因为球茎会使自己变得更加富有。球茎的价格达到天文数字。

金融市场具有一种超强禀赋，当增加投机机会的方法存在真实需求时，市场必定会提供这种方法。能使郁金香投机者的金钱发挥最大效用的金融工具是"要求选择权"（call options），这种选择权类似于今天股票市场上流行的"看涨期权"。

要求选择权赋予持有人在某一确定时间以某一固定价格（通常接近当前市价）购买郁金香球茎（要求交割）的权利。要求选择权持有人在订立合同时支付一笔选择权费，这笔费用大概相当于当前市价的 15%～20%。例如，一只郁金香球茎的当前市价为 100 荷兰盾，购买一份一只球茎的要求选择权时，购买者只需支付 20 荷兰盾。如果球茎价格涨到 200 荷兰盾,要求选择权持有人就会执行选择权:以 100 荷兰盾的价格买入球茎,同时以涨价后的市价 200 荷兰盾卖出。行权后,他便获得 80 荷兰盾的利润(100 荷兰盾的升值减去他为要求选择权支付的 20 荷兰盾),也就是说,他的资金增值了 3 倍。若直接在市场上买卖球茎,他只能让资金增值一倍。使用要求选择权让人们能以少得多的本钱参与市场买卖,同时从投入的本钱中获取更大回报。要求选择权提供了一种杠杆投资方法,可以放大投资的潜在回报,同时也会放大投资的潜在风险。这种金融工具有助于确保市场的广泛参与性,今天也是如此。

这段历史充满了亦悲亦喜的剧情,其中就发生过以下这样的事情。一名返航的水手告诉一位富商一船新货到岸的消息。为了酬谢水手,富商请他吃一顿上等红鲱鱼早餐。水手看到商人的柜台上放着他以为是洋葱的东西,多半是觉得洋葱放在丝绸和天鹅绒之间极不协调,水手居然走过去拿来当作红鲱鱼的佐料给吃了。他做梦也想不到,这颗"洋葱"本可以养活整整一船的船员一年,因为它实际上是一个价格昂贵的郁金香球茎,芳名叫作"永远的奥古斯都"(Semper Augustus)。水手为这道开胃菜付出了惨重代价——富商翻脸不认人,以重罪起诉,让他在牢里待了好几个月。

历史学家经常重新诠释过去。有些金融史学家就多次重新审视金融泡沫中的事实,认为泡沫时期的定价可能也存在相当大的合理性。彼得·加伯(Peter Garber)是这些修正主义史学家中的一位,他认为 17 世纪荷兰郁金香球茎的定价比现在普遍认为的要合理得多。

加伯很好地阐述了一些关键之处,而我也不打算说郁金香球茎热时期球茎的价格结构没有任何合理性。例如,加伯揭示,"永远的奥古斯都"郁金香球茎是一种特别稀有的、美丽的球茎,即便在郁金香热潮发生之前数年,价格就已经很高了。而且,加伯的研究还表明,即使在球茎价格总体上崩溃之后，个别稀有的球茎依然价格不菲，虽然价格只是顶峰时期的一小部分。但是，加伯未能合理解释这样的现象：1637 年 1 月，郁金香球茎价格以 20 倍的速度上涨，而在 2 月，价格下降的速度却更快。显然，正如一切投机狂潮中都会发生的那样，价格最终升得过高，以致有人认定应该谨慎行事，于是卖出自己的球茎。很快，其他人也跟着卖出球茎。像雪球滚下山坡一样，球茎贬值的速度越来越快，刹那间，恐慌攫取了所有人的心。

政府官员纷纷发表官方声明，说郁金香球茎价格毫无下跌的理由，但是，没有人听得进去。交易商破产倒闭，拒绝履行购买郁金香球茎的承诺。政府出台一个计划，准备以 10% 的合同面值解决所有的合同执行问题，而当球茎价格跌破这一标准时，计划也受挫。价格继续下跌，一跌再跌，直至多数球茎变得几乎一文不值——卖价还不如普通洋葱。

2.2 南海泡沫

假设你的经纪人给你打电话，推荐你投资一家新公司，这家公司既无销售额又无盈利，只是有着远大前程。"经营什么业务？"你问道。"抱歉，"经纪人解释说，"无人知道是什么业务，但我能保证你赚大钱。"骗人的把戏！你说。对，你说得没错。然而，在 300 年前的英国，这可是当时最热门的一次新股发行。正如你所猜想的那样，投资者的损失极其惨重。这一故事说明欺诈如何能使贪婪的人更为急切地舍弃自己的金钱。

在南海泡沫发生的时代，英国人已具备了投出钱财的条件。国家经济的长期繁荣已造成储蓄很多而投资出路很少的局面。当时，人们认为拥有股票有如拥有一种特权。例如，直到 1693 年，只有 499 人因拥有东印度公司的股份而受益。他们获得回报的方式有多种，尤其是股利免税。这些人当中也有女士，股票是当时英国女士能够以自己的名义拥有的数种财产形式之一。为了恢复大众对政府有能力履行偿债义务的信任，南海公司于1711年宣告成立，这也满足了大众对投资工具的热切需求。该公司承担近1 000万英镑的政府借据债务（government IOU[⊖]），作为报酬，该公司被授予和南海地区通商的垄断权。大众相信南海公司会从这种贸易中赚取巨额财富，因而对该公司的股票情有独钟。

从一开始，南海公司就以牺牲他人为代价来获取利益。只要持有由南海公司承接的政府借据，无论是谁都可以直接将借据兑换成南海公司的股票。事先知道这一计划的人悄悄地、尽可能多地快速吃进每份卖价低至55英镑的政府借据，然后在南海公司注册成立时交给南海公司，按借据面额换成价值100英镑的南海公司股票。在南海公司的董事中，没有任何人拥有任何从事南美洲贸易的经验，不过，这并未妨碍他们迅速装备好贩运非洲奴隶的船只（贩卖奴隶是南美洲贸易中最有利可图的生意之一）。但事实表明，即便这样的生意也没带来利润，因为船上的奴隶死亡率非常高。

然而，南海公司的董事深谙在公众面前树立形象的艺术。他们在伦敦租下一座令人赞叹的豪宅，在董事会会议室里摆上30个黑色的西班牙加套座椅，山毛榉材质的骨架和镀金铆钉使座椅看上去端庄气派，不过坐上去可不舒服。与此同时，墨西哥韦拉克鲁斯急需的一船公司羊毛却被送到西班牙的卡塔赫纳，因乏人问津都烂在码头上。此后数年里，虽然作为"红利"而发放的股票股利带来了股票稀释的影响，并且英国与西班牙的交战导致了贸易机会暂时萎缩，但南海公司的股价仍能维持不跌，甚至还温和上涨。约翰·卡斯维尔（John Carswell）写过一本精彩的史书——《南海泡沫》（*The South Sea Bubble*），他在

⊖ IOU是一种书面债务凭证，上面载明何时偿还所借具体款项，并常注明IOU三个字母，意思是"I owe you"（我欠你的）。——译者注

书中对南海公司的一位董事兼主要发起人约翰·布伦特（John Blunt）做了描述，"他继续过着这样的生活：左手拿着招股说明书，右手捧着祈祷书，从不让右手知道左手的所作所为"。

在英吉利海峡对岸，一位名叫约翰·劳（John Law）的英国流亡人士组织成立了另一家股份公司。此人人生的宏大目标是用流通全国的纸质货币取代金属货币，并创造更多的流动性。（比特币发起人正沿袭着历史悠久的传统。）为了推动目标实现，他收购了一家名叫密西西比公司（Mississippi Company）的濒临破产的企业，接着又将密西西比公司建成一家集团企业，该集团企业是有史以来规模最大的股份公司之一。

密西西比公司吸引了整个欧洲大陆的投机者，也引来了他们的资金。"百万富翁"一词正是此时被创造出来的，这也难怪，因为密西西比公司的股价仅仅在两年之内便从100法郎涨到2 000法郎（虽然股价如此疯涨并没有任何合理的原因）。曾经有一个时期，这家法国密西西比公司的总市值膨胀到超过全国金银价值总和的80倍。

与此同时，在英吉利海峡的这一边，沙文主义 [⊖] 开始在英国的某些豪宅名邸之中潜滋暗长。为什么所有的钱就该源源不断地流向法国的密西西比公司？英格兰应拿什么予以反击？答案便是南海公司。该公司的前景正开始显得稍有好转，尤其是传来了一个好消息。该消息称与西班牙的战事行将结束，因而往来南美洲的贸易通道终将畅通无阻。据说，墨西哥人正在等待机会挖空自己的金矿，以换取充足的英国棉花和羊毛制品。这正是自由企业制度的最佳表现时机。

1720年，南海公司那帮贪得无厌的董事决定充分利用自己的声誉，主动提出为金额达3 100万英镑的全部政府债务提供融资。这实在是

　⊖　沙文主义：通常指一种极端的民族主义，宣扬本民族利益高于一切，并对其他民族抱有敌意。——译者注

大胆之举，不过公众喜欢。与此有关的一项法案正式提交议会讨论时，南海公司的股价立即从 130 英镑涨到 300 英镑。

作为酬谢，形形色色促成法案通过的支持者都能免费获得一定数量的股票奖励，当股价上涨时，股票可"回售"给公司，个人便能将利润收入囊中。在收到谢仪的人当中，就有乔治一世的情妇，以及该情妇的个个都与国王长得惊人相似的"侄女"。

1720 年 4 月 12 日，即法案立法通过五天后，南海公司以每股 300 英镑的价格发行新股。新股认购可以采用分期付款的方式——首付 60 英镑，余下的分八次付清，非常轻松。即使国王本人也无法抗拒诱惑，认购了总价达 10 万英镑的股票。其他投资者蜂拥而至抢购股票，甚至有人为此大打出手。为了缓解大众对股票的渴求，南海公司董事会宣布增发新股，这次发行价是每股 400 英镑。但是，大众饥饿难耐，贪得无厌。不出一个月，股价涨到 550 英镑。6 月 15 日，又一次增发新股的方案被提出来，这次付款方式更加轻松——首付 10%，并且一年之内不用另行支付。股价直抵 800 英镑。上议院半数议员和下议院过半数议员签署通过该方案。最后，股价飙升至 1 000 英镑，投机热潮达到巅峰。

南海公司已不能满足所有想与自己的金钱分离的傻瓜的需求。投资者寻找其他新的风险项目，希望一开始便能参与其中。正如今天的投机者寻找下一个微软一样，18 世纪初的英格兰投机者寻找的是下一个南海公司。公司发起人顺势而为，组织并向市场推出源源不断的新股发行，满足大众永不满足的投资渴望。

日子一天天过去，新的融资计划不断被提出，从大量进口西班牙公驴（虽然英国已有充足的供给）到变咸水为淡水，新颖独特的、荒诞不经的应有尽有。同时，募集资金的用途也日益含有某种欺诈成分，譬如用锯屑制造板材。近 100 个不同的融资项目推向市场，一个比一个铺张浪费，一个比一个具有欺骗性，但每一个又都给人可获得巨大收益的希望。很快，这些新发项目便赢得了"泡沫"之名，一个人们能想出的再恰当不过的别名。

公众似乎照单全收，发行什么新股便买什么新股。这一时期，新设公司募集资金的用途可谓五花八门：建造抵御海盗的船舶、促进英国马匹繁殖、从事人类毛发交易、为私生子建立医院、从铅中提取银、从黄瓜中提取阳光，甚至还有生产永动轮。

然而，最佳创意奖无疑应授予一位佚名人士。此人发起设立了一家公司，"该公司从事一项极具优势的事业，但无人知晓是什么事业"。招股说明书承诺的回报闻所未闻。早晨9点钟，认购股票的名册一打开，一群来自社会各行业各阶层的人争相抢购股票，几乎撞倒了大门。5个小时之内，就有1 000位投资者递出自己的钱，认购了该公司的股票。这位发起人还算不贪，立即关门大吉，动身前往欧洲大陆。从此，他人间蒸发，杳无音信。

这些泡沫公司的投资者并非都相信自己所认购公司的发行方案切实可行。人们"太心知肚明了"，不至于那么天真。然而，他们信奉"博傻"理论，相信价格总会上涨，相信买家总会找到，相信自己总会赚钱。因此，多数投资者认为自己的行为最理性，他们期待着"在上市交易后"，也就是在股票首次发行后的交易市场上卖出股票，获利了结。

老天爷要毁灭谁，必先将其嘲弄一番。一盒"南海"扑克牌的发行，表明投机热潮已趋近尾声。每张牌上都印有一家泡沫公司的讽刺漫画，画下都题有一段贴切的韵文。其中一张牌上画的是帕克机器公司。据说，这家公司生产的机器既能发射圆形和方形加农炮弹，又能发射子弹。帕克公司声称它制造的机器将为战争艺术带来革命性变化。牌上的文字这样描述了帕克机器公司：

稀世发明所欲毁灭之人群，

乃同胞愚人，非异国敌人。

无惧可恶机器，吾之友朋，

谁若遭殃，唯因持其股份。

很多泡沫一个个被刺破时，并未挫伤人们的投机热情，然而，随着南海公司在 1720 年 8 月被刺出一个不可修复的小孔，滔天洪水也就滚滚而来。这个小孔是由南海公司的董事和高管亲手刺出的。他们意识到市场上的股价与公司的实际前景之间已无任何关联，便在当年夏天将手中的股票抛售一空。

消息泄露之后，股价应声下挫。很快，股价便如开闸之水，激流直下，恐慌占据了市场。政府官员徒劳地做着恢复市场信心的努力，大众信心全面崩溃的局面几乎无可挽回。与此情形相似的是，当大众认识到纸币过量发行不会创造实际财富而只会造成通货膨胀时，密西西比公司的股价也跌得只剩下可怜的一点点。在南海泡沫中损失惨重的人包括艾萨克·牛顿，据报道他曾说过："我可以计算天体的运动，却算不出人们的疯狂程度。"这就是空中楼阁。

为了保护公众免受更多的伤害，英国国会通过《泡沫法案》，禁止公司发行任何股票凭证。在此后长达一个多世纪的时间里，一直到 1825 年该法案废除，英国市场上的股票凭证相对较少。

2.3 华尔街溃败

无可否认，荷兰郁金香球茎热和英国南海公司等泡沫已消散于久远的历史云烟之中。在更成熟发达的现代，同类事情是否可能发生呢？让我们将目光转向时间更近的事件。20 世纪 20 年代，美国这个机会之乡也轮到掀起投机的狂潮。在重视自由和增长的环境中，我们制造了世界文明史上最为壮观的经济繁荣和最为严重的经济崩溃。

当时的社会经济条件对投机狂潮的横空出世再有利不过了。整个国家一直在经历着无与伦比的繁荣发展。人们无法不信赖美国的工商业，正如卡尔文·柯立芝（Calvin Coolidge）[⊖]所言："美国的事业就是工商业。"资本家和商人被喻为传教士，几乎被奉若神明。人们甚至做出反向类比，纽约一家广告代理公司 BBDO（Batten, Barton, Durstine & Osborn）的布鲁斯·巴顿（Bruce Barton），曾在《无人相识的人》（*The Man Nobody Knows*）中写到，耶稣是"第一商人"，他的道德说教故事是"有史以来最强有力的广告"。

1928 年，投机股市变成了一项全民消遣。从 1928 年 3 月初到 1929 年 9 月初，股市达到的涨幅竟与 1923～1928 年初整个期间相等。大型工业公司的股价有时每天会上涨 10% 或 15%。表 2-1 显示了其中一些股票的上涨幅度。

表2-1 一些大型工业公司的股价涨幅

股票名称	1928年3月3日 开盘价（美元）	1929年9月3日 最高价（美元）^①	18个月最高价涨幅 （%）
美国电话电报公司	179.5	335.625	87.0
伯利恒钢铁公司	56.875	140.375	146.8
通用电气公司	128.75	396.25	207.8
蒙哥马利沃特公司	132.75	466.5	251.4
全美现金出纳机公司	50.75	127.5	151.2
美国无线电公司	94.5	505	434.5

① 所列数值已按1928年3月3日后股票分割和所收股权价值做出调整。

并非"每个人"都在股市中投机。融资买入股票（保证金交易）的融资额，确实由 1921 年的 10 亿美元增加到了 1929 年的近 90 亿美

⊖ 卡尔文·柯立芝（1872—1933），美国第 30 任总统。他信奉"无为而治"的政治哲学，认为"少管闲事的政府是最好的政府"。——译者注

元。不过，1929年，大约仅有100万人通过保证金交易持有股票。然而，投机精神像前面描述的几次热潮发生时一样广泛存在，而且其深入人心的程度毫无疑问是有过之而无不及。更为重要的是，股市投机成了文化中心。约翰·布鲁克斯（John Brooks）在《戈尔康达往事》（*Once in Golconda*）⊖一书中，记述了一位英国记者刚到纽约时做出的评论："人们可能会谈论禁酒、谈论海明威、谈论空调、谈论音乐、谈论赛马，但无论怎样，最后总得谈到股市，而人们一谈到这个话题，就立刻严肃正经起来。"

不幸的是，股市中有数百个操盘手正带着微笑，很乐意为大众建造空中楼阁助上一臂之力。股票交易的操纵行为越来越恶劣，不断刷新着寡廉鲜耻的记录，最能说明这一点的便是联手做庄。有庄家曾操纵美国无线电公司的股价，在短短4天之内便将其拉升61%。

联手做庄一方面要求参与者密切配合，另一方面要求完全漠视投资大众。一般说来，当若干个交易者为操纵某只股票而串通到一起时，运作便启动了。他们选定一个庄主（大家认为此人操盘能力高超无疑，仿佛一个艺术大家），并相互承诺不得通过私下操作来出卖其他成员。

庄主在几周的时间里不显山不露水地买入股票，逐渐积累大量筹码。若有可能，庄主还会购买一份期权，以便未来按当前市价买入大量股票。接下来，庄主会尽力拉拢这只股票的交易所做市商作为盟友。

联手做庄的成员有了做市商的支持，便可以了解和参与股票行情的实时变动。股票交易所里的做市商，其功能乃是经纪人的经纪人。如果一只股票的现时成交价是每股50美元，你向自己的经纪人发出每股45美元买入的限价指令，那么一般情况下，你的经纪人会将这一指令传给做市商。一旦股票跌至45美元，做市商便执行限价指令。

⊖ 戈尔康达：现在已是一片废墟，曾是印度的一座城市。据说，每一个穿过戈尔康达城的人都成了富人。

所有买入价低于市场价或卖出价高于市场价的限价指令，都会被做市商记录在据说很私密的"本子"上。这样你就明白了做市商对庄主来说为何能有那么大的利用价值。本子上的信息提供了买入价低于市场价或卖出价高于市场价的所有限价指令。尽可能多地了解大众玩牌者手中的牌总是有帮助的。现在，真正有趣的情节马上就要出现了。

一般情况下，到了这个时点庄主会让团伙成员进行对敲操作。比如说，哈斯卡以每股40美元的价格卖出200股给西德尼，西德尼再以40.125美元的价格卖回给哈斯卡。接下来重复同样的过程，对敲的股数变成400股，对敲价变成40.25美元和40.5美元。再接下来对敲股数是1 000股，对敲价是40.625美元和40.75美元。所有这些交易都记录在遍布全国的自动报价机的纸带上，交投活跃的假象就传递给了成千上万涌入全国各地证券营业部的盯纸带者。这种由所谓的虚卖（wash sales）所营造的交投活跃的气氛，给人以重大利好即将出现的印象。

此时，杜撰投资小贴士的写手和股市评论员会在庄主的指使之下，谈论上市公司可能会迎来哪些振奋人心的发展。庄主还会尽力确保公司管理层对外公布的信息越来越利好。若这一切都进行得顺风顺水，1928～1929年期间的投机氛围也使之几乎不可能失手，那么纸带显示的交投活跃假象与操弄的消息面两相结合，必然会引来大众入场。

大众一入场，混战便开始，这正是"拔掉浴缸塞子，悄然放水"的时候。一边是大众买入股票，另一边是庄家卖出股票。庄家把股票回吐给市场，起先派发得很慢，然后不等大众回过神来就越抛越多。坐完过山车，联手做庄的一干人等将丰厚的利润收入囊中，留下大众手握一把骤然缩水的股票徒唤奈何。

然而，要欺诈大众，也未必非得拉帮结伙联手做庄不可。很多个人，尤其是公司高管和董事，靠一己之力也干得很不错。就拿艾伯特·威金（Albert Wiggin）来说吧，他是美国当时第二大银行大通银行的头儿。1929 年 7 月，看到股市已攀升到令人眩晕的高度，威金先生忧心忡忡起来，对投机做多不再感到安稳。（据传言，他与人联手炒作推高本银行股价，已赚了几百万美元。）由于认为本银行股票的前景尤为暗淡，他卖空了 42 000 余股大通股票。卖空（selling short）是一种若股价下跌便能赚钱的交易方式。操作时需卖出当前非你所有的股票，并期望以后以更低的价格将其购回。卖空时也希望"低买高卖"，只是买卖顺序正好相反。

威金对时机的把握完美无缺。在他卖空大通股之后，大通的股价立即开始下跌。秋季股市崩盘的时候，大通股票更是直线下挫。11 月平仓时，威金从这次操作中净赚数百万美元。显而易见，利益冲突并未给他带来什么麻烦。说句公道话，应当指出在此期间他在大通股票上一直保持着净多头寸 ⊖，仍是银行的股东。不过，倘若依据今天的证券法规，可就不允许公司内幕信息的知情人交易本公司的股票，从中牟取短期波动的利润了。

1929 年 9 月 3 日，股市平均指数达到顶峰，这一高点在此后 25 年里一直未被突破。"无穷无尽的繁荣链条"不久就会断裂；一般的工商业活动数月前已开始滑坡。第二天，股市横盘整理。又过一天，9 月 5 日，股市急剧下跌，人称"巴布森崩盘"（Babson Break）。

"巴布森崩盘"之所以得名，是为了纪念罗杰·巴布森（Roger Babson）。他是一名财务顾问，来自马萨诸塞州的维尔斯利，身体瘦弱，蓄着一撮山羊胡子，长着一副小鬼般的面孔。9 月 5 日这天，巴布森在一个金融午餐会上说："我要重申去年和前年的此时此刻我曾说过的话，就是崩盘迟早会来临。"对这位著名的"维尔斯利圣人"所做的

⊖　净多头寸是指投资者名下持有的股票股数大于融券借来的股票股数，反之则为净空头寸。——译者注

最新声明，华尔街专业人士报以惯有的嘲笑。

巴布森的声明意味着几年来他一直在预言崩盘将至，而事实还未证明他是正确的。不过，当天下午 2 点钟，当巴布森的话被引用在"包罗万象的"纸带（道琼斯金融新闻纸带是当时全国每家证券经纪公司必备的）上时，市场开始大幅跳水。在最后一小时的交易时段里，人们发疯似的交易，美国电话电报公司下跌 6 个点、西屋电气下跌 7 个点、美国钢铁下跌 9 个点。这是预言应验的时刻。在"巴布森崩盘"发生后，一个月前还让人完全难以想象的股市崩盘，突然间成了人们讨论的共同话题。

股市的信心动摇了。9 月份，股市上不好的日子要比好日子多得多。有时候市场会急剧下挫。银行家和政府官员向国人保证没有任何担忧的理由。内在价值理论的先驱者之一、耶鲁大学的欧文·费雪教授亮出了不久便成不朽的观点，他说股市已到达一个看似"永不跌落的高位平台"。

到了星期一，即 10 月 21 日，上演经典的股市崩盘的舞台业已搭就。股价下跌已导致证券经纪公司呼叫保证金客户追加更多的保证金。这些客户要么没有资金追加，要么不愿意追加，都被迫平仓卖出股票。这又进一步打压了股价，导致更多的保证金追加要求，最后导致股市呈现内卷的抛压之势。

10 月 21 日，交易量陡增至 600 万余股。自动报价机远远来不及传输股市行情，在全国各地的证券营业部里，无数的人看着纸带滴答滴答地流泻着，个个诚惶诚恐，无不灰心丧气。股市收盘后过了近 1 小时 40 分钟，自动报价机才记录完最后一笔交易。

费雪教授坚强不屈，认为股市下跌只是"抖落靠保证金投机的极端狂热分子的市场震荡"。他进而宣称经济繁荣时期的股票价格尚未赶上股票的真实价值，因此还要走高。他相信，别的暂且不论，单单禁酒制度带来的有益效应就尚未在股市中反映出来，这种制度已使美国工人的生产效率更高，使美国工人更值得信赖。

10月24日即后来所谓的"黑色星期四"，市场成交量接近1 300万股。有时每笔交易会使价格下跌5美元、10美元。很多股票在几个小时之内猛跌40个点、50个点。次日，赫伯特·胡佛（Herbert Hoover）总统做出他的著名判断："美国的一般工商业……处在健康而繁荣的基础之上。"

1929年10月29日，星期二，是纽约证券交易所（NYSE）历史上灾难最为深重的一天。交易所内的恐慌程度只有1987年10月19日和20日可与之相比。当天的成交量达1 640万股（1929年1 600万股的日成交量，相当于2018年成千上万亿股的日成交量，因为现在纽约证券交易所的上市股票更多了）。股价几乎直线下跌，且跌势不止，表2-2显示了1929年秋天及其后数年间股价下跌的幅度。到1932年股市触底时，除了"没有风险"的美国电话电报公司只损失了75%的市值之外，大多数蓝筹股都跌去95%以上。

表2-2　几家大型工业公司股价跌幅

股票名称	1929年9月3日最高价（美元）①	1929年11月13日最低价（美元）	1932年最低价（美元）
美国电话电报公司	304	197.25	70.25
伯利恒钢铁公司	140.375	78.25	7.25
通用电气公司	396.25	168.125	8.5
蒙哥马利沃特公司	137.875	49.25	3.5
全美现金出纳机公司	127.5	59	6.25
美国无线电公司	101	28	2.5

① 所列数值已按1929年9月3日后股票分割和除权价值做出调整。

对这次灾难性崩盘做出最佳概括的，或许是娱乐周刊《形形色色》（Variety），它以"华尔街溃败"为题做了大力报道。投机狂潮已然死寂，数十亿美元的股票市值连同数百万人的梦想一起灰飞烟灭。股市崩盘之后，历史上最具灾难性的经济大萧条便接踵而至。

现在又有修正主义史学家说，20世纪20年代末股市疯狂飙升，看起来非常怪异，但自有其合理之处。例如，小哈罗德·比尔曼（Harold Bierman, Jr）在《1929年的伟大神话》（*The Great Myths of 1929*）一书中表示：没有极好的预见能力，显然看不出1929年的股票已定价过高。毕竟，一些心智很高的人，如欧文·费雪和约翰·梅纳德·凯恩斯，都认为股票定价合理。比尔曼进而提出，倘若不出台不合时宜的货币政策，当时缠绕股市的极度乐观情绪，甚至可以说是很有道理的。在他看来，美国联邦储备委员会为教训投机者而提高利率的政策引发了崩盘。比尔曼的论述中有些真理的成分，而且，今天的经济学家也常将20世纪30年代经济萧条之所以严重的责任归咎于美联储的货币政策，认为这一政策使得货币供应量急剧下降了。尽管如此，历史教导我们股价急剧上涨之后，很少会出现股价逐步回归相对稳定状态的情形。即便经济繁荣持续到20世纪30年代，20年代末的股价上涨也绝对难以为继。

此外，封闭式基金份额（第15章将涉及有关内容）的反常表现提供了确凿证据，证明20世纪20年代股市广泛存在着非理性行为。封闭式基金的"基本"价值取决于基金所持证券的市值。自1930年至今的大部分时间里，这类基金都按其资产价值10%～20%的折扣进行交易。然而，1929年1月到8月，一般的封闭式基金都按50%的溢价交易。而且，一些最知名基金的溢价更是高得离谱。高盛交易公司（Goldman Sachs Trading Corporation）的交易价是其资产净值的两倍，三角大陆公司（Tri-Continental Corporation）的交易价是其资产净值的256%。这就意味着你可以去找经纪人以当前市价替你购买股票，比如说美国电话电报公司的股票，你也可以通过基金以2.5倍于股票市值的价钱，购买美国电话电报公司的股票。正是非理性的投机热情驱使这些基金的交易价远远超过了基金所持证券的市场价值。

2.4　小结

为何记忆如此短暂？为何这样的投机狂潮看起来与历史的教训如此隔绝？我给不出恰当的解答，但我确信伯纳德·巴鲁克（Bernard Baruch）[⊖]言之有理，他说研究这些事件可以帮助投资者在将来的市场上生存下来做好必要的准备。根据我的个人经验，在市场上不断输钱的人，正是那些未能抵制郁金香球茎热一类事件而被冲昏头脑的人。这一教训如此显而易见，却又常常为人所忽视。

⊖　伯纳德·巴鲁克（1870—1965），华尔街著名投资大师，在第一次世界大战期间及第二次世界大战前后曾任五位美国总统的经济顾问。《在股市大崩溃前抛出的人：巴鲁克自传》已由机械工业出版社翻译出版。——译者注

第3章

20世纪60～90年代的投机泡沫

一切皆有寓意，但愿你能发现。

——刘易斯·卡罗尔（Lewis Carroll）

《爱丽丝漫游奇境记》

大众疯狂的情形，有时的确能让人叹为观止。前文所述例子加上其他大量例子，已说服越来越多的人将资金交给专业投资组合经理去打理，这些专业人士管理着大型养老基金、退休基金、共同基金和投资顾问公司。大众可能发疯发狂，但专业机构绝不会如此。那好，就让我们看看专业机构如何心智健全。

3.1 机构心智健全

20 世纪 90 年代，在纽约证券交易所，机构交易量已占到所有交易量的 90% 以上。人们恐怕会以为专业人士进行推理判断时，既坚定冷静又精于计算，他们的存在会保证不再出现历史上曾有过的极端过度狂热。然而，20 世纪 60～90 年代，专业投资者却参与了好几场明显的投机运动。在每一场运动中，专业机构都积极竞购股票，之所以如此，并非因为它们觉得根据坚实基础理论所购股票的价值被低估了，而是因为它们预计会有更傻的傻瓜以更高的价格从它们手中接过股票。这些投机运动与现今股市颇为相关，所以我想，你会发现这次机构之行尤为有用。

3.2　20世纪60年代的狂飙突进

3.2.1　新"新时代"：增长型股票热及新股发行热

1959 年，我刚刚进入华尔街，踏上职业生涯，我们就从这一年开始机构之行吧。在那个时候，"增长"是个有魔力的字眼，呈现出近乎神秘的意义。增长型公司，如 IBM 和德州仪器，市盈率都在 80 倍以上（一年以后，它们的市盈率分别变成 20 多倍和 30 多倍）。

当时，谁若质疑如此高的估值是否合理，谁就要被视为异端。虽然坚实基础理论对这样的股价无法做出合理解释，但投资者相信，买家仍然会热切地支付更高的价钱。对此，凯恩斯勋爵一定会在经济学家死后都必去的地方，静静地颔首微笑。

我想起一件事，情景仿佛就在眼前。我们公司的一位高级合伙人一边摇着头一边承认说：在他认识的人中，凡是记得 1929~1932 年股市崩盘往事的人，都不愿去买入、持有这些高价成长股。但在市场上，那些雄心勃勃、不守常规的年轻人却有着巨大的影响力。《新闻周刊》引用一位经纪人的话说："投机者以为无论自己买入什么股票，价格都会在一夜之间翻倍。可怕的是，这种事居然真的发生了。"

更糟糕的事还在后面。在这狂飙突进的 20 世纪 60 年代，投资者对所谓太空时代的时髦股票渴求无厌，公司发起人便热切地满足投资者的渴求，大量发行新股。在 1959~1962 年，新股发行量比历史上任何时期都要多。新股发行热在某种程度上可与南海泡沫时期相匹敌，遗憾的是已揭露的欺诈性做法也不亚于南海泡沫时期。

这一时期的新股发行热被称为"电子热"（tronics boom），因为即使公司的业务与电子行业毫无关联，新股名称也常常含混不清地将"电子"（electronics）这个词包含进来。认购新股的人并不真正在意公司到底是制造什么产品的，只要公司名称听起来与电子有关、带点只有内行才懂的暗示就够了。比如说，美国音乐协会公司（American Music Guild），其业务只是挨家挨户上门推销唱片和留声机，却在"上市"之前把名称改成了"太空音色"（Space-Tone），公司股票以每股2美元向公众发行，股价几周之内便蹿升至14美元。

德雷福斯公司（Dreyfus and Company）的杰克·德雷福斯（Jack Dreyfus）对新股发行热做过如下评论：

> 举个例子来说吧。有一家很不错的小公司，40年来一直生产鞋带，股票价格不失体面，是每股盈利的6倍。现在公司名称由"鞋带股份有限公司"变更为"电子硅片Furth-Burners股份有限公司"。在今天的市场上，"电子"和"硅片"这几个字就值15倍市盈率。不过，真正好玩儿的是"furth-burners"这个词，谁也不明白它是什么意思。但一个无人理解的词，却赋权于你将整个市盈率翻一番。这样一来，鞋带业务有6倍市盈率，"电子"和"硅片"有15倍市盈率，加在一起总共就有21倍市盈率。再加上"furth-burners"，乘以2以后，整个新公司的市盈率便达到了42倍。

还是让表3-1中的数字来说话吧。即使认购像"妈妈做的小甜饼"（Mother's Cookie）这样的公司，也可指望获得相当大的收益。设想一下，倘若将公司名称定为Mothertron's Cookitronics，那该何其荣耀！在那之后十年，多数此类公司的股票都跌得几乎一文不值，而今天，这些公司全都销声匿迹了。

表3-1 几只代表性新股上市后的表现

股票名称	发行日	发行价（美元）	首个交易日报买价（美元）	1961年最高报买价（美元）	1962年最低报买价（美元）
博登电子	1961年3月6日	5.5①	12.25①	24.5①	1.625①
美国地球物理	1960年12月8日	14	27	58	9
太空水力技术	1960年7月19日	3	7	7	1
妈妈做的小甜饼	1961年3月8日	15	23	25	7

① 每股附加1份认股权证。

那么，整个这一时期证券交易委员会（SEC）在哪里呢？难道新股发行人在发行新股时不用按规定向证券交易委员会申请注册吗？难道不能对发行人（及其承销商）因其虚假、误导性陈述进行处罚吗？答案都是肯定的。证券交易委员会也在其位谋其政，但是根据法律法规，它只能默默地袖手旁观。只要公司准备好（并向投资者提供）符合要求的招股说明书，证券交易委员会就无力阻止投资者自尝苦果。例如，这一时期很多招股说明书的封面上都用粗体字印有如下类型的警示。

风险提示：本公司无任何资产，无任何盈利，在可预见的将来亦不能支付股利。本公司股票具有高度风险性。

但是，正如香烟盒上的警告阻止不了很多人吸烟一样，"投资可能危及你的财富"之类的风险提示也无法阻止投机者大把掏钱去认购新股。证券交易委员会可以警告傻瓜，但不能禁止傻瓜舍弃自己的金钱。而且，新股认购者如此深信股价会上涨，以至于承销商面临的问题不是如何将新股发售出去，而是如何在疯狂的申购者中配售新股。

欺诈和市场操纵，则是另一回事。对此，证券交易委员会可予以打击，并且已采取了强力措施。众多没什么名气的尚未完全过上体面日子的证券经纪公司负责了大部分新股销售，它们在销售过程中操纵价格，因此都被证券交易委员会以各种侵占托管财产的罪名勒令暂停营业。

1962 年，电子热烟消云散。昨日的热门新股在今日成了无人问津的冷饭残羹。很多专业人士拒绝承认自己不计后果盲目投机的事实；少数专业人士辩称，回望过去说股价何时已过高或过低总是很容易；还有更少的人说看来谁也不知道在任何给定的时点，一只股票的合理价格应该是多少。

3.2.2 集团企业浪潮：协同效应产生巨大能量

金融市场具有一种天才禀赋：如果人们对某种产品存在需求，市场就会创造出这种产品。所有投资者都渴望的产品，就是每股盈利的预期增长。如果在公司的名称中无法觅得增长的影子，那么几乎可以肯定，会有人另想办法将增长创造出来。到 20 世纪 60 年代中期，富有创造力的创业家的做法表明，增长可以通过协同效应（synergism）创造出来。

协同效应的特质就是让 2 加 2 等于 5。因此，盈利能力同为 200 万美元的两家独立公司，合并后便可能产生 500 万美元的合并盈利。这种神奇且必定带来盈利增长的新发明叫作集团企业（conglomerate）。

虽然那时的反垄断法禁止大型公司收购业内企业，但收购其他行业的公司还是可行的，不会遭到司法部的干预。公司合并都以产生协同效应的名义予以实施。从表面上看，合并之后，集团企业实现的销售收入和盈利增长会高于单个独立实体可能实现的增长。

事实上，20 世纪 60 年代集团企业浪潮更重要的推动因素，是收购公司的过程本身就能制造每股盈利的增长。集团企业的管理人员拥有的往往是资本运作方面的专长，欠缺的是提高被收购公司盈利能力所需要的经营才干。他们不用费什么力气，稍稍施展一下障眼法，便能将根本就没有合并潜力的一群公司凑合在一起，制造出稳定增长的每股盈利。下面这个例子展示了这种骗人的把戏是如何耍成的。

假设有两家公司——艾博电路公司（简称艾博公司）和贝克尔糖果公司（简称贝克尔公司），前者是一家电子企业，后者生产巧克力棒。现在是1965年，两家公司发行在外的股票都是20万股，每年盈利都是100万美元，也就是说每股盈利为5美元。再假定两家公司的业务都不再增长，且无论有无合并两家公司的盈利都将保持现有水平。

不过，两家公司的股价却不同。因为艾博电路公司身处电子行业，市场便赋予它20倍的市盈率，20倍市盈率乘以每股盈利5美元，股价就是100美元。贝克尔糖果公司从事的行业不那么有魅力，市盈率只有10倍，结果每股5美元的盈利只能要求股票定价为50美元。

现在，艾博电路公司的管理层想让公司变成集团企业。他们提出以2∶3的换股比例吸收合并贝克尔公司。这样，贝克尔公司的股东便可用每3股总市价150美元的贝克尔公司股票，换得总市价为200美元的2股艾博公司的股票。显而易见，贝克尔公司的股东会乐意接受艾博电路公司的合并提议。

如此一来，便有一家集团企业开始崭露头角，新企业的名称为协同股份有限公司（简称协同公司），它目前的基本情况是：发行在外股票333 333股，总盈利200万美元，也就是说每股盈利为6美元。这样，到1966年合并完成时，我们发现每股盈利已从5美元增长到6美元，增长了20%，这一增长似乎表明艾博公司先前20倍的市盈率是合理的。于是乎，协同公司（"婚前"原名为艾博电路公司）的股价便从100美元涨到120美元，每个人都赚了钱，高高兴兴地回到家中。此外，被收购公司贝克尔糖果公司的股东在卖出合并后新公司的股票之前，不必就其所得支付任何税收。表3-2说明了这宗交易的情况。

一年之后，协同公司发现了查理公司，这家公司盈利100万美元，发行在外的股票为10万股，也就是说每股盈利10美元。查理公司从事风险相对较高的军事装备行业，所以股票只能要求10倍市盈率，从而股价为100美元。协同公司提出以1∶1的换股比例吸收合并查理公司。查理公司的股东非常乐意用自己每股价值100美元的股票换取这家集团企业每股价值120美元的股票。到1967年底，合并后的公司有300万美元的盈利，发行在外的股票为433 333股，每股盈利6.92美元。

表3-2　艾博电路公司的并购效应

	公司名称	盈利水平（万美元）	已发行股票（股）	每股盈利（美元）	市盈率（倍）	股价（美元）
1965年合并前	艾博	100	200 000	5	20	100
	贝克尔	100	200 000	5	10	50
1966年第一次合并后	协同（艾博与贝克尔合并）	200	333 333①	6	20	120
	查理	100	100 000	10	10	100
1967年第二次合并后	协同（艾博、贝克尔和查理合并）	300	433 333②	6.92	20	138.4

① 艾博公司原有发行在外股票200 000股，加上根据合并条款用以交换200 000股贝克尔公司股票的133 333股新印制的艾博公司股票。

② 333 333股协同公司股票，加上用以交换查理公司股票的100 000股新印制的协同公司股票。

从这个案例中，我们可以看出集团企业的的确确制造出了增长。实际上，三家公司的盈利一家也没有增长。然而，仅仅是因为有了合并交易，这家集团企业便获得了如表3-3中所示的盈利增长。协同公司是一只增长型股票，看来超凡出众的业绩记录使它赢得了一个很高的市盈率，甚至还可能不断提高。

表3-3 集团企业每股盈利（单位：美元）

	1965年	1966年	1967年
协同股份有限公司	5	6	6.92

这种把戏之所以奏效，其诀窍在于这家电子公司能够以其市盈率倍数较高的股票，去换取另一家公司市盈率倍数较低的股票。糖果公司只能以10倍的价钱"出售"其盈利，但是，其盈利卖给电子公司，算出平均值之后，电子公司的总盈利（包括销售巧克力棒所获得的盈利）却可以卖到20倍的价钱。协同公司收购的公司越多，每股盈利增长的速度就会越快，股票也因此看起来更有吸引力，从而证明了高倍市盈率适得其所。

整个情形宛如一封连锁信——只要收购公司的数目保持指数增长，就不会有人受到伤害。虽然这个过程不可能长期持续下去，但对于一开始便介入其中的投资者来说，可能获得的收益却是好得令人难以想象。我们似乎很难相信，华尔街的专业投资者会上集团企业骗局的当，他们却还承认被骗了数年之久。或许作为空中楼阁理论的支持者，他们相信其他人也会上这种骗局的当。

自动喷洒器公司（Automatic Sprinkler Corporation）是一个真实的例子，说明了制造盈利增长的把戏是如何耍成的。该公司后来更名为A-T-O公司，再后来，在谦虚的首席执行官菲吉先生的敦促之下，又更名为菲吉国际（Figgie International）。1963~1968年，自动喷洒器公司的销售额增长了14倍多，之所以有这样的现象级业绩记录，只是因为公司进行了并购运作。1967年中，在短短25天的时间里公司完成了4次并购。这几家新收购公司的市盈率都相对较低，因而有助于自动喷洒器公司制造每股盈利的大幅增长。市场对这种"增长"做出了强烈反应，人们踊跃购买股票，致使公司 1967 年的市盈率达到 50 多倍，股价由 1963 年的 8 美元左右，涨到 1967 年的 73.625 美元。

为了帮助华尔街建造空中楼阁，自动喷洒器公司的菲吉先生展开了必要的公关活动。他在各种谈话场合自动使用着自我保护的措辞，谈论呈现自由形态的自家公司如何能量充沛、如何应对变化和技术带来的挑战。他还郑重其事地特别指出，每收购一家公司，他都会先考察二三十家公司才做最后定夺。华尔街对他嘴巴里喷出的每个字都喜爱有加。

菲吉先生并非唯一套路华尔街的人。其他集团企业的管理人在迷惑投资界人士的过程中，几乎创造了一种全新的语言。他们谈论市场矩阵、核心技术支点、模块化构成要素、核子增长理论。虽然华尔街的专业人士谁也没有真正弄懂这些话的意思，但对于身处技术主流之中，他们全都感到既惬意又温暖。

集团企业管理人还发现了一种新方法，用以描述他们所收购的企业。他们收购的造船厂变成了"船舶系统"、锌矿采掘场变成了"太空矿物分部"、钢铁制造厂变成了"材料技术分部"、照明设备公司或制锁公司变成了"防护性服务分部"的一部分。若有哪位"不绅士"的证券分析师（通常毕业于纽约城市学院一类学校，而非哈佛商学院之类的名校）胆敢放肆，问及如何让铸造厂或肉类加工厂实现 15%～20% 的年增长，集团企业管理人一般都会告诉他说，效率专家已剥离数百万美元的额外成本，市场调研已发现好些杳无人迹的新市场，利润率在两年之内可以轻而易举地翻个两番。集团企业的股票市盈率并未随着并购交易的活跃而下降，反而在一段时间里随之升高了。表 3-4 列示了 1967 年几家集团企业的股价和市盈率。

表3-4 几家集团企业的股价和市盈率

股票名称	1967年最高价（美元）	1967年市盈率（倍）	1969年最低价（美元）	1969年市盈率（倍）
自动喷洒器（A–T–O公司）	73.625	51.0	10.875	13.4
利顿工业公司	120.5	44.1	55	14.4
特利达因公司	71.5[①]	55.8	28.25	14.2

① 已根据之后发生的股票分割做出调整。

1968年1月19日，集团企业演奏的欢快乐章戏剧性地放缓了节奏。这一天，集团企业的祖师爷利顿工业公司（Litton Industries）对外宣布，本年第二季度盈利将显著低于预报。近十年来，这家集团企业的盈利每年均以20%的速度增长。市场对该公司制造增长的炼金术已深信不疑，以致消息一出，人们报以怀疑和震惊。抛售狂潮随之而来，集团企业板块股票急挫近40%之后，才无力地小幅反弹。

更糟糕的事还在后头。7月，联邦贸易委员会宣布将深入调查集团企业的并购活动，集团企业板块股票价格再次应声急跌。证券交易委员会和会计界也终于采取行动，开始努力澄清关于公司并购交易的信息报告技术，卖盘如洪水般汹涌而至。此后不久，证券交易委员会和负责反垄断的首席检察官助理表示强烈关注日益加速的公司并购活动。

在集团企业风潮这一投机阶段过后，暴露了两个令人不安的因素。首先，集团企业并非总能控制自己疆域辽阔的帝国。投资者对集团企业创造的数学新法则，已不再执迷不悟，他们知道2加2当然不等于5，甚至有些投资者还怀疑2加2能否等于4。其次，政府和会计界对日益加快的并购步伐和可能存在的会计舞弊行为表示了担忧。这两方面的担忧促使投资者抛售股票，从而降低了（在多数个股上消除了）只因预计收购过程本身会产生盈利而付出的高倍市盈率。如此一来，盈利增长的炼金术便几乎不可能施展，因为要使骗人的阴谋得逞，收购方公司的市盈率必须高于被收购方公司的市盈率。

这段历史还有一个有趣的脚注。在 21 世纪最初十几年间，"去集团化"（deconglomeration）开始流行起来。将子公司剥离出去，使之成为独立的公司，一般情况下，股价都获得了上涨的嘉奖。两个不同公司的合并市值，通常会高于最初的集团企业市值。

3.3　20世纪70年代的"漂亮50"

20 世纪 70 年代，华尔街专业人士立誓要回归"明智合理的投资原则"。于是，概念股不时兴了，蓝筹股成了时尚。他们认为蓝筹公司绝不会像 60 年代最受青睐的投机性公司那样轰然倒台。最谨慎的做法莫过于买入蓝筹公司的股票，然后在高尔夫球场休闲放松。

当时，这种优质增长股只有 50 只左右。它们的名字都耳熟能详，有 IBM、施乐、雅芳、柯达、麦当劳、宝丽莱、迪士尼，等等，它们被统称为"漂亮50"（nifty fifty）。这种股票都是"大盘股"，市值很大，这意味着一家机构投资者可以重仓买入这种股票，而不会使股价产生大幅波动。再者，多数专业人士认识到，选定恰当时机买入股票虽然不是不可能，但也并非易事，所以这种股票在他们看来就很有意义。因此，买入时的价格暂时过高，又有什么关系？事实已证明这些股票都是成长股，现在支付的过高价格迟早会被证明是合理的。此外，这种股票好比传家宝，永远不会被卖掉，因而也被称为"一次性抉择股"。你只需做一次买入的抉择，从此，你的投资组合管理问题就一劳永逸地解决了。

这些股票还像儿童抱着抚摸的安乐毯一样，会使机构投资者感到舒适安逸。它们都是非常可敬的优质股。你的同事绝不可能质疑你投资 IBM，说你不够谨慎。当然，如果 IBM 倒闭了，你肯定会血本无归，但这样赔了钱是不会被看作不慎重的。如同赛狗在比赛中追赶机器兔一样，大型养老基金、保险公司和银行信托基金都拼命地买入"漂亮50"一次性抉择成长股。尽管让人难以置信，但机构投资者确实开始投机蓝筹股了。我们从表3-5中可以看出这一点。机构投资经理全然漠视了一个事实：任何规模可观的公司都不可能保持足够的增长速度来支撑80倍或90倍的市盈率。这些投资经理的所作所为再次验证了一句格言：包装精美的愚蠢可以听起来很智慧。

表3-5 "漂亮50"不再漂亮

股票名称	1972年市盈率（倍）	1980年市盈率（倍）
索尼	92	17
宝丽莱	90	16
麦当劳	83	9
国际香料	81	12
迪士尼	76	11
惠普	65	18

"漂亮50"热潮像其他一切投机狂潮一样终结了。正是那些对"漂亮50"顶礼膜拜的机构投资经理认清这些股票已然定价过高，又一次做出了抉择——卖出股票。在接下来的股市崩盘中，这些极品成长股完全失去了往日的宠幸。

3.4 20世纪80年代的喧嚣扰攘

3.4.1 新股发行热再度甚嚣尘上

1983年上半年的高科技新股发行热几乎是20世纪60年代新股发行热的完美翻版，只是新股名称稍稍有些改变，包括生物技术和微电子这两个新兴领域。但是，1983年新股发行热又使20世纪60年代的公司发起人自愧弗如，1983年全年新股发行融资额超过了此前十年间所有新股发行的累计总额。

举例来说。有一家公司"计划"批量生产名叫安德鲁机器人（Androbot）的私用机器人，新泽西州一家叫作吃撑了的公司（Stuff Your Face,Inc.）只有三个连锁餐馆，诸如此类的公司都在积极准备发行新股，可见当时新股发行热何其高涨。的确，新股发行热延伸到了"优质公司"的股票发行，如精致艺术品收购公司（Fine Art Acquisitions）。这不是什么俗气的沿街叫卖折扣服装的小贩，或生产电脑硬件的企业，而是一家真正具有审美能力的艺术型公司。该公司的招股说明书告诉我们，公司业务是收购和出售精美印刷品，以及装饰派艺术风格雕塑复制品。公司的一项重要资产是波姬·小丝（Brooke Shields）的一组裸体照片，这组照片大约拍摄于她坐在婴儿车里与进入普林斯顿大学读书之间的中间阶段。这些照片最初为一名男子所有，他叫盖瑞·格罗斯（Garry Gross）——这绝对是实情。虽然精致艺术品收购公司不觉得使用波姬·小丝11岁还未进入青春期的照片有什么不妥，但她的母亲可不这么认为。这事争执到最后，结局对波姬·小丝来说是很愉快的：照片返还给了格罗斯，从未给精致艺术品收购公司拿出去销售。这种结局对于精致艺术品收购公司却没那么让人开心，对于新股发行热期间其他多数新股而言，也不是什么好消息。精致艺术品收购公司变身为Dyansen Corporation，在富丽堂皇的特朗普大厦（Trump Tower）里设有画廊，最后于1993年在克莱斯勒信贷公司所做的一宗贷款上违了约，未能偿还债务。

很可能是穆罕默德·阿里国际游乐中心公司（Muhammad Ali Arcades International）的首次公开募股弄破了这场新股发行泡沫。该公司股票与同一时期其他垃圾新股相比，并没有什么特别引人注目之处。不过，这次发行之所以别具一格，是因为这次发行表明一美分仍能买到很多东西。公司提交的发行方案是以区区一美分的价格发行复合股权凭证，每单位复合股权凭证由一股股票与两股认购权证构成。当然，这还是内部人最近认购价的 333 倍，不过这也谈不上有什么不正常，而当人们发现连拳王本人都抵制诱惑，一股也不认购以自己名字命名的公司的股票时，投资者便开始审视自己的处境了。审视一番之后，多数投资者都厌恶自己所看清的一切。结果，小盘股板块整体出现大幅下跌，其中首次公开发行的小盘股价格跌得尤其惨重。在一年的时间里，许多投资者损失了多达90%的资金。

在穆罕默德·阿里国际游乐中心公司招股说明书的封面上，呈现的画面是前拳王阿里挺立在被击倒的对手身旁。阿里刚出道时常常声称他可以"像蝴蝶飞舞一样飘然滑步，如蜜蜂蜇人一般迅即出拳"。后来的结局是穆罕默德·阿里国际游乐中心公司的股票根本就没得到"飘然滑步" $^{\ominus}$ 的机会（安德鲁机器人公司也一样，本来它的股票发行时间定在 1983 年 7 月）。不过，其他许多公司都得以发行上市，特别是那些有潜在问题的前沿技术公司。正如过去一次又一次发生过的那样，这次被蜇伤的又是投资者。

3.4.2　极致泡沫之ZZZZ Best 公司

ZZZZ Best 公司的传奇好比霍雷肖·阿尔杰（Horatio Alger）笔下一个令人难以置信的故事，曾俘获了投资者的心 $^{\ominus}$ 。在还没学会刮胡子就已快速发财致富的创业家之中，巴里·明克（Barry Minkow）是20世纪 80 年代一位真正的传奇人物。明克的创业家生涯始于他 9 岁那年。家里没钱为他请保姆，他便经常到妈妈经营的地毯清洗店里干活。

$\ominus$　在本段的英文原文中，作者一语双关，用到了 float 一词的两个语义：飘然、优雅地移动；使证券首次公开发行。——译者注

$\ominus$　霍雷肖·阿尔杰（1832—1899），美国著名作家，其小说主角通常是出身贫寒、诚实守信的青少年，他们通过不懈努力，克服重重困难获得商业上的成功。他也写过几部令人称道的关于白手起家的政治领袖的传记。——译者注

在店里，他开始打电话招揽生意。到 10 岁时，他已动手清洗地毯了。在接下来的 4 年时间里，他利用晚上和暑假的时间在店里打工，攒下了 6 000 美元。到 15 岁时，他买了一些蒸汽清洁设备，在自家的车库里办起了自己的地毯清洁公司，公司的名字叫 ZZZZ Best。因为还在读高中，又没到法定开车年龄，明克便雇了一帮人上门取地毯和清洗地毯，自己则坐在课堂里愁着怎么给工人发放每周的薪水。他把日程安排得很紧，整天忙碌，公司的生意渐渐火了起来。他还雇用父母来公司里工作，对此他感到非常自豪。18 岁时，明克成了百万富翁。

明克对工作永不餍足的胃口，也使他做起了自我推销。他开一辆红色法拉利跑车，住在一座豪宅里，豪宅里有个大泳池，池子的底部漆着一个大大的 "Z" 字。他写了一本书，名为《在美国发财致富》（*Making It in America*），他在书中声称，当今十几岁的人都不够勤奋刻苦。他向慈善机构慷慨捐款，在抵制毒品的电视公益广告中亮相，广告的口号是："我行为干净，你呢？"到这个时候，ZZZZ Best 公司已有雇员 1 300 人，营业场所遍及加利福尼亚州，在亚利桑那州和内华达州也有营业场所。

对于一家再普通不过的地毯清洁公司来说，100 多倍的市盈率是否过高呢？当然不高，因为掌管这家公司的是一个光彩照人的成功商人，而且此人还能展现强硬作风。明克最爱对雇员说的一句"台词"是："要么跟我走，要么要你走人。"有一次，他还扬言，即使自己的老妈不守规矩，也照样让她走人。当明克告诉华尔街自己的公司经营得比 IBM 还好、注定要成为"地毯清洁行业的通用汽车"时，投资者都洗耳恭听。有位证券分析师这样对我说："这家公司肯定错不了！"

1987 年，明克的泡沫突然破裂，让人震惊不已。原来，ZZZZ Best 公司不仅洗地毯，还洗钱呢。公司被控为有组织的犯罪人物提供掩护，这些人常用"脏钱"为公司购买设备，然后从公司合法的地毯清洁业务收入中抽取"干净钱",换回在设备上的投资。公司盈利的强劲增长主要是通过假合同、虚造的信用卡收入以及其他欺骗手段制造出来的。整个操作过程就是一个巨大的"庞氏骗局":左手从一批投资者手中骗取资金,右手又将资金转付给另一批投资者,如此循环不已。此外,明克还被指控将公司账上的数百万美元资金挪作私用。明克以及 ZZZZ Best 公司所有的投资者都遇到了连续不断的麻烦。

明克的公司申请破产保护之后的故事发生在 1989 年。这年,明克 23 岁,被判犯有 57 桩欺诈罪,入狱服刑 25 年,归还其盗用的公司财产 2 600 万美元。明克请求从宽处理,美国联邦地区法院的法官驳回请求,对他说:"你是个危险分子,因为你有三寸不烂之舌、善于沟通。"法官又补充说:"但你没有良心。"

但是,故事并未就此结束。在兰波克联邦监狱 54 个月的铁窗洗礼中,明克重生为一名基督信徒,并从杰瑞·福尔韦尔(Jerry Falwell)创立的自由大学获得函授学士和硕士学位。1994 年 12 月,他获释出狱,成了加利福尼亚州社区圣经教室的高级牧师,以其一贯的狂热宣讲风格,吸引着教友凝神谛听。他写了好几本书,其中包括《洗心革面,但并未出局》(*Cleaning Up and Down, But Not Out*)。他还受聘为联邦调查局特别顾问,提供如何发现欺诈行为的咨询服务。2006 年,当年控告明克的詹姆斯·阿斯伯杰(James Asperger)撰文写道:"巴里·明克已获新生,他的个人生活发生了彻底改变,协助破获的欺诈罪案也比他本人以前犯下的要多。"2010 年,电影《明克》拍摄完成。根据宣传,影片"讲述了一个赎罪和启迪人心的美好故事"。遗憾的是,电影故事纯属虚构,影片因而取消发行。2011 年,因为参与一桩证券欺诈案,明克被判入狱服刑 5 年;2014 年,他当庭认罪,承认在圣迭哥社区圣经教室做牧师时贪污了 300 万美元。明克从未改过自新。但是,这部电影最终于 2018 年 3 月发行上映,只是名称改为《骗子》(*Con Man*)了。

3.5　历史的教训

股市的历史给我们的教训非常清楚。在对股票进行定价时，投资者的证券评估风格和风尚可能而且经常起到关键性的作用。有时候，股市的运行就很符合空中楼阁理论所做的阐述。正因为如此，投资游戏有时可能极其危险。

还有一个需高度重视的教训是，如今在购买"热门新股"时投资者应多加提防。多数首次公开发行的新股，其表现均不如市场整体。而且，如果你在新股上市交易之后购买，通常都会支付较高的价格，那你就更可能遭受损失。

毫无疑问，过去的投资者利用 IPO 建造了很多空中楼阁。请记住，新股的主要抛售者正是公司的管理层。他们力图把握时机，随着公司的发展达到高峰时，或当投资者热情高涨地追逐某个热点时，抛售自己持有的本公司股票。在这样的情况下，对投资者来说，追赶潮流的冲动，哪怕是追逐高增长行业的股票，只会带来无利可图的忙忙碌碌。

日本房地产泡沫和股市泡沫

行文至此，我在本章谈的都是发生在美国的投机泡沫。必须指出，泡沫并非美国独有的。20 世纪后期，日本的房地产和股票市场就发生并破裂过一场最大的泡沫。1955～1990 年，日本的房地产价格上涨了75 倍以上。据估计，截至 1990 年，日本所有房地产的总值接近 20 万亿美元——相当于 20% 以上的全球财富，或相当于全球股市总市值的2 倍。若以物理面积衡量，美国比日本大 25 倍，而在 1990 年，日本的房地产价值估计有美国 5 倍之多。理论上，日本人靠卖掉国际大都市东京，就能用所得资金买下美国的所有房地产；倘若按评估值卖掉日本皇宫及其所占土地，就能筹集足够的资金买下整个加利福尼亚州。

日本股票价格就像无风天气里的氦气球一样不断攀升。1955～1990年，股价飙升了100倍。1989年12月，日本股市攀上顶峰，总市值达到4万亿美元，几乎相当于美国所有股票价值的1.5倍，接近全球股市总市值的45%。遵循坚实基础理论的投资者都惊得目瞪口呆，日本股票的市盈率竟高达60多倍，股价几乎是账面价值的5倍、股利的200多倍。相比之下，美国股票的市盈率大约为15倍，英国伦敦股票市场的市盈率为12倍。日本的电话业巨头NNT公司，其股票市值超过了美国电话电报公司、IBM、埃克森美孚、通用电气和通用汽车的市值总和。

对于所有能被提出的合理的反对意见，支持股市上涨的人都水来土掩，应付裕如。市盈率是不是高到九霄云外了？"不，"株投町（Kabuto-cho，日本的"华尔街"）的证券营销人员说，"日本的市盈率相对于美国还是低了，因为日本公司计提的折旧费过高，而且在日本公司的盈利中并未计入拥有部分股权的联营公司的盈利。"如果把这两个因素造成的影响考虑进来，调整后的市盈率就会低得多。股利收益率大大低于0.5%，是否低得不合情理？答曰：这正反映了此时日本的低利率状况。股价达到了资产价值的5倍，是不是很危险？一点儿也不危险。资产的账面价值并未反映日本公司所拥有土地的大幅升值。对于日本土地的超高价格水平，他们则从两个方面进行"解释"：一来日本人口密度大，二来各种监管规定和税收法规限制了可居住土地的使用。

事实上，为房地产和股票价格飞涨给出的"解释"都站不住脚。即便将公司盈利做出调整，市盈率仍然远远高于其他国家的水平，与日本本国的历史相比，也膨胀得惊人。而且，日本公司的盈利能力一直在下降，日元坚挺必定会使日本公司的产品出口更加困难。尽管土地在日本是稀缺资源，但日本的制造业公司，比如汽车制造商，在海外找到了充足且价格有吸引力的新工厂用地。租金收入的上涨幅度一直远低于土地价值的上涨幅度，这表明房地产的收益率在下滑。最后，一直在支撑市场上涨的低利率，也于 1989 年开始上升了。

有些投机者曾得出结论认为金融万有引力定律这一基本规律不适用于日本。然而，令他们备感痛苦的是，1990 年，艾萨克·牛顿还是驾临日本了。有意思的是，让那只苹果坠落下来的正是日本政府。日本银行（日本的中央银行）发现，在为土地和股票价格暴涨提供资金支持的贷款狂潮和流动性繁荣的大背景之下，通货膨胀这个丑恶的幽灵正在搬弄是非，搅得人心浮动。于是，日本银行开始限制信贷规模，并上调利率，以期遏制房地产价格的进一步上涨，并使股票市场实现平稳降温。

股市并未实现软着陆，而是彻底崩盘了。股市下跌的幅度几乎与美国 1929 年末至 1932 年中期发生的股市大崩盘一样大。20 世纪 80 年代的最后一个交易日，日本股市指数（日经指数）达到近 40 000 点的高度。1992 年 8 月中旬，该指数已跌至 14 309 点，跌幅约达 63%。从 1990 年开始的股价下跌，正反映了股票价格重新呈现 20 世纪 80 年代初典型的股价与账面价值比率这一估值关系。日本股市在接下来数十年间一直消沉。2022 年伊始，日经指数在 29 000 点以下，大大低于 30 年前所处的位置。

20 世纪 90 年代初，房地产气球里的空气也冲了出来。对土地价格和房产价值的各种测算表明，房地产市场下跌的严重程度与股票市场大致相当。金融万有引力定律可不认什么地理疆界。

第4章

21世纪早期二十余年的超级泡沫

若举世失控，唯你能保持清醒，

大地及其上之一切皆为你所有。

——鲁德亚德·吉卜林（Rudyard Kipling）

《如果》（*If——*）

虽然20世纪下半叶的几场泡沫造成了大量金融财富的毁灭，但那些泡沫无法与21世纪早期二十余年间发生的泡沫相提并论。当互联网泡沫在21世纪初晴天霹雳般破裂之时，约8万亿美元的市值蒸发一空，仿佛德国、法国、英国、意大利、西班牙、荷兰以及俄罗斯等数国一年的经济总量突然间消失殆尽。当美国房地产泡沫破裂之时，整个世界经济几乎随之崩溃，此后便是旷日持久的全球经济衰退。21世纪20年代初，我们在模因股和加密货币价格上经历了巨大泡沫。毫无疑问，把这些泡沫中的任何一场比作郁金香球茎热，对郁金香花朵都有失公允。

4.1　互联网泡沫

多数泡沫的发生，要么与某种新技术相关联（如电子热），要么牵涉某种新的商业机会（如有利可图的贸易新机遇的出现导致了南海泡沫的形成）。对于互联网泡沫的形成，这两种原因兼而有之：一方面互联网代表了一种新技术；另一方面互联网提供了新的商业机会，使我们有望变革信息的获取途径以及商品和服务的购买方式。这种技术和商业前景，引发了有史以来规模最大的财富创造，也造成了规模最大的财富毁灭。

罗伯特·希勒在《非理性繁荣》一书中，将泡沫描述成"正反馈环"（positive feedback loops）。当一批股票（此处就是与互联网热相关的一批股票）的价格开始上涨时，泡沫便开始出现了。这股"吹入炉火的上升气流"鼓动着更多的人买入股票，更多的人买入股票致使更多的电视和平面媒体进行相关报道，而媒体的报道又导致更多的人买入股票，于是早期就持有互联网公司股票的人便赚了大钱。这些大有斩获的投资者会告诉你发财致富真是太容易了，这又使股价进一步上涨，股价的持续上涨使越来越多的投资者一批一批地被拉进来。但是，这整个循环机制如同"庞氏骗局"，在这种骗局中，必须找到越来越多轻信的投资者，让他们从先前已买入股票的投资者手中买入股票。最终，"博傻"骗局再也找不到更傻的傻瓜参与。

即便是华尔街深受尊敬的公司，也加入了互联网这个热闹非凡的节日彩车大巡游。历史悠久的投资银行高盛于 2000 年中期在研究报告里声称，网络公司的烧钱行为主要是"投资者感情用事"的问题，而对互联网这个板块来说，或者对人们常说的这个"space"⊖ 来说，并

⊖　space，20 世纪 90 年代开始兴起的一个时髦词语，意思是领域、行业。——译者注

不是"一个长期风险"。几个月之后，数百家网络公司破产倒闭，这证明高盛发表的报告不期而然地也有正确之处。网络公司快速烧钱不是长期风险，而是短期风险。

在互联网泡沫破裂之前，无论谁嘲讽"新经济"的潜力，都是无可救药的抵制使用新技术的勒德分子（Luddite）。如图4-1所示，基本上可以代表高科技新经济公司的纳斯达克指数，从1998年后期到2000年3月上涨了2倍有余。该指数中有盈利的成分股的市盈率飙升到了100多倍。

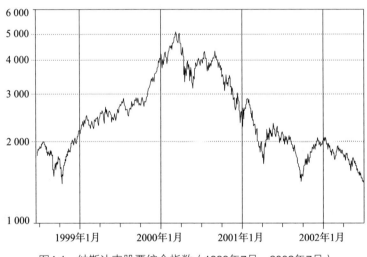

图4-1 纳斯达克股票综合指数（1999年7月～2002年7月）

4.1.1 高科技股泡沫规模宏大

2000年初，对投资者所做的调查显示，人们预期未来股票每年回报率在15%～25%，有的预期甚至还要高。对于以制造"互联网支柱"产品而广为人知的思科之类的公司，每年带来15%的回报率简直被视为小菜一碟。然而，思科的市盈率已高达三位数，市值已接近6000亿美元。倘若思科每年盈利增长15%，那么10年之后，它的市盈率仍将大大高于市场平均水平。倘若在此后的 25 年里，思科每年产生 15% 的回报率，又倘若同期美国经济继续以每年 6% 的增长率发展，那么思科的市值届时将会超过整个国家的经济规模。股市的估值与任何对未来增长的合理预期已经完全脱节了。高科技股泡沫破裂时，即便是蓝筹股思科，也跌去 90% 以上的市值。事实证明，思科的盈利在之后的 20 年间的确以很高的速度增长，但是，思科股票 2022 年初的价格却低于 2000 年泡沫达到巅峰时的水平。

在电子热期间的更名游戏中，形形色色的公司为了增加自身的吸引力，都在公司的名称中加上后缀 "tronics"；在互联网热潮中，各种各样的公司也如法炮制。很多公司，即使与互联网不怎么沾边或毫无瓜葛，也纷纷变更名称，加上与互联网有关的标志，诸如 dot.com、dotnet 或 Internet 之类。变更名称的公司，即便核心业务与网络根本就毫无关系，其股价在更名后 10 天内的涨幅，也比同类公司高出 125%。在后来发生的市场下跌行情中，这些公司的股票都变得一文不值。如表 4-1 所示，即便是互联网行业的头部公司，亦让投资者遭受了惨重损失。

表4-1   即便新经济领头羊股票亦致投资者遭受毁灭性重创

股票名称	2000年最高价 （美元）	2001～2002年最低价 （美元）	下跌幅度（%）
亚马逊	75.25	5.51	92.7
思科	82.00	11.04	86.5
康宁	113.33	2.80	97.5
JDS Uniphase	297.34	2.24	99.2
朗讯科技	74.93	1.36	98.2
北电网络	143.62	0.76	99.5
价格在线	165.00	1.80	98.9
雅虎	238.50	8.02	96.6

掌上电脑公司（PalmPilot）是个人数字助理机（personal digital assistants，PDA）制造商。它典型地说明了市场狂热得荒唐透顶——远远超过了"非理性繁荣"。掌上电脑公司原是 3Com 公司的全资子公司，3Com 公司决定将其分拆给自己的股东。由于个人数字助理机被吹捧为数字革命的一个必要条件，人们便以为掌上电脑公司将是一只特别令人激动的股票。

2000 年初，3Com 公司将掌上电脑公司 5% 的股份售出，让掌上电脑公司 IPO，同时 3Com 公司还宣布，打算把剩余的 95% 的股份也分拆给自己的股东。掌上电脑公司的股价一飞冲天，市值很快便达到 3Com 公司市值的 2 倍之大。掌上电脑公司 95% 的股票市值比 3Com 公司的总市值还高出近 250 亿美元。这种情形就好像 3Com 公司其他所有资产的价值为 −250 亿美元一样。如果你想买入掌上电脑公司的股票，你可以买入 3Com 公司的股票，同时以每股 −61 美元的价钱拥有 3Com 公司其他业务的所有权。在对财富的无脑追逐中，市场制造了诸多反常现象。

4.1.2 又一场新股发行热

2000 年第一季度，916 家风险投资公司向 1 009 家初创互联网公司投入 157 亿美元的资金。整个股市仿佛服用了类固醇，亢奋不已。就像在南海泡沫中曾发生过的那样，很多得到融资的公司都荒诞不经。后来的事实表明，那些几乎都是 dot.com 公司，它们给介入其中的投资者带来了灾难性的损失。我们来看看以下几个处于初创阶段的互联网公司的例子：

❑ 数字香味公司（Digiscents）提供一种可接入电脑的外围设备，这种设备会让你进入的网站和电脑游戏散发出气味。在开发此产品的过程中，数字香味公司很快就烧完了数百万美元。

❑ Flooz 公司提供一种替代货币——Flooz，这种货币可以通过电子邮件发送给朋友和家人。为了推动自身的发展，Flooz 公司应用了一条流传已久的商学院格言："任何白痴都能把 1 美元的纸币卖到 80 美分的价钱。"公司启动一项优惠措施，允许美国运通公司的白金卡客户只用 800 美元便可购买面值 1 000 美元的 Flooz 货币。在宣布破产之前不久，Flooz 公司卷入一宗诈骗案，菲律宾和俄罗斯的一些匪帮利用盗来的信用卡号码购买了 30 万美元 Flooz 货币。

❑ 网上宠物公司（Pets.com）的吉祥物是一个短袜式木偶，它在公司的电视广告中饰演主角，还在梅西（Macy）的感恩节游行演唱会上亮过相。公司吉祥物虽深受欢迎，但并不能改变一个严酷的现实：单凭提供一袋袋重 25 磅 ⊖、利润微薄的干狗食是难以赢利的。

很多互联网风险项目和公司，单是看到它们的名称就让人不敢相信，例如，拇囊炎（Bunions.com）、小龙虾（Crayfish）、快速击毁（Zap.com）、该死（Gadzooks）、雾虹（Fogdog）、肥脑（FatBrain）、丛林（Jungle.com）、突然跑开（Scoot.com）、唯我是从者（mylackey.com）。有一家叫 ezboard.com 的网络公司，生产一种被称为卫生纸的互联网纸张，帮助网民在虚拟社区里"擦大便"。这些项目和公司谈不上有什么商业模式，有的只是商业失败的模式。

4.1.3 环球网络公司

关于这场互联网 IPO 热潮，我记得最清楚的事发生在 1998 年 11 月的一个早晨，当时我正在一个电视节目中做访谈嘉宾。我穿着西

⊖ 1 磅 =0.454 千克。

服、打着领带坐在后台休息室里等待节目开始,身边坐着两个年轻人,他们都身着牛仔服,虽然已20出头,可看起来却像十几岁的人,我心想与他们比肩而坐实在很不协调。我压根儿没意识到,他们是互联网热中最早的超级明星,也是本次节目要专门介绍的人物,是节目的吸引力所在。这两位就是斯蒂芬·帕特诺(Stephan Paternot)和托德·克里兹曼(Todd Krizelman),他们在后者康奈尔大学的寝室里创办了一家名为环球(TheGlobe.com)的网络公司。该公司是一个在线留言板系统,希望通过销售网页横幅广告获得大量营业收入。以前,谁要是想IPO,得有实实在在的收入和盈利,但环球网络公司一样也没有。尽管如此,它的股票承销商瑞士信贷第一波士顿(Credit Suisse First Boston)却以每股9美元的价钱,帮它实现了IPO。股票一上市,每股价格立即飞涨到97美元,这在当时是有史以来股票上市首个交易日获利最丰厚的,公司的市值接近10亿美元,两位公司创始人也都立即成了身价不菲的新贵。正是这一天,我们终于见识了,对于若在5年之前连尽职调查门槛也跨不过的公司,投资者居然会乐意往里扔钱。

2000年初,互联网舞会依然如火如荼地进行着。出类拔萃的凯鹏华盈公司(KPCB)的著名风投资本家约翰·杜尔(John Doerr),将与互联网有关的股票价格上涨称作"这个星球上最伟大的合法的财富创造"。2002年,他忘了说这也是这个星球上最惨烈的合法的财富毁灭。

4.1.4 证券分析师大放厥词

华尔街上一些出镜率很高的证券分析师摇旗呐喊,为互联网泡沫的膨胀推波助澜。摩根士丹利的玛丽·米克尔(Mary Meeker)、美林证券的亨利·布罗杰特(Henry Blodgett)和所罗门美邦的杰克·格鲁伯曼(Jack Grubman)都成了家喻户晓的人物,被人们赋予超级明星的地位。米克尔被《巴伦周刊》杂志诙谐地称为"网络女王"。布罗杰特以"亨利王"而闻名，格鲁伯曼则获得了"电信股大师"的绰号。像体育巨星一样，当时这些分析师的薪资都达到了数千万美元。然而，他们的收入并非建立在分析质量之上，而是建立在能否为公司引来利润丰厚的投资银行业务之上。他们会含蓄地向投行业务客户许诺，持续进行的有利研究将为 IPO 新股上市后的市场表现提供持续的支持。

按照传统，"内部信息隔离墙"应当将华尔街券商的研究功能与赢利丰厚的投行功能隔离开来；券商的研究功能应为投资者的利益着想，而其投行功能则为公司类客户服务。但在互联网泡沫期间，这堵墙却变得更像瑞士干酪了 ⊖。

证券分析师正是这场互联网热潮的大众拉拉队长。布罗杰特断然声称，传统的估值标准不适用于"行业大爆炸式的发展阶段"。米克尔 1999 年以一种讨人喜欢的纽约人形象表示："现在是可以理性鲁莽的时期。"他们对个股的公开评论使股价迅速蹿升。他们用棒球场上强力得分的术语来描述其推荐给大众的股票：有望翻两番的股票是"全垒打"（four bagger），更刺激的股票可能就是"两个全垒打加上一个双杀"（ten bagger）。

证券分析师总会找到做多的理由。传统上，在 10 只股票中，他们会给其中 9 只评为"买入"级，1 只评为"卖出"级。但在互联网泡沫时期，股票买入与卖出的评级比例接近 100∶1。泡沫破裂的时候，这些名人分析师都面临了死亡恐吓和法律诉讼，其所在公司也遭到了证券交易委员会的调查和罚款。《纽约邮报》给布罗杰特取了个新名，称他为互联网泡沫的"小丑王子"。格鲁伯曼在国会一个委员会的听证会上遭到奚落，也因改变股票评级以帮助公司获取投行业务而遭到

⊖ 瑞士干酪最显著的特点是干酪上有孔眼，且孔眼越大品质越好。这里是比喻信息隔离墙已完全不能起到隔离信息的作用。——译者注

了调查。布罗杰特和格鲁伯曼都离开了各自的公司。《财富》杂志对这一切做了概括，在一期封面上刊登了玛丽·米克尔的照片，配以标题——"我们还能再信任华尔街吗？"

4.1.5　创建新的估值标准

与互联网有关的公司股价越来越高，为了对此做出合理解释，证券分析师开始使用各种可用于股票估值的"新标准"。毕竟，新经济股票是完全不同的新生事物，当然不应恪守如市盈率之类老派过时的标准对其进行估值，那些标准是用来评估旧经济公司的。

不知何故，在无所畏惧的新兴互联网世界，销售额、营业收入和利润都成了不相干的东西。为了给互联网公司进行估值，证券分析师把目光转向了"眼球"，也就是浏览某网页或"访问"某网站的人数。其中特别重要的是"有购买意向的顾客"人数，证券分析师给这类顾客下的定义是在某网站至少逗留 3 分钟的人。玛丽·米克尔口若悬河地称赞网上药店公司（Drugstore.com），因为浏览该网站的 48% 的眼球都是"有购买意向的顾客"。没人关心有购买意向的顾客是否会掏出绿花花的美元买点儿什么。销售额太过时了。在 2000 年互联网泡沫顶峰时，网上药店公司的股价达到 67.5 美元。一年后，大家又开始看向利润，该公司的股票变成了"仙股"（penny stock）[⊖]

"顾客心理份额"是另一个很流行的非财务估值标准，它的出现使我确信投资者已全体心理失常。例如，在线住宅销售商 Homestore.com 公司，于 2000 年 10 月受到摩根士丹利的强烈推荐，因为在

　　⊖　penny stock 是投资术语。这类股票价格极低、市值极小，因缺乏流动性、买卖报价差极大、分析师跟踪极少、信息披露极少而风险极大、投机性极强，通常在柜台市场交易。这里用作比喻，相当于我国香港股市所谓的"仙股"，价格可能低至几美分一股。——译者注

互联网用户花在各个房地产公司网站的时间中，有 72% 用于浏览 Homestore.com 公司所列的房地产商品。然而，"顾客心理份额"并未引导互联网用户打定主意购买所列商品，也未能阻止 Homestore.com 公司股价 2001 年从最高点暴跌了 99%。

对于电信类公司，证券分析师创建了特殊的估值标准。他们匍匐着爬进管道，丈量地下光纤电缆的长度，而不去查看声音、图像等数据的传输情况。每个电信类公司都毫无节制地大量告贷，铺设的光纤电缆足以环绕地球 1 500 圈。电信和互联网服务提供商 PSI Net 公司（现已破产）为了留下时代印迹，将自己的名称刷在巴尔的摩乌鸦队的橄榄球场上。随着电信股价格持续大幅上涨，涨到远远超过任何正常的估值标准，证券分析师像自己常常会做的那样，跟着降低自己的估值标准。

电信公司可以毫不费力地从华尔街融资，这让市场出现了过度供给的局面——长途光纤电缆太多、计算机太多、电信公司太多。在这场泡沫中，大约 1 万亿美元的资金扔进了电信投资中，其中大部分都蒸发掉了。

4.1.6　媒体推波助澜

各类媒体的参与把互联网泡沫越吹越大，从而使美国变成了一个全民炒股的国家。与股票市场一样，新闻业也受供求规律的制约和影响。既然投资者想得到更多信息、了解有关互联网的投资机会，杂志的供给量便随之增加，以满足投资者的需求。同时，读者对消极的持怀疑论调的股市分析不感兴趣，却对许诺轻易致富的出版物趋之若鹜。投资类杂志用专题描述的，都是如"网络股股价未来数月可能翻番"之类的故事。对此，简·布莱恩特·奎恩（Jane Bryant Quinn）[⊖] 评论道：

　　⊖　简·布莱恩特·奎恩是美国著名新闻编辑、主持人、财经专栏作者。——译者注

"这是'投资色情杂志'，隐晦而不淫秽，'但仍然关乎色情'。"

在满足大众对更多信息永不餍足的需求的过程中，涌现出了大量致力于报道互联网的商业杂志和技术杂志。《连线》（*Wired*）自诩数字革命的先锋，《行业标准》（*Industry Standard*）发布的 IPO 指数在硅谷是最受广泛关注的指数，《商务 2.0》（*Business 2.0*）则以"新经济的神谕发布者"而自傲。出版物激增是投机性泡沫出现的一个典型标志。历史学家爱德华·钱塞勒（Edward Chancellor）曾指出，在 19世纪 40 年代出现了 14 种新周刊和 2 种新日报，用以报道当时新兴的铁路行业；而在 1847 年的金融危机期间，很多有关铁路行业的出版物都销声匿迹了。《行业标准》2001 年停刊时，《纽约时报》发表社论说："它散布的小道消息被杜绝之日，很可能就是它载入史册之时。"

在给互联网热潮推波助澜的过程中，网上经纪券商也是一个至关重要的因素。在线交易费用低廉，至少从收取的佣金角度看非常便宜。折扣经纪券商大量投放广告，让投资者觉得战胜市场似乎轻而易举。有家经纪券商让一位客户在一个广告中吹嘘，她不仅要打败市场，还要"把它皮包骨的小身板勒倒在地，要它求情告饶"。在另一个很受欢迎的电视广告中，邮局办公室里的电脑菜鸟斯图沃特带着规劝和激励的口吻说"就买这只股票吧"，怂恿守旧的老板在线购买第一只股票。老板反对说自己对这只股票一无所知，斯图沃特就说："我们来研究呀。"老板在电脑键盘上敲击了一下，自觉聪明了许多，买进第一笔 100 股的股票。

有线新闻网，如 CNBC 财经频道和彭博财经新闻 (Bloomberg)，成了传播股市文化的现象级平台。在世界许多地方，健身俱乐部、机场、酒吧和餐馆，都将电视画面锁定在 CNBC 财经频道。在电视节目中，股市被当作体育赛事对待，有赛前表演（开盘前的分析预测）、比赛进行当中的逐局直播解说（交易时段中的实时解盘）和赛后表演（回顾当天的交易情况，并为投资者提供次日操作指导）。CNBC 财经频道暗示，收看它的节目将使观众提前知晓"棒球被投手投出后曲线球的飞行轨迹"。节目中的多数嘉宾均持有看多做多的观点。CNBC 财经频道主持人无须提醒也会知道，整天绷着脸的怀疑论者，就像咬伤婴儿的家犬一样很可能待不久，是不会提升收视率的。股市的话题比性话题更为热门。即便是霍华德·斯特恩（Howard Stern）[⊖]，也会突然中断关于著名色情女星和身体部位的惯常议论，转而沉思股市行情，继而开口大肆吹捧某些互联网股票。

4.1.7　欺诈蛇行潜入，扼杀股市

互联网泡沫之类的投机狂潮会将我们体系中最丑恶的一些方面诱发出来。完全可以肯定，正是非同寻常的新经济热潮鼓动了工商企业丑闻接二连三地出现，这些丑闻从根本上动摇了资本主义体系。一个备受瞩目的例子便是规模曾位居全美第七的安然公司的崛起与破产。随着安然的轰然垮台，650 多亿美元的市值灰飞烟灭。安然的倒闭只有放在股市新经济板块产生巨大泡沫的背景下，才能真正被理解。安然被视为新经济股票的完美代表，不但可以统治能源市场，而且可以在宽带通信、广泛的电子交易、贸易三个领域居于支配地位。

安然无疑是华尔街分析师的最爱。《财富》杂志将传统的公用事业公司和能源公司比作"一帮老顽固和各自的婆娘，随着盖伊·伦巴多的歌声，拖曳着步子转圈跳舞"；把安然比作年轻的埃尔维斯·普雷斯利（Elvis Presley），身穿缀着金丝银线的紧身衣裤，"撞碎天窗而出"。不过，文章的作者遗漏了一个事实：埃尔维斯暴饮暴食，最后把自己

吃死了。安然确立了"跳出圈外"思考事物的标准，成了一家典型的杀手应用程序式的、不断变换经营模式的公司。遗憾的是，安然同时也为如何营造经营迷宫和如何欺诈行骗确立了新标准。

欺骗仿佛是安然的生存方式。《华尔街日报》报道，在安然员工称为"骗中骗"的一个时期，公司高管肯·雷和杰夫·斯基林亲自参与建立了一间虚假交易室，目的就是给华尔街的证券分析师留下深刻的印象。他们为交易室购置了最好的设备，给雇员分配角色，令其假模假样地进行交易，他们甚至将电话线漆成黑色，使交易操作显得尤为虚有其表。这一切都是精心策划的，同时又是心照不宣的伪装。2006年，肯·雷和杰夫·斯基林被判犯有共谋罪和欺诈罪。同年晚些时候，肯·雷带着一颗破碎的心离开了人世。

安然倒闭进入破产程序时，有位既丢了工作又丢了退休储蓄金的雇员喜欢上了网络，在网上销售印有"老子被安然糟践了"（I GOT LAY'D BY ENRON）字样的T恤衫。

对毫无戒心的投资者实施会计欺诈的事件为数繁多，安然事件只是其中之一。各种电信公司以过高的价格交换光缆的承载量，从而夸大了各自的收入。世通公司（WorldCom）承认虚增利润和现金流量70亿美元，操作手法是将本应从盈利中扣除的经常性费用计为不进入利润表的资本。在数不胜数的案例中，公司首席执行官（CEOs/chief executive officers）的所作所为，更像是首席贪污官（chief embezzlement officers）；有些财务总监（CFO/chief financial officers）被称为公司欺诈总监（corporate fraud officers）可能更加名副其实。当分析师把安然和世通之类的股票捧上天时，一些公司的高管却在把息税折旧摊销前盈利（EBITDA）的意思转化成"我欺骗呆瓜审计师前的盈利"（earnings before I tricked the dumb auditor）。

4.1.8　我们本应对危险有所提防

欺诈的问题暂且不说，我们本应更有头脑、更明事理。我们本应知道，历史的事实已证明投资于正在给社会带来重大转变的技术，对投资者来说常常并不会产生什么回报。19世纪50年代，时人普遍认为铁路将极大提高交通和商业效率。事实也的确如此，但这不能合理证明铁路股理应具有超高价格。铁路股的价格在1857年8月崩盘前，涨到了骇人的投机高度。一个世纪之后，航空公司和电视机制造商给美国带来重大变化，但多数早期投资者都血本无归。投资的关键不在于某个行业会给社会带来多大影响，甚至也不在于该行业本身会有多大增长，而在于该行业是否能够创造利润并持续赢利。历史告诉我们，所有过度繁荣的市场终将屈服于引力定律。据我个人经验，在市场上一贯输钱的人，正是那些未能抵制郁金香球茎热一类事件而被冲昏头脑的人。其实，要在股市赚钱并不难。我们在后面的内容中会看到，投资者只要购买并持有涵盖范围广泛的股票组合，即指数基金，就能获得相当丰厚的长期回报。真正难以避免的，是受到迷人的诱惑时将自己的资金投向短期快速致富的投机盛宴之中。能够避免这种可怕的错误，很可能是我们保有资本并使资本得以增值的最重要的因素。这一教训如此显而易见，却又如此易被忽视。

4.2　21世纪初美国住房市场泡沫及其破裂

互联网泡沫可能是美国有史以来最大的股市泡沫，但21世纪最初几年膨胀的独栋住房（single-family home）价格泡沫，无疑是美国空前的最大房地产泡沫。而且，对于一般美国人来说，房市暴涨及其后的崩盘，较股市的任何波动，影响都要大得多。在多数普通投资者的投资组合中，房产是价值最大的资产，因此，房价下跌会立即对家庭财富和幸福感造成冲击。房市泡沫的破裂几乎让美国金融系统陷入瘫痪（国际金融系统亦是如此），同时引领全球经济进入一轮令人痛苦的深度衰退。为了懂得这次房市泡沫背后的金融因素，及其为何带来影响深远的次生损害，我们需要了解银行业和金融系统中所发生的一些根本性变化。

我喜欢讲一个中年妇女的故事。她突发心脏病，非常严重，躺在急救室里时，有了一次接近死亡门槛的经历，她来到上帝的面前。"这就死了吗？"她问道，"我就要死了吗？"上帝对她保证她会活下来，而且能再活 30 年。果然，她活了下来，心脏血管中植入支架，疏通了堵塞的动脉，而且感觉从未如此好过。然后，她心里想道："如果还能活 30 年，那我就要充分利用这 30 年了。"既然已住在医院里，她便决定来一次整容，我们不妨无恶意地称之为"全面装饰性外科手术"。现在，她看上去很棒，自我感觉也很棒。轻松愉快地一抬脚，她便蹦蹦跳跳出了医院，结果却被一辆快速驶来的救护车撞倒，立刻就丢了性命。她走到天国之门，又遇见上帝。"怎么回事呀？"她问道，"我以为还能活 30 年呢。""非常抱歉，女士，"上帝回答说，"我没认出你。"

4.2.1　银行业的新制度

倘若在 21 世纪初，一位金融家从一场历时 30 年的小睡中醒来，恐怕也认不出金融系统。旧有的金融系统可以称为"发放并持有贷款"（originate and hold）的体系，在这种体系中，银行发放抵押贷款（以及工商贷款和消费贷款），然后将贷款作为银行资产持有至贷款被偿还。在这样的金融环境中，银行对于发放贷款会非常小心。毕竟，如果一笔抵押贷款出现违约，就会有人来追查当初发放贷款的人，质疑他最初对借款人的信用品质所做的判断。在这种环境中，为了核实借款人的信誉，不仅要求首付款达到相当大的数额，还要求出具证明文件。

21世纪第一个十年早期，这种体系发生了根本性变化，可以说变成了"发放并分销贷款"（originate and distribute）的银行业模式。银行仍然会发放抵押贷款（大型专业抵押贷款公司也发放此类贷款），但发放贷款的机构只将贷款持有几天，便很快卖给投资银行。投资银行收集这些已打包的抵押贷款，向投资者发行抵押贷款支持证券——由抵押贷款"证券化"而来的衍生性债券。这些受到担保的证券，以抵押贷款支付的利息和本金，为已发行的新抵押贷款支持债券支付利息。

针对已打包的抵押贷款，还不止发行一只债券，如此一来，情况就变得更加复杂。抵押贷款支持证券被切分成不同的"组别"（tranches），对于来自抵押贷款的本金和利息支付，每个组别拥有不同的索取优先权，因此每个组别便有不同的债券评级。这就是所谓的"金融工程"。即便债券背后的抵押贷款品质低劣，债券评级机构也乐于将AAA的评级授予对抵押贷款本息支付拥有最先索取权的债券组别。更准确地说，这种体系应该称为"金融炼金术"体系。而且，这样的炼金术不仅用于抵押贷款，还用于其他各种金融工具，如信用卡贷款和汽车贷款，等等。这些衍生证券便又卖向了世界各地。

针对衍生性的抵押贷款支持证券，有二级衍生品出售，这使情况又更加模糊。为了给抵押贷款支持证券提供保险，信用违约掉期便作为保单被发行出来。简言之，掉期市场使两方（通常称为交易对家）得以就抵押贷款支持证券表现的好坏，或其他任何发行人的债券表现的好坏进行押注。举例来说，假设我持有通用电气发行的债券，又担忧该公司的信誉。我可以从美国国际集团（AIG，规模最大的信用违约掉期发行人）之类的公司那里，购买一份保单，如果通用电气出现债券违约，这类公司便能向我支付债券本息。掉期市场的问题在于，倘若有了麻烦，像美国国际集团这样的保单发行人实际上并没有足够多的储备资金用来支付理赔。而且，来自任何国家的任何人都能购买这种保险，哪怕他并不拥有相关的债券。最终，信用违约掉期在市场上的交易量，由于世界各地机构需求的推动而迅猛增长，竟高达相关债券价值的数倍之多。衍生品市场增长至相关基础市场的很多倍，这种变化正是新的金融体系一个至关重要的特征。这一变化使得全球金融体系相互间的联系紧密得多，风险也大得多。

4.2.2　信贷标准更加宽松

为了将这种危险的局面推向极致，金融家们还创造出了结构性投资工具（structured investment vehicles）。这类工具将衍生证券放在其资产负债表之外，这样一来，银行业监管部门便无从看到衍生证券。抵押贷款支持证券的结构性投资工具会通过借款来购买需要的衍生证券，因此在投资银行的资产负债表上只会记录对该结构性投资工具所做的数额很小的股权投资。要是在过去，银行业监管部门会非常重视过大的杠杆率及其所携带的风险，但在新的金融体系中，这都被忽略了。

这种新体系导致银行和抵押贷款公司设立的信贷标准越来越宽松。如果贷款人放出抵押贷款所承担的风险，只是抵押贷款还没来得及卖给投资银行的几天里出现违约的风险，那么贷款人就没有必要考虑借款人的信誉。我第一次申请抵押贷款时，贷款人坚持要求我至少支付30%的购房款首付。但在新的体系中，贷款人发放贷款时根本不需要什么首付，他们抱着房价会永远上涨的希望。再者，所谓的三无贷款（NINJA loans）甚为常见，这些贷款的发放对象既无收入，又无工作或资产。贷款人甚至越来越懒得要求核实关于借款人偿还能力的证明文件。人们称这样的贷款为无证明文件贷款（NO-DOC）。住房贷款可以无拘无束地获得，房价也就随之迅速攀升。

在吹胀房市泡沫方面，政府也扮演了积极的角色。由于国会施加压力，要求抵押贷款易于获得，联邦住房管理局便只好为低收入借款人的抵押贷款提供担保。的确，截至 2010 年初，在金融系统的不良抵押贷款中，接近 2/3 的贷款是由政府代理机构买下的。抵押贷款之所以能贷给那些根本没有偿还能力的人，其原因不仅在损人利己的"捕食性动物贷款人"身上，还在政府身上。

4.2.3　住房市场泡沫

政府实行积极的房市政策，银行业的信贷惯例发生变化，在这两个因素的共同作用之下，人们对房屋的需求便出现巨大增长。由于贷款极易获得，房屋价格便如火上浇油，开始迅速上涨。最初的房价上涨促使更多的人购买房屋。房价看上去在持续不断地上涨，因此购买房产看上去也就毫无风险可言。而且，有些购房者做出购买的决定，其目的并非得到居住之所，而是为了以更高的价格快速出手，卖给（倒给）将来的某个购买者。

从 19 世纪晚期到 20 世纪晚期的 100 年中，经通胀调整后的房价比较稳定，也有上涨，但涨幅与一般物价的涨幅大致相当。在 20 世纪 30 年代大萧条期间，房价确有下降，但在 20 世纪结束时，又回升至最初开始下跌时的水平。21 世纪初，20 个城市的房价综合指数翻了一番。

我们知道，无论什么样的泡沫，最终都免不了破裂的结局。21 世纪初，这场房市泡沫破裂后造成极大危害，房价普遍下跌，而且下跌的破坏力极大。很多房屋拥有者发现，自己的抵押贷款远远超过了房屋价值。越来越多的人出现了还款违约，将房屋钥匙还给贷款人。金融界有个令人悚然的玩笑，说是银行工作人员提及这种做法时，称之为"叮当作响的邮件"（jingle mail）。

房市泡沫的破裂对经济造成极大的破坏性影响。随着房屋价值暴跌，消费者紧缩开支，开始"罢买"。有些消费者以前可用房屋作为抵押获得第二笔贷款或一笔房屋净值贷款，现在却再也不能通过这样的方式为自己的消费融资了。

房屋价格的下跌，毁掉了抵押贷款支持证券的价值，也毁掉了一些进行杠杆操作的金融机构，这类机构自食其果，用借来的钱持有了这些有毒资产。一些引人注目的大型破产事件随之发生，一些规模最大的金融机构不得不倒在政府的怀里，接受政府的救助。信贷机构又改变了政策，不再向小型企业，也不再向消费者提供贷款。随后在美国出现了痛苦且漫长的经济衰退，衰退的强度仅次于20世纪30年代的大萧条时期。

4.3　泡沫与经济活动

对历史上发生过的一些重大泡沫进行一番审视之后，我们已清楚地看到，随着泡沫的破裂，实体经济活动无一例外地遭到了严重破坏。资产价格泡沫的破裂所造成的附带影响并不只局限于投机者。如果泡沫与信贷繁荣相关，与消费者和金融机构普遍使用杠杆相关，那么泡沫的危害性尤为巨大。

21世纪初美国的经历给我们提供了一个印象深刻的例证。房屋需求不断增长推动着房价上涨，房价的上涨反过来又刺激着抵押贷款有增无减，而抵押贷款的不断增加又导致房价持续上涨，从而形成持续不断的正反馈环。杠杆的不断增加，涉及不断放松信贷标准，甚至涉及不断提高杠杆率。结果，在此过程中，个人和机构最终都变得非常脆弱、非常危险。

当泡沫破裂时，反馈环还会发生逆转。随着价格出现下跌，个人会发现不但自己的财富缩了水，而且自己的抵押贷款额竟超过了房屋价值。于是，贷款便开始出问题，消费者也随之削减自己的消费。杠杆过高的金融机构开始进入去杠杆的过程。由此而产生的信贷紧缩进一步削弱实体经济活动，因而负反馈环的结果便是经济出现严重衰退。夹杂了信贷繁荣的泡沫会给实体经济带来极为严重的危险。

这是否意味着市场并非有效

本章回顾了互联网泡沫和住房市场泡沫，我们从中似乎看到实际情形与股市和房市理性且有效的观点不一致。然而，应从本章汲取的教训并非在于市场有时可能会不理性，因而应摒弃金融资产定价的坚实基础理论。相反，结论已很清楚：在每次泡沫发生的过程中，市场的确做到了自我修正。市场最终会矫正一切非理性行为，尽管会以它自己的方式，缓慢而势所必然地加以矫正。异常情形可能会突然冒出来，市场可能会变得非理性地乐观，没有戒心的投资者会被吸引进来。但是最终市场总会认清真实价值所在，这才是投资者必须予以重视的主要教训。

《证券分析》一书的作者本杰明·格雷厄姆的智慧令我佩服，他在书中写到，归根结底，股票市场不是投票机，而是称重机。估值标准并未改变，最终，任何股票的价值只能等于该股票所代表公司能带来的现金流的现值。

市场即便会犯错，也可以做到高度有效。有些错误非常离奇，简直让人匪夷所思，譬如，21世纪初的网络股价格看上去不但透支了未来，而且透支了来世。预测会无一例外地不正确。投资风险从来就无法清晰地感知，所以未来盈利应以什么样的贴现率进行折现，也永远是无法确定的。因此，市场价格必然总是错误的。在任何一个具体时点，任何人（包括专业投资者）都不能完全看清楚市场价格是过高还是过低。在华尔街，即便是最优秀、最聪明的人，也不能始终如一地将正确的估值与错误的估值区分开来。没有任何证据证明，谁能通过持之以恒地下对赌注以战胜市场的集体智慧获得超额收益。市场并非总是正确，甚或通常都不正确。但是，没有任何个人或机构能始终如一地比市场整体知道得更多。

21世纪最初十年房市所发生的史无前例的泡沫和崩盘也没有真正动摇有效市场假说。如果个人得到机会可以不用支付首付款便能购买房屋，那么愿意按已膨胀的房价付款，就可能是最理性的行为。如果房屋价值持续上涨，购买者便能获得利润。如果泡沫破裂，房价下跌，购买者便一走了之，留下贷款人承担损失（或许最终由政府承担损失）。是的，这种购买房屋的激励是不正常的。而且，回首过去，我们也看到监管非常松懈，政府实行的某些政策也考虑不周。但这场房市泡沫和崩盘，及其随后造成的经济衰退，绝不是由盲目相信有效市场造成的。

4.4 模因股的迷你泡沫

所谓模因，即通过互联网进行模仿并广泛传播的一种形象、一种想法或一种行为。最为流行的模因通过社交媒体，仿佛病毒蔓延一般爆红网络。所谓模因股，就是价格完全由网络社群情绪决定，而非由公司财务状况决定的股票。模因股狂热的中心平台之一，是社交媒体红迪网（Reddit）用户自建讨论区 WallStreetBets 版面，它拥有数百万粉丝。其他平台，诸如脸书和 YouTube（油管），也引来大批网上股票交易者。

模因股现象的最佳实例，是游戏驿站（GameStop）股票价格史诗级的疯狂暴涨和疯狂暴跌。在视频游戏的分销日益走上网络的时候，游戏驿站正是一家苦苦挣扎以求生存的视频游戏光碟实体零售商。人们对游戏驿站的兴趣由 34 岁的影视演员理查德·吉尔（Richard Gill）挑起，他在红迪网上以用户名"该死的深层价值"广为人知，在油管上其网名则是"咆哮的猫咪 Kitty"[⊖]。他吹捧游戏驿站，说该股将出现"大反转"行情，此外，还说至少有一些理由可以期待未来该股会出现大量买入的情形。一些对冲基金此前已巨量建仓做空游戏驿站。所谓做空，就是卖出目前未持有的股票，以期后续以更低的价格买回平仓获利。这些对冲基金极不看好游戏驿站，以致卖空该股的数量超过了该公司所有发行在外的股票数量。"咆哮的猫咪 Kitty"判断得很正确，这些卖空的股票最终必须由对冲基金购入而平掉卖空仓位。通过动员一大批狂热的买家，可以将股价推高。随着股价上涨，对冲基金的损失逐渐增加，这又迫使对冲基金买入股票，从而将股价推至更高的位置。因此，在游戏驿站行情之中，上演着一场散户大战对冲基金的以弱胜强的戏剧。有些红迪网用户买入游戏驿站的股票，目的仅在于逼死"肥猫"对冲基金。而且，狂热的购买者还发现，可以通过买入游戏驿站看涨期权进行杠杆式押注，若股价进一步上涨，他们便能获得巨大的超额收益。

交易游戏驿站的买家往往都遵循"你只活一次"（you only live once）这一咒语式信条。这句话的首字母缩略词 YOLO 也可以当作动词使用，比如有一条推特说"我就是把一生的积蓄 5 万美元都投在游戏驿站上，一把 YOLO 了"，同时该推特用户还贴出在交易软件 Robinhood 上买入游戏驿站的真实账户截图。

无论可能存在什么样的逻辑煽动起这群网络乌合之众参与其中，游戏驿站股票的实际表现堪称疯狂至极。2021 年 1 月，这只股票以每股 17 美元开始交易。到 1 月末，股价达到每股近 400 美元，之后便

⊖ 英文单词 kitty，一般有三义：小猫，为共同使用目的而凑集的钱，纸牌游戏等之中的全部赌注。此处可谓一语三关。——译者注

是 2 月直线暴跌至 40 美元以下。在 2021 年余下的时间，游戏驿站股价继续剧烈波动。有些交易者，尤其是早早入场者，获利丰厚，但多数都亏损而返。相对于从对冲基金"金库"里拿走的 1 美元，可能有 20 美元只是从一个倒霉的交易者转手给了另一个倒霉的交易者。

一位游戏驿站交易者因亏损而深感受挫，便发出一条推特自嘲："投资游戏驿站比离婚还要糟糕，钱丢了一半，老婆却还和你在一起。"不幸的是，有些人的投资结果带有悲剧色彩，并无幽默意味。一位在 Robinhood 软件上买卖游戏驿站的交易者，眼看着期权交易损失到了 73 万美元，便自杀身亡。

另外一只受人欢迎的模因股是电影院线 AMC。在新冠疫情期间，所有电影院都关门歇业，AMC 却通过大举借债弥补亏损，苟延残喘。AMC 又是一只受到大量做空的股票。2021 年 1 月初，这只股票的交易价格在每股 2 美元以下。而到年中，股价飙升至 60 美元以上。对于网上交易社区的人而言，交易 AMC 股票优于去拉斯维加斯赌博。这次又是早早介入者赚了钱，而那些"舞曲已停，尚在舞池中的人"都亏损惨重。

在这种道德寓言般的故事中有一个矛盾之处。就游戏驿站和 AMC 而言，两家公司为了利用股价不断飙升的行情，每次都增发了超过 10 亿美元的股票。这种情形具有极其怪诞的讽刺一面，两家公司由于网络乌合之众的狂热行为，至少暂时都避免了破产的命运。市场参与者交易股票的方式仿佛是将股票代码当作赌场轮盘上的数字，资本配置过程受到如此市场参与者的影响，我们是否该为之高兴，是一个更为重要的问题。

4.5 加密货币泡沫

或许，21 世纪早期二十余年间最为纵情的交易并不包括股票交易。大众对比特币及其他数字货币的兴趣，在世界范围内激发了规模甚大的交易活动，并使市场价格产生前所未有的剧烈波动。加密货币（cryptocurrency）价格上涨及其引发大众想入非非的那种氛围，与伴随网络股泡沫的那种疯狂有着怪异而恐怖的相似之处。

4.5.1 比特币与区块链

人们给比特币这种世界范围内存在的加密货币贴上不同的标签，或曰"未来货币"，或曰"一文不值的诈骗货币"。比特币的增长看上去很像金字塔式的庞氏骗局，可能最终将成为有史以来最大的金融泡沫之一。比特币价格发生过剧烈震荡，由每枚几美分涨到2017年底的近2万美元。一年之后，比特币卖价不到4 000美元。2021年4月，比特币交易价远远超过6万美元。两个月之后，它的售价低于3万美元。数月之内，比特币价格波动50%。难怪，比特币吸引了红迪网上的乌合之众。

比特币由不为人知者所创造，其人所用的网络笔名为"中本聪"（Satoshi Nakamoto）。创造比特币的目标，根据创造者于2008年所发表的白皮书上的说法，是要创造一种"纯粹点对点式电子现金系统"。中本聪神出鬼没、难以捉摸，仅通过电子邮件和社交媒体与人交流。尽管已有数人被指认为中本聪，但比特币创始人的真实身份从未得到确认。中本聪于2009年制定最初的比特币网络规则，并发布比特币交易软件，两年之后便销声匿迹。据报道，中本聪拥有100万枚代币，这些代币很快便价值数十亿美元，使中本聪成了世界上最富有的人之一。

比特币网络系统通过一种被称为区块链（blockchain）的安全公开账本来运行，使用受保护的密码（匿名）登录编号账本以记录比特币的所有权归属。区块链提供证据证明任何人在任一时点持有其中的数字代币，也提供交易流转中每一枚比特币的支付历史信息。比特币网络由世界各地的独立计算机进行维护。维护这些计算机和处理新交易的款项支付以比特币为货币单位，在一种被称为"比特币挖矿"（bitcoin mining）的过程中进行。所有存在的数字代币均由这一过程创造。流通中的比特币极限值为 2 100 万枚 $^{\ominus}$。

这种区块链是持续增长的记录比特币交易的公开账本，公开账本被称为"区块"，与先前的区块相连，并在比特币网络上记载比特币交易。交易记录副本散布于各个计算机或称比特币网络节点，如此一来，若出现任何不对头的异常情形，任何人均能进行查看。这一点使比特币网络得以保持真实。倘若帮助维护数据库的某一方试图更改自己的交易记录副本，以添加资金于自己的账户，其他计算机会识别出差异所在。冲突通过共识解决，并且，迄今为止强力加密系统已使比特币网络非常安全。

2022 年，比特币网络已有数百万单独用户，无论合法还是非法的交易均通过比特币协议完成。比特币兑换率并不重要。不论比特币价值 1 美元还是 1 万美元，交易都能完成。人们可以购买这种加密货币，同时将其发送到某个比特币收银系统，该系统能立即将其转换成美元。只要在交易发生的短暂期间比特币价值不出现波动，其美元价值便无关紧要。对于这种与比特币相关的颠覆性技术，支持性论点认为该技术能考虑到无缝而匿名的交易，无须走银行系统，也无须使用法定货币。

4.5.2　比特币是否为真实货币

从事传统金融业的专业人士一直对加密货币现象深感怀疑。传奇投资人，比如霍华德·马克斯（Howard Marks）和沃伦·巴菲特，表

$\ominus$　达到极限值时，将需要新的支付方式来维护比特币网络，比如共享交易费用。

示加密货币并非真实货币，没有任何价值。但是，同样的说法亦适用于任何国家的货币。一张美元钞票，其本身并没有任何内在价值。所有纸币都会遭受各种程度的怀疑，尽管纸币通常并不被人贬低为一种庞氏骗局。因此，我们来检视一番，看看比特币以及其他数字货币是否应视为货币。

货币的定义是什么？这可能看起来是一个怪异的问题，但事实上，这一提问会引出一些与比特币相关的微妙问题。在经济学家看来，货币即货币之所为。货币在经济中履行三种功能。

首先，货币是一种交换媒介。我们之所以看重货币，是因为货币能让我们购买商品和服务。我们在钱包里存放现金，为的是买来三明治当午餐，口渴时能买上一罐汽水。

其次，货币是一种计价单位，是现在和将来呈现价格、记录负债所需要的价值尺度。比如，《纽约时报》2018 年的售价为 3 美元。如果我申请到一笔到期前仅付利息的 10 万美元抵押贷款，利息为 5%，那么我每年将付息 5 000 美元，贷款到期时我还欠 10 万美元。

最后，货币是一种价值贮藏手段。一个卖家之所以接受货币而出售某一商品或服务，是因为卖家能使用货币在将来购买某商品或某服务。虽然卖家可能持有另一种资产，比如股票，以贮藏价值，货币却是可以使用的最具流动性的资产。若在不远的将来可能需要做出购买行为，那么货币便是人们偏爱的资产。

对于一种要被视为货币的资产需要满足的传统要求，比特币满足得如何呢？在某种程度上，比特币看上去满足第一项要求。比特币在世界范围内为人所接受并用于很多类型的交易。虽然比特币的认证过程非常烦琐，但比特币可能有潜力降低某些国际商业交易的交易成本。而且，比特币可给予持有者更多保障，使其相信比特币在产权脆弱的国家会更难以被某个权威部门没收充公。

　　比特币的价值具有极高的波动性，正是这一点使得比特币无法满足第二条和第三条关于货币的常见定义。一种资产，若每天增加或丧失很大百分比的初始价值，将既不能充当有用的计价单位，也不能充当可靠的价值贮藏手段。就加密货币而言，并不存在任何天然的价值之锚。对于力图避免比特币市场高波动性的人而言，进一步的交易（将比特币换成价值更为稳定的资产或法定货币）是需要的。至少就美元和世界上其他主要货币来说，还有中央银行在发挥作用，其管理目标包括维持本币价值的稳定。

　　比特币的情形令我想起那个沙丁鱼商人的经典故事。此人有一个装满沙丁鱼罐头的仓库。有一天，一个饥肠辘辘的工人打开了其中一罐，希望美美地吃一顿午餐，却发现罐中满是沙子。面对商人，工人被告知这些罐头都是用来交易，并非拿来吃的。看起来，这个故事也适用于比特币。

　　对于多数比特币和其他加密货币交易者，所玩的游戏就是进行投机性押注，赌价格将持续飙升。对于早期介入游戏者，回报已然巨大。还记得奥运赛艇双胞胎兄弟卡梅伦·文克莱沃斯（Cameron Winklevoss）和泰勒·文克莱沃斯（Tyler Winklevoss）吗？他们曾指控在哈佛大学读书时，马克·扎克伯格剽窃了他们的创意而创立了脸书（Facebook）。这对双胞胎的官司以获得6 500万美元的赔偿达成和解，而扎克伯格因持有脸书（现在名为Meta平台）股票而成了亿万富翁。别太为两兄弟感到难受，当时他们也认为自己应得到更多赔偿。他们拿出和解协议中的1 100万美元，以每枚代币120美元的价格投资比特币。不久，两兄弟成了比特币亿万富翁。

4.5.3　比特币现象应否称作泡沫

　　行文至此，我们得出了什么结论呢？我们正在见证一种大有前途的新技术发出曙光，而这种新技术将大大改善国际支付机制吗，抑或这只是又一场泡沫，它将会引领众多参与者走向财务覆灭？或许，两个问题的答案都是肯定的。比特币现象背后的区块链技术是真实的技术，改进的版本可能会变得更普遍。无论如何，国际支付机制将因技术而发生深刻变化。

区块链技术以及类似的"分布式账本"技术有望获得成功的前景在于，这些技术可用于其他用途，比如记载和存储医疗记录、车辆维修史。特拉华州以吸纳来自世界各地的公司为一项要务，一直致力于运用区块链技术保存公司法人的各种记录。迪拜已宣布，要让所有政府文件可在区块链上获得。类似的多种去中心化记录存储的做法，与比特币获得成功之后大量涌现的其他加密货币有关。

技术的确具有减少交易成本、提升交易速度的潜力。数字货币因既没有金融机构也没有政府机构介入其中，可便于卖家和买家之间达成安全交易。但是，一种潜在的现象是"真实的"，并不意味着此种现象不容易受到"泡沫"定价的影响。20 世纪 90 年代后期，互联网的前景是真实的，但这并未阻止像思科那样的公司（它生产的交换机和路由器成了"互联网支柱"）在泡沫破裂之时，丧失了 90% 的市值。已有指标显示，比特币以及其他数字货币的价格上涨应视为一场经典泡沫。

投机性泡沫的一个指标，是泡沫生成对象的价格会上涨到何种程度。在很短时期内，一枚比特币的价格曾从几美分上涨至 2017 年初的近 2 万美元，之后便快速下跌。2021 年，比特币的价格，低者可低至 2.88 万美元，高者可近 6.9 万美元。这些代币价格波动性一直极大，单单在一个 24 小时的时段内，涨跌幅度就高达三分之一。其他加密货币的价格也呈现相似的表现模式。价格上涨远超 17 世纪荷兰郁金香球茎，本书先前描述的数场泡沫无一能望比特币价格膨胀之项背。

价格上涨的幅度之大及其波动性表明，比特币泡沫乃是有史以来最大的泡沫之一。

泡沫会通过富有吸引力的故事宣传，这些故事成了流行文化的一部分。比特币的故事是一个理想范例，可以说明一个模因如何在千禧一代和 Z 世代中制造了别样的热情。比特币的故事也说明了互联网如何促进了模因的宣传，并强化了金融泡沫。

4.5.4 什么因素能使比特币泡沫萎缩

大量风险的存在提示我们，对于评估比特币的未来应极为谨慎。比特币挖矿操作会消耗相当多的计算机处理能力，是能源密集型业务。对操作处于交易网络中心的分布式公开账本的计算机，可强行予以限制。单单创造一枚数字代币，其所需电力就相当于一般美国家庭两年的耗电量。组成比特币网络的所有计算机，其每年消耗的电力能源与一些中等规模国家不相上下。

比特币发烧友常常加以辩解，振振有词地强调，代币市场总规模的上限为 2 100 万枚代币。但是，这种说辞有缺陷。相互竞争的加密货币大量涌现，其数量并没有上限。支持以太坊（Ethereum）及以太币的人，恐怕会争辩说以太币优于比特币。以太坊协议的设计，旨在提供更多的灵活性和更强的功能。瑞波平台（Ripple）及瑞波币（XRP）的创设目的在于减少成本、增加交易次数，改善国际交易。市场上所有加密货币的总规模是没有限制的。荷兰郁金香球茎泡沫破裂之时，正是"投资者"和投机者最终决定让利润落袋为安之际。持有大量比特币者被称为"鲸鱼"，他们出售哪怕很少一部分所持比特币，便能让比特币价格一落千丈。

使用比特币以便进行非法交易，会给比特币带来特别的危险。当勒索软件的所作所为，以及其他非法活动，包括逃税，因加密货币而得以实现时，我们预期政府不会坐视不管。政府也不会愿意放弃对本国法定货币的控制。从西方到东方，赌政府不会努力扼杀比特币的挖矿和交易活动，恐怕不是明智之举。相较于私营企业从事复杂且涉及广泛的数字货币活动，政府自身将更有可能安排未来被广泛接受的数字货币。

4.5.5　其他数字迷你泡沫

迷你泡沫在 21 世纪 20 年代继续大量涌现。我最爱谈及的三个迷你泡沫是特殊目的收购公司（SPAC）、一种被称为狗狗币（Dogecoin）的数字货币、非同质化代币（NFT）。

还记得本书前文所述南海泡沫期间荒唐可笑的新股发行情形："该公司从事一项极具优势的事业，但无人知晓是什么事业"。这种情形几乎完美地描述了特殊目的收购公司。这类公司成立的目的是在首次公开募股中筹集资金，仅用于收购一家或多家未上市的公司。此类公司本身并非经营性公司。它只是作为一个临时钱箱而存在，用于识别某家可以并购并让其间接上市的不知名公司。特殊目的收购公司提供了一种通过"后门"上市的途径。2020 年，248 家特殊目的收购公司组建成立，筹集了 830 亿美元股本，成为世界上增长最快的金融工具。

特殊目的收购公司在广告中自称可以为人们提供快速致富的机会，是一种让普通投资者进入收益丰厚的一级市场的途径。事实上，多数财富进了发起人的腰包，他们常常得到 20% 的特殊目的收购公司的股票，让特殊目的收购公司的大众买家仅持有余下的股票。特殊目的收购公司也常常变成一种手段，可以使经营状况不良的可疑公司上市，而无须经由证券交易委员会的认真审查。即使在股市历史上最火热的数个时段，多数特殊目的收购公司也让大众投资者损失了金钱。

第二个我最爱说的迷你泡沫是狗狗币，它肇始于一个玩笑。起初，两个网络聊天室里的朋友发明此种货币,以期嘲弄比特币的成功和围绕加密货币交易的异乎寻常的狂热氛围。狗狗币的名称取自会说话的柴犬(Shiba Inu)之"doge"互联网模因。狗狗币的两位创造者预期,他们的货币会很搞笑,但很快便会被人忘记。但是,这个玩笑式的虚拟货币被红迪网的用户群偶然听闻,很快便跃升至明星地位。2021年1月1日,狗狗币交易价为0.5美分。到5月份,狗狗币价格迅速飙升至75美分,此后由于加密货币的热心玩家埃隆·马斯克(Elon Musk)在电视《周六夜现场》综艺节目中对之大加嘲笑而价格暴跌。红迪网用户并未被吓倒。狗狗币热衷者社区中流行着共同的链式帖子:简写作YOLO的"你只活一次",以及"我们正快乐似神仙"。

21世纪20年代,一系列迷你泡沫不断涌现。其中有着重要影响的迷你泡沫是一时成为风尚的非同质化代币。非同质化代币是一种独特的虚拟所有权凭证,保存于区块链之中,可以在市场上进行买卖。迈克·温克尔曼(Mike Wenkelman)是一位数字艺术家,通常以Beeple为名行走网络江湖,他在佳士得拍卖公司以6 900万美元的价格拍出一套代币化的艺术藏品,而与此同时一幅JPEG格式的影像却可以在互联网上任人自由下载。此后,非同质化代币,从加密猫(CryptoKitties)到数字运动鞋,纷纷繁繁,大量涌现。一枚卫生纸非同质化代币作为世界上第一份非同质化卫生纸出售。推特首席执行官杰克·多尔西(Jack Dorsey)在推特平台以非同质化代币的名义,卖出第一则推特,售价300万美元。

或许,最为荒诞的非同质化代币,是由真人秀明星斯蒂芬妮·马托(Stephanie Matto)于2022年1月创立的。斯蒂芬妮将自己放的屁装入瓶罐之中售卖给粉丝,由此开启了自己的创业家生涯。为能跟上火箭般蹿升的粉丝需求,她常常需要灌下好几碗黑豆汤。但在她的胸部出现剧痛之后,医生劝告她说,放屁正在对她的身体造成严重损害。

于是，她便改变商业模式，转而生产以其装屎罐为主题的数字艺术作品。人们收藏各式各样的东西，不少藏品价格随着时间的推移逐渐上涨。但是，多数藏品会丧失价值。就我本人而言，我宁愿拥有一幅毕加索的画作。

4.6   教训

我们已回顾数个世纪金融投资历史，其中记录了大众之疯狂如何让资产价格飙升，并导致无风险意识的人沦入财务毁灭的境地。显而易见的历史教训告诉我们，所有过度繁荣的市场终将屈服于金融万有引力。据我个人经验，在市场上一贯输钱的人，正是那些未能抵制郁金香球茎热一类事件而被冲昏头脑的人。其实，要在股市赚钱并不难。我们在后面的内容中会看到，投资者只要购买并持有涵盖范围广泛的股票组合，就能获得相当丰厚的长期回报。真正难以避免的，是受到迷人的诱惑时将自己的资金投向短期快速致富的投机盛宴之中。

我不反对人们下注赌博——我自己就爱赌。但是，如果你要赌，就用输得起的小额资金去赌。不要将赌博和投资混为一谈，千万不可将用于退休生活的储蓄投入一些看来有望改变世界的流行技术之中。投资于变革性技术，尤其是正狂热流行的变革性技术，对于投资者而言，通常都被证明不会带来回报。

历史的教训不可磨灭。投机性泡沫会持续存在。但投机性泡沫终将引领多数参与者至财务毁灭之境。即便是真正的技术革命，亦不保证给投资者带来利益。能够避免骇人的错误，很可能是我们保有资本且使资本得以增值的最重要的因素。这一教训如此显而易见，却又如此易受忽视。

专业人士如何参与
城里这种最大的游戏

**A RANDOM
WALK DOWN**
Wall Street

第5章

技术分析与基本面分析

百闻不如一见。

——中国谚语

最了不起的天赋莫过于能估测事物的真实价值。

——拉罗什福科

《道德箴言录》

通常，在纽约证券交易所、纳斯达克市场以及各种相互交叉的电子网络交易市场，每个交易日都有总市值达数千亿美元的股票处于交易之中。加上期货、期权和掉期市场，每天会产生数万亿美元的交易量。专业投资分析师和投资顾问就参与在这种游戏之中，这一直被称为"城里最大的游戏"。

如果赌注大，回报也会大。华尔街年景不错的时候，刚接受工作培训的哈佛商学院毕业生通常每年就能拿到 20 万美元的薪水。处于薪酬等级最顶端的是引人注目的投资经理（money managers）——这些人，要么管理着大型共同基金、养老基金，要么掌控着数万亿美元规模的对冲基金和私募股权资产。"亚当·斯密" [⊖] 在写完《金钱游戏》一书之后，曾向人夸耀可以从这本畅销书中赚得 25 万美元。他在华

⊖ 乔治·古德曼（George J.W. Goodman）以西方经济学的主要奠基人之一、《国富论》作者亚当·斯密的名字为笔名，著有《金钱游戏》《超级金钱》《纸质金钱》等书。——译者注

尔街工作的朋友却讥诮他说："你能赚到的钱也只与二流的机构客户销售员差不多。"说句公道话，涉及巨额资金管理的行当虽然历史并非最悠久，但获得的回报无疑是最丰厚的之一。

本书第二部分集中阐述专业的投资组合经理会使用怎样的投资分析方法，还将阐述学术界如何分析这些经理所获得的投资成果，以及如何得出结论认为这些专业人士的价值并没有你支付给他们的报酬那样高。第二部分接下来还将介绍有效市场假说（EMH）及其实际意义。用一句话概括，其实际意义就是：如果股票投资者只是购买并持有一只指数基金，而这只基金拥有的投资组合包括股票市场上所有的股票，那么股票投资者的投资业绩便能做到最好，除此之外，无法做到更好。

5.1　技术分析与基本面分析的本质区别

准确预测股价的未来走势，并以此确定买卖股票的合适时机，肯定是投资者要坚持不懈努力做到的事情之一。这种寻觅"金蛋"的努力带来了各种各样的预测方法，既有科学合理的，又有神乎其神的。时至今日，还有人通过测量太阳黑子、观察月相变化或测量圣安地列斯断层的震动，以期预测股票的未来价格。不过，多数人还是选择使用技术分析或基本面分析。

专业投资者使用的方法与本书第一部分所阐述的两种股票定价理论相关。技术分析是预测股票买卖时机所使用的方法，信奉股票定价空中楼阁理论的人会使用这种方法。基本面分析则是应用坚实基础理论的信条来挑选个股。

就本质而言，技术分析就是绘制并解读股票图表。因此，将这种分析法付诸实践的人便被称为图表分析师（chartists）或技术分析师（technicians）。这群人虽为数不多，但异常执着。他们既研究股票价格过去的运行轨迹，也研究成交量，目的是预测股价的未来变动方向。

很多图表分析师认为，股票市场只有10%可以从逻辑的角度思考，剩下的90%应从心理方面去分析。一般来说，他们赞成空中楼阁理论的思考方式，将投资视为一种心理博弈，揣摩其他参与者将来如何行动，并对此做好应对准备。当然，图表只会说明其他参与者一直以来所做的交易情况。不过，图表分析师希望可以通过研究其他参与者的当前行为获得一些信息，从而了解全体参与者将来可能的行动方向。

基本面分析师（fundamentalists）则走一条相反的道路，认为股票市场90%可以从逻辑的角度进行解释，只有10%可以从心理层面加以分析。他们对股价过去走势的具体图形不甚关心，总是力图确定股票的价值。这里所说的价值与一家公司的资产、其盈利和股利的预期增长率、市场利率水平以及风险有关。通过研究这些因素，基本面分析师估测出某只股票的内在价值或者说坚实基础价值。如果这一价值高于股票的市场价格，那么就建议投资者买入这只股票。基本面分析师认为市场终会准确反映股票的真正价值。大约有90%的华尔街证券分析师认为自己是基本面分析师。很多华尔街分析师会认为做个图表分析师有失尊严，也缺乏专业水准。

5.2 图表能告诉我们什么

技术分析的第一原则是：与一家公司盈利、股利和未来业绩有关的所有信息，均已自动反映在公司股票的以往价格之中。显示股票以往价格和成交量的图表，已包括证券分析师可能希望知道的所有或好或坏的基本面信息。第二原则是：股价倾向于沿着趋势运动，也就是说，价格正在上涨的股票往往会继续上涨，而横盘整理的股票往往继续盘整。

真正的图表分析师，只要有图表可供其研究，甚至都懒得去了解公司经营什么业务或处于什么行业。在图表分析师的眼里，图表中呈现的"倒碗"形或"三角旗"形,对微软的意义与对可口可乐的意义完全一样。关于盈利和股利的基本面信息,往好里说是毫无用处,往坏里说则肯定是让人分心的东西。这些基本面信息,要么对股票定价无关紧要,要么即使重要,也在信息公开之前的几天、几周甚至几个月的交易中,已经在股价上反映出来了。正因为如此,很多图表分析师甚至都懒得看报,也不愿意查看金融网站。

约翰·迈吉(John Magee)是一名早期图表分析师,在马萨诸塞州斯普林菲尔德的一间小办公室里研究过图表。为了防止外界事物干扰自己做分析,他甚至用木板把窗户封得严严实实。有人曾引用迈吉的话说:"当我进入办公室的时候,我就把整个世界都关在了外面,一心一意研究我的图表。无论风雪肆虐的严冬,还是明月高悬的6月夏夜,这间屋子里发生的一切都始终如一。在这里,我不可能只是因为外面阳光明媚,就说'买进',也不可能因为外面刮风下雨,就说'卖出'。否则,我会对自己和客户都造成伤害。"

从图 5-1 中我们可以看出,要绘制一张图实在是再容易不过了。你画一条垂线,垂线的底端代表当天股票的最低价,顶端代表最高价。再画一条与垂线相交的短横线,表示当天的收盘价。每个交易日都可以重复这样的绘制过程。这种绘图过程既适用于个股,也适用于某个股票指数。

图表分析师还常常在图的底部用另一条垂线表示当天的股票成交量。渐渐地,在所关注的某只股票的图上,诸多股价在最高点和最低点间上上下下地移动,便足以形成股价的运行模式。对图表分析师来说,股价的这些运行模式所具有的意义,就好比 X 线摄片对外科医生所具有的意义。

趋势是图表分析师首先要寻觅的东西之一。图 5-1 显示了一个趋势正在形成之中。这一趋势记录了若干交易日里股价的变动情况——

显而易见，股价正处于上升途中。图表分析师用一条线把所有最高点连接起来，再用另一条线把所有最低点连接起来，这样就创造出了一条描述上升趋势的"通道"。因为首先有一个股价势头会倾向于延续自身的假定，所以股价可望继续上涨。迈吉在"图表分析圣经"《股市趋势技术分析》[⊖]一书中写道："股票价格沿着趋势运行，而趋势倾向于延续下去，直到发生什么事改变了股票的供求平衡，趋势方告结束。"

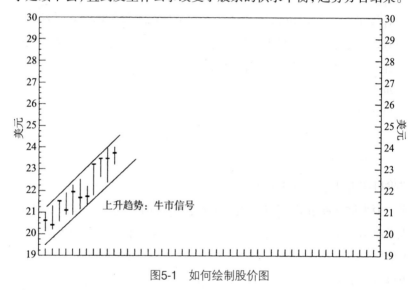

图5-1   如何绘制股价图

　　然而，如果股价大约升到24美元时便陷入困境，未能获得进一步向上的动力，那么这种情形就叫作出现了"阻力位"。股价可能会在此处扭扭捏捏小幅震荡，然后掉头向下。图表分析师声称，有一个股价运行模式发出清晰的信号说明股价已经触顶不再继续上涨，这个模式叫作头肩顶形态（head-and-shoulders），如图5-2所示。

　　⊖   本书中译本已由机械工业出版社出版。

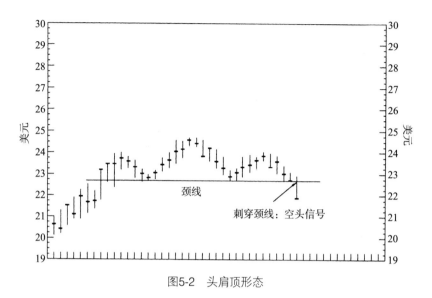

图5-2　头肩顶形态

股价先是上扬，继而小幅下挫，形成一个半圆状的肩形。接着，股价再次上涨，到稍高于前面肩形的最高点之后，再次渐渐回抽，形成一个头形。最后，右肩也形成了，此时，图表分析师屏住呼吸，等待卖出信号出现。股价一旦"刺穿颈线"，便清脆而响亮地发出了卖出信号。图表分析师带着德古拉伯爵（Count Dracula）⊖审视其受害者的得意，卖出股票，迅速离场，同时期待着股价像图表分析师所声称以往曾发生过的那样，接下来会形成长时间的下跌趋势。当然，有时市场也会让图表分析师感到意外。例如，就在空头信号出现之后，股价可能会一路上涨到30美元方告结束，图5-3显示的就是这种情形。这种情形就叫出现了"空头陷阱"，或者在图表分析师看来，出现了规律之外的特殊情况。

⊖　德古拉伯爵是布莱姆·斯托克（Bram Stoker，1847—1912）的小说《德古拉》中的主角，是一位灵魂黑暗而邪恶的吸血鬼。——译者注

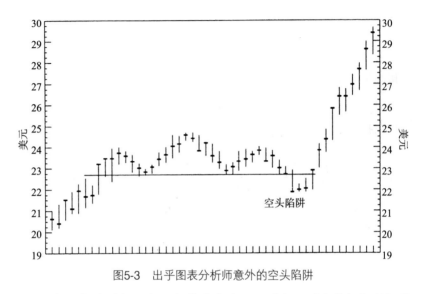

图5-3   出乎图表分析师意外的空头陷阱

　　我们从技术分析的实际操作中自然可以看出，图表分析师是短线交易者，而非长线投资者。征兆显示有利，图表分析师就买进股票；凶兆出现，图表分析师便卖出股票。他对待股票的轻率态度，就好像某些人和异性打情骂俏，因而他所取得的成绩也只是成功的进进出出的交易，并不给人以幸福和满足的长相厮守。的确，精神病学家唐·杰克逊（Don D. Jackson）和小阿尔伯特·哈斯（Albert Hass, Jr.）在合著的《牛市、熊市与弗洛伊德博士》（*Bulls, Bears and Dr. Freud*）一书中含蓄地说道，这样的人或许是抱着公开的性意向在玩游戏。

　　图表分析师选择一只股票作为潜在投资对象时，通常在投入之前会用一段时间来观察，因为对他而言，选择时机是绝对重要的。随着股价穿过底部形态，涨得越来越高，图表分析师也越来越兴奋。最后，若进展顺利，便会出现心想事成的一刻——盈利在握、如释重负，继而回味余韵。在图表分析师所用的词汇中，充满了这样的特色术语：双底、突破、背离底部、稳步盘升、展开大行情、创出新高、买入高潮。

5.3 图表分析法的基本依据

或许最难回答的问题是：为什么图表分析法就该奏效？很多图表分析师坦率地承认自己也不知道图表分析法为什么就该行之有效，或许历史就是有自我重复的习惯吧。

在我看来，下面三个有关技术分析的解释似乎是最有道理的。

第一，前面已经论述过，大众心理中的从众本能使趋势得以自我延续。当投资者看到某只投机性热门股的价格越涨越高时，他们也想赶在浪头分上一杯羹。的确，股价的上升有助于给群体的热情火上加油，其本身就是一个自我实现的预言。股价每一次上涨，都会激起投资者参与的欲望，并使投资者期待着股价进一步攀升。

第二，关于一家公司的基本面信息，可能存在着不平等的获取途径。当某个利好消息出现时，比如勘探到一座储量丰富的矿山，应该说内部人会最先了解这一信息，他们采取行动买入股票，会造成股价上涨。此后，内部人把这一利好消息告诉自己的亲戚朋友，亲戚朋友便又买入股票。然后，专业人士弄清楚这一消息，大型机构便重仓买进股票，纳入自己的投资组合。最后，像你我这样可怜的懒虫也会得到信息进而买入股票，从而推动股价继续攀高。当消息利好时，这一过程应该会导致股价逐渐上涨；当消息利空时，这一过程应该会导致股价逐渐下跌。

第三，对于新信息，投资者最初常常反应不足。有一些证据表明，当公布的盈利超过（或少于）华尔街所做的预测时（也就是出现正面或负面的"意外盈利"时），股票价格会做出积极（或消极）反应，但是，最初的调整是不完全的。因此，股票市场对于有关盈利的信息，常常只会逐渐地做出调整，从而导致当前股价势头会保持一段时间。

图表分析师还相信人们都有一个不良习惯——总是记着以前购入

股票时的买价，或对希望当时能付出而没付出的价格耿耿于怀。比如说，假设某只股票的价格在每股 50 美元左右盘桓了很长一段时间，并且其间有很多投资者买入该股。再假设股价跌到 40 美元。

图表分析师声称，当股价涨回大众购买时支付的价格时，他们会急不可耐地要抛空手中的股票，如此一来，在这只股票上的交易便是不赔不赚。结果，当初的成交价 50 美元便成了一个"阻力区"（resistance area）。每当股价触及阻力区而掉头向下，阻力位就变得更加难以逾越，因为更多的投资者会以为股票不可能涨得更高了。

在"支撑位"（support levels）概念的背后，也有一个相似的思路。图表分析师说，有些投资者在市场围绕某一相对较低的价位波动时，未能买入股票，如果看到股价后来上涨，这些投资者会觉得自己已错失良机。当股价又跌回当初的低价位时，这些投资者很可能就会迫不及待地抓住这个买入机会。根据图表理论，能连续抵制股价下调的支撑区（support area）会变得越来越结实。所以，如果某只股票的价格下跌到某一支撑区，然后又开始上涨，短线交易者会急忙买入，以为这只股票正在发出多头信号。当某只股票的价格终于突破阻力区的时候，另一个多头信号也就出现了。用图表分析师的行话来说，先前的阻力区现在变成了支撑区，股价获得进一步上涨的空间，应该不会有任何麻烦了。

5.4　为何图表分析法可能并不管用

有很多合乎逻辑的理由可以驳斥图表分析法。首先，图表分析师只是在股价趋势已确立之后才买进股票，在既有股价趋势已被打破之后才卖出股票。市场的剧烈反转可能会突然发生，因此，图表分析师经常会错失良机。某一上升趋势的信号发出之时，上升趋势可能已经形成了。其次，图表分析师的这些分析方法最终必定弄巧成拙，得到的结果必定会适得其反。无论什么技术，随着使用的人越来越多，其价值必定越来越小。倘若每个人都在看到信号之后同时采取行动，任何买入或卖出的信号都将毫无价值。最后，交易者往往会预测技术信号何时出现，并提前做出应对。他们预测得越早，就越不能确信信号会出现，越不能确定能够赚到钱。

　　或许驳斥技术分析法最有力的论据，在于投资者利润最大化行为的内在逻辑。举例说明一下。假设 Universal Polymers 公司的股价是 20 美元左右，正巧此时公司的首席化学研究员山姆发现了一种新的生产工艺，这种新工艺有望使公司的盈利和股价翻一番。山姆确信发现新工艺的消息传出去之后，Universal Polymers 公司的股价会达到 40 美元。因为买入股票的价格只要低于 40 美元就能迅速获利，所以他和亲戚朋友很可能会持续买入股票，直到股价达到 40 美元。这个过程也许不消几分钟便告结束。市场很可能就存在一种非常有效的机制。如果有人知道明天股价会上涨到 40 美元，那么今天股价就会涨到 40 美元。

5.5　从图表分析师到技术分析师

　　计算机问世以前，把市场运行轨迹制成图表的繁重工作是靠手工完成的。那时，图表分析师常被视为行为怪异的一类人，他们戴着绿色遮光眼罩，静静地蜷在办公室后部的小密室里绘制着图表。如今，图表分析师享受着电脑为其提供的服务，电脑与各种各样的数据网络相连，配有大屏幕显示终端，手指轻轻一敲，终端便显示出任何想象得出的图表。图表分析师（现在被称为技术分析师）可以带着孩童摆弄新的电动火车玩具一般的满足和兴奋，制作出一张全面反映某只股票过去市场表现的图，包括成交量、200 日移动均线（每天重新计算前 200 天股价的平均值）、相对于大盘的走势强弱、相对于所在行业其他股票价格的走势强弱，毫不夸张地说，还可以包括数百个其他诸如均线、比率、波动率等之类的指标。而且，个人可以通过互联网站点轻而易举地获得不同时期的各种图表。

5.6　基本面分析技法

小弗雷德·施韦德在其充满魅力和机智的著作《客户的游艇在哪里》[⊖]中，揭露了 20 世纪 30 年代金融圈的种种作为。书中讲述了一个得克萨斯州经纪人的故事，这位经纪人以每股 760 美元的价格把某只股票卖给一位客户，可在他卖出的时候，客户以 730 美元的价格本来也能买到。客户了解真相之后，大为震怒，满腔愤慨地抱怨经纪人。"嘘！"这个得克萨斯人没等客户说完，就用浑厚的声音打断他说，"你们这些人都不明白咱们公司政策的好处，咱们公司为客户选择投资对象时，依据的不是价格，而是价值！"

从某种意义上说，这个故事说明了技术分析师与基本面分析师之间的区别。技术分析师只对过去的股价感兴趣，而基本面分析师关注的主要是某只股票究竟价值几何。相较而言，基本面分析师力图不受群体的乐观情绪和悲观情绪的不良影响，并且认为某只股票的当前市价与其价值不能等而视之，应严格区分开来。

在估计某只股票的坚实基础价值时，基本面分析师最重要的工作是要估计出公司未来的盈利流和股利流。分析师认为股票的价值就是预计投资者未来从该股票中获得的所有现金流的现值或折现值。分析师必须估计出公司的销售水平、运营成本、所得税率、会计折旧，以及公司经营和发展所需资本的来源和成本。

从根本上说，证券分析师必须是没有神灵启示的预言家。没有神

⊖　本书中译本已由机械工业出版社出版。

灵的启示，分析师要发表自己的观点，就只好求助于研究公司的历史记录，评判公司的利润表、资产负债表和投资计划，另外，还得实地走访公司的管理团队，并对它做出评价。然后，分析师必须梳理所获得的事实，将重要的和不重要的区分开来。正如本杰明·格雷厄姆在《聪明的投资者》一书中所言："有时分析师会让我们隐约想起《彭赞斯的海盗》中那位博学多才的少将，'当他说到直角三角形斜边的平方时，会讲出那么多令人开心的相关故事'。"

因为一家公司的总体前景深受所处行业经济状况的影响，所以分析师的研究起点应该是该公司所处行业的前景。的确，证券分析师通常专门研究某些特定的行业。基本面分析师希望，通过对行业状况进行全面细致的研究，可以形成关于某些影响因素的有价值的见解，且这些影响因素目前尚未在股价中得到反映。

有四个基本决定因素可以帮助基本面分析师估计任何股票的价值。

5.6.1 决定因素1：预期增长率

多数人都没有认清复合增长（compound growth）对于投资理财决策的重大意义。阿尔伯特·爱因斯坦曾将复利描述成"有史以来最伟大的数学发现"。人们常说，那个在 1626 年以 24 美元的价格，把曼哈顿岛卖掉的美洲土著印第安人，上了白人的当。实际上，他可能是个头脑极为敏锐的推销员。倘若他把这 24 美元以利率 6%、半年复利一次的条件存起来，那么这笔小钱现在就会价值 1 000 亿美元以上，他的后代可用来买回这块现已改善土地的相当大一部分。这正是复合增长的魔力所在！

复合增长的过程是让 10 加 10 等于 21，而不是等于 20。假设你今年和明年将 100 美元投资出去，投资会产生 10% 的年均收益率。那么，两年结束时，你会赚多少钱？如果你回答赚了21%，那么你应该得到嘉奖。

这里应用的代数知识很简单。到第1年年底时，你投入的100美元会增长至110美元。第2年，你在年初拥有的这110美元，仍然可获得10%的年收益率，所以第2年年底时，你会拥有121美元。如此一来，两年期间的总收益率便是21%。之所以如此，是因为你最初投资所获得的收益本身也会获得收益。如果连续投资3年，那么你就会拥有133.1美元。复合增长的确很强大。

有一个有用的法则，叫"72法则"，可以使你便捷地知道要让钱翻一番需要多长时间。将你获得的利率除72这个数字，便可以得到让你的钱翻一倍的年数。例如，假使利率是15%，你可以在5年差一点的时间里，使自己的钱增长一倍（72÷15=4.8年）。不同的股利增长率对未来股利规模的意义，可以从表5-1中看出来。

表5-1　不同股利增长率的意义

股利增长率 （%）	目前股利 （美元）	5年后股利 （美元）	10年后股利 （美元）	25年后股利 （美元）
5	1.00	1.28	1.63	3.39
15	1.00	2.01	4.05	32.92
25	1.00	3.05	9.31	264.70

这里的问题在于股利增长不会永远持续下去，原因很简单，与多数生物一样，公司都有生命周期。想想100年前美国的知名公司。像东方马车公司、拉克罗斯和明尼苏达蒸汽邮轮公司、萨瓦那和圣保罗汽船公司、哈热德火药公司这些当时已发展成熟的企业，若持续经营到现在，会在《财富》500强里名列前茅。而今天，它们实际上均已消亡。

纵然正常的生命周期不会困扰一家公司，但有个事实总是存在的，即公司要保持同样的增长率会越来越困难。一家目前盈利为100万美元的公司，只需使盈利增长 10 万美元，便可达成 10% 的增长率，而一家盈利基数为 1 亿美元的公司，需要增加 1 000 万美元的盈利，才能实现与前一家公司相同的增长率。

相信增长率可以长期保持较高水平是非常荒谬的，这一点可通过计算美国的人口预测数据，很好地加以说明。如果全美人口和加利福尼亚州人口都以各自最近的增长率继续增长，那么到 2045 年，就会有 120% 的全美人口居住在加利福尼亚州！

尽管预测可能会有风险，但若要让市场估值有意义，股价必须反映不同的增长率前景。另外，增长阶段可能持续的时间长度也非常重要。如果一家公司预期在未来 10 年里保持 20% 的高速增长，而另一家增长型公司预期只在 5 年内保持相同增长率，那么在其他条件相同的情况下，对投资者来说，前一家公司比后一家公司更有价值。因此，我们便有了基本面分析师评估股票的第一条规则。

规则 1：一只股票的股利增长率和盈利增长率越高，理性投资者应愿意为其支付越高的价格。

由此，我们得出一条重要推论。

规则 1 推论：一只股票的超常增长率预期持续时间越长，理性投资者应愿意为其支付越高的价格。

这一规则与实际情况契合吗？我们先用市盈率代替股价来重新表述这个问题。这会提供一个很好的标准，可以对价格和盈利不同的股票做出比较。一只股价为 100 美元、每股盈利为 10 美元的股票与一只股价为 40 美元、每股盈利为 4 美元的股票具有相同的市盈率。正是市盈率而非股价道出了市场如何对股票进行估值。

现在，我们重新表述的问题是：预期增长率较高的股票，其实际市盈率是否也较高？收集所需的股价和盈利数据非常容易。预期长期增长率数据得自雅虎金融（Yahoo Finance）。图 5-4 涉及一些有代表性的股票，证明规则 1 真实有效。较高的市盈率与较高的预期增长率密切相关。

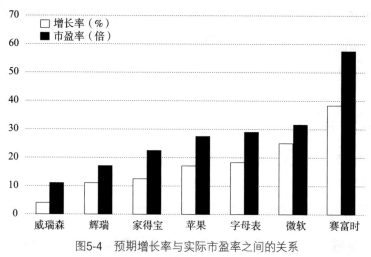

图5-4　预期增长率与实际市盈率之间的关系

除了说明市场如何对增长率不同的股票进行估值之外，图 5-4 也可用作实际投资中的操作指南。假设你正考虑买入一只预期增长率为 11% 的股票，并假设你知道如辉瑞之类增长率为 11% 的股票平均而言市盈率为 17 倍。如果你正考虑买入的股票市盈率是 25 倍，你可能会打消买入的念头，转而买入根据目前市场标准定价更加合理的股票。

5.6.2　决定因素2：预期股利支付率

与股利增长率相比，将你收到的股利金额作为决定股价的一个重要因素，你一看就能明白。在其他条件相同的情况下，股利发放的金额越高，股票便越有价值。这里的问题在于"在其他条件相同的情况下"这一措辞。倘若增长前景不甚乐观，那么将很高比例的盈利作为股利支付给股东的股票，就可能是糟糕的投资对象。与此相反，很多处于强劲增长阶段的公司，常常不支付任何股利。有些公司往往会回购公司股票，而不增加股利。对于预期增长率相同的两只股票来说，持有股利支付率高的股票，较持有股利支付率低的股票，会使你的财务状况更好。

规则2：在其他条件相同的情况下，一家公司发放的现金股利占其盈利的比例越高，理性投资者应愿意为其股票支付越高的价格。

5.6.3 决定因素3：风险程度

风险在股票市场中会发挥重要作用，这是股市如此富有魅力的原因所在。风险还会对股票的估值产生影响，甚至有人认为风险是考察股票时唯一需要考虑的因素。

一只股票越是可敬，也就是说它的风险越低，它的品质就越好。比如，所谓的蓝筹公司的股票，据说就该赢得优质溢价（quality premium）（为何优质股票被冠以源自牌桌的称号，个中原因只有华尔街才知道）。多数投资者偏爱风险较低的股票，所以这些股票较风险高、品质差的同行业股票，可以要求得到更高的市盈率。

尽管人们普遍认为较高的风险必须以较高的未来回报作为补偿（因而当前价格也应该较低），但要测量风险，几乎不可能办到。不过，这并未让经济研究者知难而退，他们将大量时间和精力都投入风险测量之中。

有一个著名的理论认为，若一家公司的股价（或者说包括股利的年度总收益）相对于股市整体的波动性越大，那么这家公司股票的风险也就越大。例如，波动性极小的强生公司的股票，就被《好管家》（*Good Housekeeping*）杂志评为适合鳏寡孤独者投资的股票。这是因为：

在经济衰退时期，强生公司的盈利也相对稳定，公司的股利很有保障。因此，当大盘下跌20%时，强生股价通常也会随之下跌，但可能只跌去10%。强生因而有资格被视为风险低于市场平均水平的股票。与强生不同，赛富时（Salesforce.com）公司股票的历史波动性就非常大，当大盘下跌20%时，它的典型表现是会下挫30%以上。持有这样的股票，对投资者来说无异于参与赌博，尤其是对于那些在行情不好时被迫抛售的投资者，更是如此。

然而，当经济景气、大盘持续攀升时，Salesforce.com公司的股票价格可能会把强生远远甩在身后。不过，如果你对待股市投资与多数投资者一样，那么你还是会看重稳定的回报，而不会抱有投机性的希望；不必对投资组合忧心忡忡，在夜里辗转反侧、无以成眠；宁愿承担有限的投资损失，而不愿面对过山车飞驰向下般的股价骤跌。由此，我们得出股票估值的第三条规则。

规则3：在其他条件相同的情况下，一家公司的股票风险越低，理性投资者（以及厌恶风险的投资者）应愿意为其支付越高的价格。

请读者注意，对"相对波动性"的测量，可能并不足以充分揭示与一家公司相关的所有风险。第9章将全面探讨在股票估值中非常重要的风险因素。

5.6.4　决定因素4：市场利率水平

股票市场并非一个独立存在的世界。除了股市，投资者还应考虑通过别的途径能获得多少回报。市场利率若足够高，便可以提供一个稳定获利的备选投资渠道。试想在20世纪80年代初这样的时期，优质公司债券的收益率飙升到了接近15%的水平。当时股票的预期收益率难以与这些债券的利率相匹敌，因而资金大量流向债市，股市大幅下跌。最后，股市下跌到相当低的水平，才有足够多的投资者被吸引过来，止住了进一步下跌。1987 年，同样的情形再次发生，利率大幅上升，此后的 10 月 19 日便出现了股市大崩盘。对此，我们可以换一种说法，也就是说，为了将投资者从收益率高的债券上吸引过来，股票必须像商场地下室的打折商品一样提供低廉的价格 ⊖。

然而，如果市场利率像在 21 世纪 20 年代初那样很低，那么固定收益证券的竞争力便很难与股票相比，此时的股价往往相对较高。这为基本面分析法最后一条基本规则提供了存在的理由。

规则 4：在其他条件相同的情况下，市场利率越低，理性投资者应愿意为股票支付越高的价格。

5.7 三条重要警示

股票的四条估值规则表明：公司的增长率越高，增长持续期越长，其股票的坚实基础价值（及市盈率）便越高；公司的股利发放得越多，其股票的坚实基础价值（及市盈率）便越高；公司股票的风险越低，其坚实基础价值（及市盈率）便越高；一般利率水平越低，公司股票的坚实基础价值（及市盈率）便越高。

⊖ 这一点可以换一种方式来表达。因为较高的利率使我们现在可以获利更多，所以对延期收入打的"折扣"应该更大。因此，若当前市场利率相对较高，未来股利流的现值定然较低。不过，市场利率与股票价格之间的关系，比我们此处讨论所揭示的更复杂一些。假定投资者预期通货膨胀率将从 5% 上升到 10%。这样的预期很可能驱使利率大约上浮 5 个百分点，如此一来，便消除了投资者持有固定收益债券因通货膨胀率上升而对其购买力造成的不利影响。如果其他条件相同，这种情形应该会导致股价下跌。但是，如果预期通货膨胀率较高，投资者可能就有理由预计公司的盈利和股利也会以较高的比率增长，从而造成股价上涨。第 13 章将更为全面地阐述通胀、利率和股价之间的关系。

原则上，这样的规则都非常有用，因为它们说明股价的高低有其合理的基础，同时也为投资者提供了某种价值判断标准。不过，在考虑使用这些规则之前，我们必须将以下三条警示牢记在心。

5.7.1　警示1：对将来的预期目前无法加以证明

预测未来盈利和股利是一个风险非常大的差事。要做到客观冷静极其困难，因为极端的乐观和极端的悲观总是不断地争着占据人们的头脑。2008 年，美国经济因严重衰退和全球性的信贷危机而饱受折磨，这一年，投资者预测，多数公司的增长率最好也不过平平而已。而在20 世纪 90 年代后期和 2000 年初的互联网泡沫期间，投资者却深信，迎接高速增长和无限繁荣的新时代已是铁板钉钉的事情。

需要记住的一点是，无论你使用什么准则预测未来，预测总是部分建立在无法确定的前提之上。塞缪尔·戈德温（Samuel Goldwyn）过去常说："预测是很难做的——尤其是关于未来的预测。"

5.7.2　警示2：运用不确定的信息进行估值不可能得到精确值

如果使用不确定的参数，那你显然不可能得到精确的数值。然而，为了获得渴望得到的结果，投资者和分析师始终在这样做。

我们以一家公司为例。假设你听到关于这家公司的很多利好信息，对公司的前景展开一番研究之后，你得出结论认为它能够长期保持高增长。"长期"是多长呢？10 年怎么样？嗯，就 10 年。

于是，你便根据当前股利发放情况、预期未来增长率以及一般利率水平，或许还会考虑股票的风险大小,计算这家公司的股票应该"值"多少钱。算出的结果令你大为恼火：这只股票"物有所值"的价钱，居然比目前的市价还低那么一点点。

这时，你有两个选择。要么你可能认为这只股票市场定价过高，从而放弃买入；要么你可能会嘀咕："或许这只股票能维持高增长达 11 年之久，而不是 10 年。毕竟，开始算的时候，10 年也只是个猜测。那么，为什么不是 11 年呢？"于是乎，你回到电脑前接着算。瞧！这次算出的股票价值就比当前的市价要高了。

这种游戏之所以能玩下去，是因为人们预测的超常增长期限越长，未来的股利流便会越大。由此可以看出，一只股票的现值完全可以随计算者的意愿而改变，以计算者的意志为转移。倘若 11 年也不能达到期望的效果，那么 12 年或 13 年很可能就够了。任何特定的"价值"，总可以通过增长率和增长期限的某个组合计算得到。从这个意义上来说，要算出一只股票的内在价值，根本就不可能办到。我相信，即使从原则上来看，也根本无法确定股票的价值。谁也不知道，对于一只股票，市盈率该达到多少倍才是适当的。

5.7.3 警示3：市场此一时看重增长，并不意味着彼一时必然也看重增长

对于特定的基本面因素，市场究竟会赋予多高价值，也是使用基本面分析法遇到的难题所在。毫无疑问，市场会看重增长，较高的增长率会催生较高的市盈率。但关键问题是：对于较高的增长率，究竟应该多支付多高的价格？

这一问题并没有一成不变的答案。在某些时期，如 20 世纪 60 年代初和 70 年代，人们认为增长尤其称心如意，市场愿为展示出高增长率的股票付出极高的价钱。在另外一些时候，如 20 世纪 80 年代后期和 90 年代早期，高增长型股票的市盈率，较一般股票的市盈率，却只是稍高一点。到 2000 年初的时候，构成纳斯达克 100 指数（NASDAQ 100 Index）的增长型股票，其市盈率又达到了三位数。增长有时会像郁金香球茎那样风靡一时，投资增长型股票的投资者曾痛

苦地认识到了这一点。

从实际操作的角度看，市场估值有时会发生迅速变化的事实表明，将任何一年的估值关系当作市场常态的指标来使用都是极其危险的。不过，通过比较增长型股票当前和历史上的估值情况，投资者应至少可以避免类似郁金香球茎热所带来的沉重打击。

5.8　为何基本面分析可能不管用

尽管基本面分析看起来非常合理，有着科学的外衣，但这种分析方法有三个潜在缺陷：第一，分析师获得的信息和所做的分析可能不正确；第二，分析师对"内在价值"的估计值可能不正确；第三，股票价格可能不会向内在价值的估计值收敛。

分析师对于每一家上市公司，不但研究上市公司本身，也咨询有关行业专家，在此过程中会搜集到大量基本面信息。有些评论家指出，总体看来，这些信息都毫无价值。投资者靠有效信息（假定这些信息尚未被市场认知）挣到的钱，会因利用了错误信息而化为乌有。再者，分析师在收集信息的过程中还耗费了相当多的时间和精力，投资者也由于依据这些信息进行交易而支付了交易费用。分析师可能也没有能力将正确的信息转化为对未来盈利的准确估计。对有效信息的错误分析，可能会使对盈利和股利增长率的估计值远远偏离实际值。

第二个问题在于，即便信息正确，即便信息对未来增长的意义也得到了恰当的评估，分析师也可能做出错误的内在价值估计。要把具体的增长估计转化成一个确定的内在价值估计值，实际上是不可能做到的。的确，勉为其难地试图计量内在价值，也许是缘木求鱼，吃力不讨好。分析师能获得的所有信息，可能已在市场上准确反映出来了。股票的市场价格与内在价值之间存在的差异，可能只是由内在价值的估计值不正确造成的。

最后一个问题是，即便信息正确，即便估计的内在价值也正确，你买入的股票仍然可能下跌。例如，假设生物降解瓶公司目前的市盈率为 30 倍，并假设分析师估计该公司能够长期维持 25% 的增长率。如果平均而言，预期增长率为 25% 的股票，其市盈率是 40 倍，那么，基本面分析师便可能得出结论认为生物降解瓶公司股票"便宜"，并推荐投资者买入。

但是，假设几个月后，增长率为 25% 的股票，在市场上的市盈率只是 20 倍。即使分析师当初估计对了增长率，他的客户也可能要赔钱，因为市场对增长型股票的价值重新做出了自己的估计。市场或许会采取让所有股票市盈率下调的方式来矫正自身的"错误"，而不是抬高生物降解瓶公司的股价。

股票估值发生这样的变化并没有什么了不得——这是市场情绪惯常的波动，我们以往就曾经历过。不仅股票整体的平均市盈率可能会迅速变动，赋予"增长性"的溢价也可能会迅速变化。因此，很清楚，我们不应想当然地以为基本面分析必然会成功。

5.9 综合使用基本面分析和技术分析

很多分析师综合使用分析方法，以判断个股是否有吸引力，是否值得买入。最合理明智的综合使用分析方法的做法之一，可以简单地归纳为以下三条规则。有毅力、有耐心的读者会看出，这些规则是建立在前面阐述的股票估值原则之上的。

5.9.1 规则1：只买入盈利增长预期能连续五年以上超过平均水平的公司

上市公司超乎寻常的长期盈利增长率，是促成多数股票投资获得成功的唯一最重要的因素。谷歌、网飞以及其他所有历史上表现真正杰出的股票均属增长型股票。虽然选中盈利增长的股票可能非常不易，但这是投资获得成功最需做到的事情。上市公司持续不断的增长，不仅会提高其盈利和股利，也可能使市场愿意为这样的盈利付出较高的市盈率。因此，买入盈利开始快速增长的公司股票，投资者便有机会赢得潜在的双重好处——盈利和市盈率都可能提高。

5.9.2 规则2：千万不能为一只股票付出超过其坚实基础价值的价格

尽管我已论证过（希望我的论证有说服力），你永远无法判断出一只股票的内在价值的精确值，但很多分析师觉得你可以大致地判断出一只股票何时看起来已达到了合理定价。一般来说，把市场整体的市盈率作为一个衡量标准会有助于你做出判断。增长型股票，其市盈率若与这一标准持平或并未高出很多，那么常常是很值得持有的。

以相当合理的市盈率水平买入增长型股票，会拥有很大的优势。如果你预测的增长数据最终被证明是正确的，那你就可能获得与规则1有关的双重益处：仅仅因为盈利增长了，股价往往就会上扬，而且，当已实现的增长率得到认同的时候，市盈率也可能上升。例如，假设你买入一只股票，每股盈利为1美元，市价为7.5美元。如果盈利增长到每股2美元，如果市盈率也由7.5倍上升到15倍（因为该公司被市场认同，其股票现在可看作增长型股票），那么你让投入的钱不止增值了1倍，而是3倍。这是因为你当初以每股7.5美元买入的股票，现在已每股价值30美元（15倍的市盈率乘以2美元的每股盈利）了。

现在我们来考虑一下事情的另一面。如果市场已经认识到股票的增长性，并将其市盈率哄抬到远高于一般股票的高度，那么购买这样的"增长型股票"就会有特殊风险。这里的问题在于，很高的市盈率可能已充分反映了预期增长，倘若增长不能兑现，并且盈利实际上还下降了（或者实际增长只是比预期的慢），你肯定会遭遇不测，损失惨重。此时，低市盈率股票盈利增长可能带来的双重好处，就可能变成高市盈率股票盈利下滑带来的双重打击。

鉴于此，我们可以提出一个投资策略，就是买入尚未被市场认同的、市盈率并未高出市场平均水平的增长型股票。即便股票的增长性没有实现，盈利反而还下降了，如果一开始市盈率较低，那么你受到的打击很可能只是单一的；如果公司后来的盈利情况果真如你所料，那么好处却可能是双重的。这个策略是一条使你的赢面较大的投资佳略。

彼得·林奇（Peter Lynch）曾是麦哲伦基金非常成功的经理，现在已经退休。他在该基金运营初期的数年中运用了上述投资策略，使这种投资方法的有利之处得到充分展示。对于每只可能要买入的股票，林奇会计算其市盈率与增长率之比，他只将这一比值相对较小的股票纳入自己管理的投资组合。这并非购买低市盈率股票的投资策略，因为在林奇看来，一只增长率为50%、市盈率为25倍的股票（市盈率与增长率之比为1：2），比一只增长率为20%、市盈率为20倍的股票（市盈率与增长率之比为1：1）要好得多。谁像林奇一度做到的那样，能够正确地预测增长率，使用了这一策略，谁就会赢得优异的回报。

我们可以把以上讨论做个总结，将前两个规则重申如下：

> 寻觅低市盈率的增长型股票。如果增长性变成现实，常常会带来双重好处——盈利和市盈率均会上升，从而使投资者获得不菲的投资收益。同时，要小心提防市盈率很高的股票，因其未来增长性已被贴现。如果增长性未变成现实，这会带来双重的重大损失——盈利和市盈率均会下降。

5.9.3　规则3：寻找投资者可在其预期增长故事之上建立空中楼阁的股票

我已强调过心理因素在股票定价中的重要性。个人投资者和机构投资者并不是计算机，不能计算出合理的市盈率，然后打印出或买或卖的投资决策。投资者都是感性动物，在做股市决策时，会受到贪婪、赌性、希冀和恐惧的驱使。这正是成功投资者需兼备高智力和敏锐的心思的原因。

在投资者心中产生"良好情感"的股票，即使增长率只属于一般水平，也可能在长时间内保持较高的市盈率；而"福气没那么好"的股票，即使增长率高于平均水平，它的市盈率也可能长期在低位徘徊。不可否认，如果某公司的增长性看来已然确定，那么其股票几乎必定会吸引一批追随者。市场并非不理性，但是，股票就像人类一样，某人的表现可以让甲兴奋不已，却可能提不起乙的兴趣，而且，如果盈利增长的故事总是受不到欢迎，那么市盈率的提高可能幅度就较小，速度也较慢。

所以，规则3说的是，你要扪心自问，你手里的股票，其故事是否能引起大众的喜爱。能从故事中生发出富有感染力的梦想吗？投资者能在故事之上建立空中楼阁——真正坐落在某个坚实基础之上的空中楼阁吗？

要遵循规则3，你不必非得是个技术分析师。可能你只需凭借直觉或投机感便可以判断，自己手里股票的"故事"是否可能引起大众的喜爱，尤其是能否博得机构投资者或追随模因的个人交易者的欢心。然而，技术分析师恐怕要找到确凿的证据，才敢确信这个投资故事是否正在赢得大众的垂青。当然，所谓找到确凿的证据，无非就是发现一个上升趋势已经开始，或者发现一个预示上升趋势开始的技术信号已经出现。

虽然我在此给出的几个规则看起来非常合理，但重要的问题是，这些规则能否真正发挥作用。毕竟，还有很多其他人也在玩这个游戏，而且绝不可以说谁能自始至终都是游戏的赢家。

在接下来的两章里，我将考察技术分析和基本面分析的实际业绩记录。第 6 章思考这样一个问题：技术分析能奏效吗？第 7 章看一看基本面分析师的业绩记录。这两章的内容放在一起，应该会有助于我们评价专业投资人士的投资建议，想想应该对之给予多少信任。

第6章

技术分析与随机漫步理论

事物的本质很少呈现于表象之上，

脱了脂的牛奶也可以假充护肤霜。

——吉尔伯特与苏利文（Gilbert and Sullivan）

《皇家海军围裙号》（*H.M.S. Pinafore*）

无论盈利、股利和风险如何，也无论高利率的阴霾如何笼罩在市场的上空，都不会让技术分析师放弃本职工作：潜心研究股票的价格变动。他们凭着对数字如此忠贞不贰的投入，创造了最丰富多彩的分析理论，同时也使华尔街有了这样的行话："持涨杀跌""转持强势股""卖掉这只股票，它的表现弱于大盘""不可逆势而为"。这都是技术分析师开出的通行"药方"。他们将投资策略建立在空中楼阁的梦想之上，并期待分析工具会告诉自己哪座空中楼阁正在建造之中，及如何"进入底层"占得先手之利。但问题是：技术分析管用吗？

6.1 鞋上有破洞，预测有朦胧

有时，大学教授会被学生问道："如果您果真那么厉害，为什么不富有呢？"这个问题通常会令教授耿耿于怀，因为在他们看来，自己之所以放弃挣得世俗财富的机会，是为了投身于显然对社会有益的教育事业。若拿同样的问题去问技术分析师，可能会更加合适。既然技术分析的目的完全是为了赚钱，人们恐怕有理由相信，鼓吹技术分析的人将其理论付诸实践时应该能获得成功。

走近技术分析师，仔细一瞅，常会看到他们的鞋子上有破洞，衬衫的领口也磨损了。我从不认识什么成功的技术分析师，倒是见过好几个不成功的折戟沉沙、惨败不堪。然而，令人称奇的是，失败的技术分析师从来没有一丝歉疚。如果你犯了社交礼仪上的错误，冒昧地问他为何如此穷困潦倒，他会坦诚率直地说他之所以如此落魄，是因为犯下了是人都会犯的错误——没有相信自己的图表。有一次，与一位图表分析师朋友共进晚餐，席间他就说过这样的话，我当场被食物噎着，弄得自己尴尬不已。此后，我就立下个规矩，永远不和图表分析师一起吃饭，这不利于消化。

尽管根据自己给投资者的建议来操作，技术分析师可能不会富起来，但他们常备的分析文字却弥足珍贵。想想下面这条某技术分析服务机构给出的投资建议吧：

> 经过一段时间，能量重新积聚之后，大盘开始上扬，发出多头信号。尽管如此，支撑区特征尚未明显出现，且目前道指上方40点处存在一阻力区，因而，就此断言大盘将进一步展开多头行情，显然为时尚早。如果未来数周内底部支撑得到确认，且大盘突破旗形形态，则表明大盘将进一步上扬。万一底部被有效击穿，则中期下降趋势将会延续。就目前形势来看，投资者很可能持观

望态度，等待趋势进一步明朗，同时，大盘很可能窄幅波动。

如果你问我这些话是什么意思，我也无可奉告。但我想，给出建议的技术分析师心里想的很可能是："如果大盘既不上涨，也不下跌，那将保持不变。"即便是天气预报，也能做得比这更好。

看得出，我对技术分析师有偏见。不仅在个人情感上不接受他们，在专业上也看不上他们。技术分析师是遭学术界很多人诅咒的一个职业。我们就是爱挑技术分析的刺儿。之所以这样，原因主要有两个：① 对投资者来说，在支付交易成本和税金之后，技术分析法并不比"买入持有"的投资策略更胜一筹；② 技术分析法本身就容易让人挑刺儿。虽然这看起来可能有点儿不公道，但请你记住，我们努力想做到的，正是节省你的金钱。

尽管计算机可能一度提升了技术分析师的地位，而且现在可以从互联网上广泛获取图表分析服务，但事实证明恰恰是技术的发展使技术分析师遭受了学术界抨击的厄运。就在技术分析师们快速绘制出图表，以说明市场正在向何处去之时，学者们也在快速地忙着绘制图表，以揭示技术分析师的足迹到过何处。在计算机上很容易对所有的技术交易策略进行检验，于是，检验这些策略是否真正奏效，便成了学者们最喜欢的一项消遣。

6.2 股市存在趋势吗

技术分析师认为，了解一只股票价格过去的运行情况，能够帮助预测这只股票的价格未来很可能会如何运行。换言之，对于任何一天来说，此前一连串的股价变动情况对于预测这一天的股价变化非常重要。不妨称它为"墙纸原理"（wallpaper principle）。技术分析师试图依据过去的股价来预测未来的股价，正如我们可能会预测镜子后面的墙纸图案与镜子上方的完全相同。技术分析的基本前提，就是空间和时间里存在着可以重复的模式。

技术分析师认为股票市场存在趋势。据称，一直在上涨的股票将继续上涨，而开始下跌的股票将继续下跌。因此，投资者应买入开始上涨的股票，继续持有手中的强势股；若股票开始下跌，则应卖出。

有学者利用一直追溯至20世纪初的股价数据，对这些技术分析的操作规则进行了彻底检验。检验结果表明，过去的股价变动并不能作为预测未来股价变动的可靠依据。如果说股票市场有记忆的话，其作用也微乎其微。虽然市场的确会出现趋势，但这种趋势的发生并不可靠，而且还频繁地存在趋势崩溃。股价趋势的持续性也不够强，不足以让跟踪趋势的交易策略总能获利。尽管股市中会存在某种短期趋势（对此，第11章将更为充分地加以描述），但投资者只要在交易时必须支付交易费用和税金，都不可能因利用短期趋势而获利。

经济学家还对技术分析师的另一个观点进行了检验。这个观点认为，市场上常会出现连续几天（或几周、几个月）股价朝同一个方向变动的情况。技术分析师将股票比作橄榄球场上的全卫，一旦获得了奔跑的势能，应该可以跑得很远。检验结果却表明事实并非如此。有时，一只股票的价格的确一连几天出现正向变动（价格上涨），但是，有时你抛一枚标准硬币，也会出现一连串多次正面朝上的情况，而且，你遇到股价连续正向（或反向）变动的频率，也并不比你抛硬币时随机出现连续正面朝上或反面朝上的频率更高。技术分析师常说的所谓"持久模式"在股市出现的频率，并不比任何一个参赌的人"手气很顺时"连续赌中的频率更高。这是经济学家说到股价变动与随机漫步非常相似时所欲表达的意思。

6.3　究竟何为随机漫步

在很多人眼里，"随机漫步"简直是一派胡言。即便阅读金融页面时最漫不经心的人，也很容易发现股市中的"模式"。举个例子，请看图 6-1 中股价的表现情况。

该图看起来明显有模式存在。开始时股价展开一波上涨，接着便掉头向下，开始了长时间的持续下跌。然后，下跌趋势受到遏制，股价又掀起新一轮持续上涨。人们看到这样的股价图，不能不注意到这番描述是不言而喻的。那么，经济学家何至于如此近视，竟看不见肉眼能一目了然的模式？

坚信股市存在重复性模式，其原因在于统计幻觉。为了说明统计幻觉的影响，下面向你描述我曾要求学生参与的一个实验。我要求他们构建一个假想的股价走势图。股价开始时定为 50 美元，此后每个交易日的收盘价由抛掷硬币的结果来确定：若抛出后正面朝上，学生便假定股票当天收盘价较前一天收盘价上涨 0.5 美元；若抛出后反面朝上，学生便假定股票当天收盘价较前一天收盘价下跌 0.5 美元。图 6-1 就是其中一个学生做实验时得到的假想股价走势图。

根据随机抛掷硬币画出的这张图，看起来与正常的股价走势图非常相似，甚至还呈现出周期性变动。当然，我们从抛掷硬币中似乎能观察到的这种显著的"周期性变动"，不会像真正的周期那样有规律地发生，但是，实际股价的涨涨跌跌也不会很有规律地发生。

这种规律性的缺乏正是问题的关键所在。股价走势图中的"周期性变动"，与一般参赌的人碰到连续好运或连续不顺一样，都不是真正的周期。股价当前似乎处于上升趋势中的事实，即便看起来与以前某时段股价上行的情形相似，也并不提供任何有用的信息，可据以确定当前上升趋势的可靠性或持续性。是的,在股市中,历史往往会重演,但重演的方式却多得出人意料，任何通过了解过去的股价模式从中获利的尝试，都会遭遇败绩。

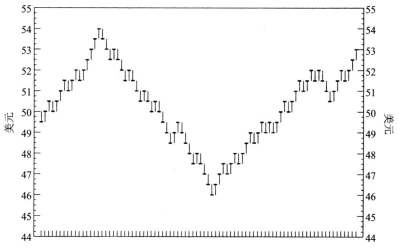

图6-1　股价模式与随机抛掷硬币的结果

在学生抛掷硬币得到的其他模拟股价走势图中，既有头肩顶形态，也有三重顶和三重底形态，还有其他更多只有内行才看得懂的模式。其中一张图呈现出"倒置头肩顶"向上突破的完美形态（这是一个信号强烈的多头模式）。我把这张图拿给我的一位图表分析师朋友看，说实话，他惊喜得如痴似狂。"这是哪家公司？"他大声叫道，"我们得立即买入，这个形态太经典了！毫无疑问，这只股票下周会上涨15个点！"我如实相告，说这张图是根据抛硬币的结果画出的，他的反应可就不友善了。图表分析师没有幽默感。《商业周刊》请一位擅长恶意攻击的技术分析师为本书第1版做书评时，我得到了应有的报应。

我的学生通过完全随机的过程绘制了股价走势图。只要使用的硬币质地均匀，每抛掷一次得到正面朝上的机会就是50%，也就意味着股价上涨，同时，得到反面朝上的机会也是50%，即股价下跌。就算他们连续抛出 10 次正面朝上，接下来抛出正面朝上的机会也还是 50%。数学家将一个随机过程（像我们模拟股价走势图这样的过程）产生的一连串数字称为一次"随机漫步"。在股价走势图中，完全无法根据以前所发生的情况来预测股价的下一步变动。

股市也并不完全符合数学家的理想模型，理想模型应该是当前的股价变动与过去的股价变动之间完全相互独立。股价变动中还是存在一定趋势的。当利好消息出现时，对于股票的合理价格，投资者常常只是部分地调整自己的估计。缓慢的调整和从众心理能让股价在一段时期内稳步上涨，从而形成一定程度的趋势。股价未能完全符合随机漫步的定义，使得金融学家罗闻全和克雷格·麦金利（A. Craig MacKinlay）合作出版了一本书，名叫《华尔街上的非随机漫步》（*A Non-Random Walk Down Wall Street*）。除了存在一些短期趋势的证据之外，一直以来多数股价的平均值还伴随着公司盈利和股利的长期增长而呈现出一个长期上升的趋势。

但是，不要指望短期趋势会给你提供必然成功的投资策略，使你得以战胜市场。一个原因是，对于消息面，股价并非总是反应不足，有时还会反应过度，因而价格可能会出现突如其来的令人错愕的反转。根据趋势策略进行管理的投资基金，其收益常常低于平均水平。即使趋势出现（市场未能像随机漫步那样运行），市场中存在的趋势常常非常微弱，以致对投资者来说没有什么利用价值。试图利用这些依存关系获利而必须付出的交易成本和税金比可能获得的利润要多得多。由此，随机漫步假说的"弱式有效形式"可准确地表述如下：

在管理投资组合时，投资者不可能从股价变动的历史中找到一贯战胜"买入持有"策略的任何有用信息。

如果随机漫步假说的"弱式有效形式"是正确的，那么，按照我的同事理查德·匡特（Richard Quandt）的说法，"技术分析与占星术别无二致，两者都貌似科学"。

我并不是说技术策略从来就赚不到钱。那些策略确实常常会带来利润。关键的是，只要简单采用"买入持有"策略（即买入并长期持有一只股票或一组股票），通常就能赚同样多或更多的钱。

科学家想要检验某一新药的有效性时，通常会进行一项实验。在实验中，他们让两组病人都服用药丸——一组的药丸里含有所要检验的新药，另一组的药丸是没用的对照剂（糖丸）。然后，将两组病人服药之后的效果进行比较，只有当服用新药的一组病人的病情好于服用对照剂的另一组病人时，这种新药才被认为有效。很明显，若两组病人在同一时段病情都有好转，那么即使病人康复了，也不应对这种新药的有效性给予肯定。

在检验股市的"实验"中，与技术策略相比较的"对照剂"就是买入持有这一策略。技术策略确实经常为其使用者赚到钱，但买入持有策略也一样。简简单单的将一个股市大型指数所有成分股纳入投资组合的买入持有策略，在过去100年间为投资者提供了大约10%的年均收益率。只有当技术策略与市场相比能够提供更好的收益率时，技术策略才可以被视为有效。然而，时至今日，没有任何一种技术策略能够始终如一地通过这一检验。

6.4 一些更为精细复杂的技术分析方法

痴迷于技术分析的人，可能会辩解说我的观点有失公允。他们的理由是，我刚才描述的那些检验过于简单，根本没有对技术分析的"丰富多样性"给予公正对待。然而，会令技术分析师遗憾的是，即便是更为精细复杂的技术交易策略，也已进行过科学的检验。下面就让我们仔细看看几个颇为流行的技术策略吧。

6.4.1　"过滤"系统

　　根据流行的"过滤"系统，如果一只股票的价格跌到某个低点之后又上涨一定幅度，比如说5%（或者你想说出的任何其他上涨幅度），那么据说这只股票的价格便处于上升趋势。反之，如果一只股票的价格从某个高点下跌5%，则据说它已进入下降趋势。你应当买入任何一只自某个低点上涨5%的股票并一直持有，直到股价从随后的高点下挫5%时卖出，甚至还可以进行卖空操作。如果卖空，空头仓位应至少保持到股票从下一个低点处上涨5%时才平仓。

　　"过滤"系统深受经纪人的喜爱。的确，这一技术策略就藏匿于经纪人钟爱且广为流行的"止损指令"的身后。如果客户持有的股票的价格跌去买入价的5%，经纪人会建议客户发出"止损指令"卖出股票以"限制潜在损失"。

　　有学者对不同的"过滤"交易策略进行了彻底检验。检验时，要过滤掉的买入和卖出的"候选股"的涨跌百分比，放宽到1%～50%。同时，检验还涵盖不同的时间段，涉及的对象既有单只股票，也有股票指数。检验的结果呈现出惊人的一致性。如果将因采用"过滤"策略而产生的更高的交易成本考虑进来，那么，这些技术策略并不能持续胜过简单买入个股（或股指）并在考察期内持有的投资策略。个人投资者若能避免使用任何"过滤"交易策略，或许还可以加一句，若对推荐采用这种策略的经纪人避而远之，将会获得更好的投资回报。

6.4.2　道氏理论

　　道氏理论（Dow theory）的精义，可说是在阻力与支撑之间展开的一场激烈的拔河赛。当行情见顶回落时，这一顶点位置便界定了一个阻力区。之所以称为阻力区，是因为在高点处错过卖出机会的人，若再次得到这样的机会，会迫不及待地卖出股票。如果此后行情又上涨,并接近前期高点,那么按照道氏理论的说法,此时的阻力区正在"经受考验"。而此时也正是真理现身的时候。行情若突破阻力区,便很可能继续上扬一段时间,同时前期阻力区也就成了支撑区;反之,行情若"未能穿越阻力区",却跌穿前期低点即前期支撑位,那么空头信号便出现了,投资者会得到卖出的建议。

上述道氏理论的基本思想蕴涵这样一种操作策略:当行情上涨越过上一个高点时,应买入股票;当行情下滑跌穿前一个低谷时,应卖出股票。尽管道氏理论有着这样那样的问题,但其基本思想倒是成了技术分析师奉若圭臬的教条之一。

很遗憾,道氏理论这套机制所产生的技术信号,对于预测未来股价变动毫无意义。卖出信号发出之后的行情演变与买入信号发出之后的行情演变没什么两样。相对于只是买入并持有市场平均指数所包含的代表性股票这一策略,遵循道氏理论去操作实际上还会稍逊一筹,因为投资者在按照这种策略买卖股票时,必然要额外支付很多佣金成本。

6.4.3 相对强弱系统

根据相对强弱系统的要求,投资者应买入并持有表现优于大盘的股票,即比总体市场指数表现得更好的股票;同时,还应避免买入与市场相比表现差劲的股票,或许还应卖空这类股票。虽然在某些时段里,相对强弱策略看上去的确会胜过买入持有策略,但是,没有证据支持前者能自始至终表现更优。前面已指出,确有一些迹象表明股市中有趋势存在,然而,用计算机对相对强弱策略在跨度为25年的时段进行的一项检验显示,在考虑交易费用和税金之后,这种技术策略对投资者并无什么益处。

6.4.4 量价系统

根据量价系统，一只股票（或大盘）若放量上涨或价升量增，则表明市场上还有多余的买方兴趣未得到满足，从而将维持上涨之势；相反，股票若放量下跌，则表明有抛售压力，空头信号便随之出现。

同样，投资者若要遵循这样的技术策略，得到的结果很可能也是令人失望的。这种策略所产生的买入和卖出信号，根本就不包含任何用来预测未来股价变动的有用信息。然而，同采用其他所有技术策略一样，投资者也被迫频繁地进行买进卖出的交易，从而使交易成本和税金大大超过买入持有策略。

6.4.5 识读技术形态

或许一些更为复杂的图形，如第 5 章的那些能够揭示股价的未来走向。例如，"头肩顶形态向下击穿颈线位"是一个可靠的空头预兆吗？在一次精心设计的研究中，计算机运用特地编制的程序绘制出在纽约证券交易所交易的 548 只股票 5 年间的走势图，并识别属于 32 种最流行的技术形态中的哪一种形态，同时特别注意头肩顶、三重顶和三重底、通道、楔形、菱形等形态。

每当计算机发现一个空头形态，比如头肩顶形态，并且此后股价向下运动击穿颈线位，朝"低领露肩装的低领"方向滑去（一个非常强烈的空头凶兆），计算机便记录一个卖出信号。如果三重底之后股价出现向上突破，便产生一个买入信号。检验又一次表明，技术信号与其发出之后的股价表现之间看来没有任何关系。如果你买入带有买入信号的股票，卖出带有卖出信号的股票，那么，在支付交易成本之后，你的投资业绩不会比买入持有策略来得更好。即便交易佣金为零，也会产生来自买卖的交易成本，如果有所获利，还得定期缴纳收入税。而采用买入持有策略，收入税是延迟缴纳的。

6.4.6 人类天生难以接受随机性

人类生而喜爱秩序，很难接受随机性这一概念。无论概率法则会告诉我们什么，我们还是会在随机事件中寻找模式，也不管随机事件在哪儿出现。不仅在股票市场，甚至在解释体育运动现象时，人们都会寻找模式。

在描述篮球运动员的突出表现时，体育记者和观众都会不约而同地使用这样的说法："勒布朗·詹姆斯手热得很！"或"科比·布莱恩特能连续出手得分"。无论篮球运动员、教练员，还是关注某支球队的其他人，几乎无一例外地深信，如果一名球员前一次投篮命中，或前几次投篮命中，那么他下一次投篮就更可能命中。然而，由心理学家组成的一个研究小组对此进行了研究，结果表明，认为存在"手热"现象的看法，纯属毫无根据的错误观念。

这些心理学家对费城76人队在一个半赛季里的每一次投篮都进行了细致研究。他们发现相继投篮的结果之间不存在任何正相关关系。实际上，他们发现，球员投中一球后下次投篮不中的可能性，比连续两次命中的可能性还要略高一点。这些研究者还考察了连续两次以上的投篮情况，他们发现，连续多次命中的次数，并不比任何一组随机数据（例如抛掷硬币得到的数据，每次抛掷与前次之间相互独立）中连续出现相同数据的情况更多。尽管前两三次投篮命中这一"事件"会影响球员对下一次投篮是否能命中的感觉，但研究结果却言之凿凿地证明，实际上这并无任何影响。研究者后来又仔细查看波士顿凯尔特人队的自由投篮记录，并对康奈尔大学男子和女子篮球队进行受控投篮实验，证实了自己的研究结论。

这些研究结果并不意味着篮球运动凭的是运气而不是技术。显然，有些球员比其他人更擅长扣篮和自由投篮。不过，我们在此要说明的关键点是，某次投篮命中的概率与之前投篮的结果之间是相互独立的。这些心理学家推测，人们之所以坚定地相信"手热"现象存在，可能是缘于记忆偏差。如果连续命中或连续误投比交替命中或交替误投更容易被记住，那么观察者很可能高估连续投篮结果之间的相关性。有时事情确实会接二连三地发生，或连续成功或连续失败，出现这些情形时，人们就会寻找解释和模式。尽管这些情形的确会在如抛掷硬币之类的随机事件中经常出现，但人们还是拒绝相信这些情形是随机发生的。

6.5 其他几个帮你赔钱的技术理论

学术界击败多数常用的技术交易策略之后，便将威风凛凛的矛头指向一些更为稀奇花哨的技术理论。如果没有技术分析师，金融分析的世界会平静得多，也沉闷乏味得多，下面的内容充分说明了这一点。

6.5.1 裙摆指标

有些技术分析师不满足于只研究股价的变动，于是拓展调查研究的范围，将其他领域的变动也纳入自己的分析视野。在分析师创造的技术策略中，最迷惑人心的一种是由创立者艾拉·考伯雷（Ira Cobleigh）亲自命名的"牛市与裸膝"理论。根据该理论，如果你考察一下任何一年女士连衣裙的裙摆高度，你便会知道这一年的股价走向。女士穿着娇膝裸露的连衣裙时，股市便是向上攀升的牛市；连衣裙过膝时，股市便低迷不振。

例如，19 世纪晚期和 20 世纪初，股市相当沉闷，女士的裙摆也拖得很低，显得乏味无趣。但之后随着裙摆上移，人们也迎来了 20 世纪 20 年代的大牛市；接下来女士又流行穿长裙，伴随而来的是 30 年代的股市大崩盘。

第二次世界大战结束之后，情况却并没有这么吻合。1946 年夏季股市急剧下挫，大大早于 1947 年以长裙为特色的"新风貌"的问世。同样，1968 年底股市开始暴跌，而中等长度女裙在 1969 年才非常流行，在 1970 年更是风靡一时。

在 1987 年股市大崩盘期间，裙摆理论的表现又如何呢？你或许以为裙摆指标失灵了。毕竟，1987 年春季，时装设计师开始将秋季裙装推向市场时，超短裙是理所当然的秋季流行款式。但大约在 10 月初，当秋风乍起吹遍全美的时候，一件奇怪的事开始发生了：多数女士认定迷你裙不适合自己了。她们重新穿起长裙，时装设计师也因此转而设计长裙。此后便是股市暴跌的历史了。21 世纪前十年，股市遭遇了两次严重熊市，情况又怎样呢？你或许已经猜到了，长裤成了时尚，女性商界领袖和政界人士在公众场合出现时，总是穿着长裤套装。现在，我们知道这段时间股市走熊的真正元凶了。当然，2007～2008年期间股市下跌的真正原因，乃是第 4 章所述金融危机已经开始了。2020 年股市急剧下跌，则是由新冠疫情造成。两个事件皆出乎人们的意料。

即便看起来确实有一些证据对裙摆理论有利，也不要过于乐观地指望它能帮你找到合适的股市进出时机。女士现在已不再受裙摆长短这种时尚潮流不断变化的残酷束缚了。正如《时尚》（*Vogue*）杂志所言："现如今，你可以穿得像个女人，也可以穿得像个男人，下摆多长都没有问题。"

6.5.2 超级碗指标

2009 年，股市为何上涨？对于使用超级碗指标的技术分析师来说，这个问题很好回答。超级碗指标，是指根据哪支球队赢得超级碗来预测股市的未来表现。如果超级碗由一支国家橄榄球联盟（NFC）的球队赢得，那么就预示着股市走牛，如坦帕湾海盗队赢得了超级碗的时候；倘若超级碗由美国橄榄球联盟（AFC）的一支球队赢得，那么对股市便是利空消息。虽然超级碗指标有时也会失灵，但它预测正确的时候比错误的时候多得多。自然，这并没有什么意义。超级碗指标的预测结果最多不过反映了这样一个事实：将两件毫不相干的事情联系起来，有时也是可能的。事实上，马克·赫尔伯特（Mark Hulbert）曾报道过，股市研究者戴维·雷恩韦伯（David Leinweber）发现与标普500 指数最密切相关的指标乃是孟加拉国的黄油产量。

6.5.3 道指狗

这个有趣的策略利用一个与一般人所持观点相反的信念进行操作，认为失宠的股票最终往往会扭转方向，重获青睐。使用这一策略，需要每年买入股利收益率最高的道琼斯指数（含 30 只成分股）中的10 只股票。这 10 只股票最不受欢迎，因此一般而言不但市盈率倍数很低，市价与账面净值比也很低。该理论由一位投资经理提出，此人名叫迈克尔·欧金斯（Michael O'Higgins），他在其著作《战胜道指》（*Beating the Dow*）一书中公开了这一投资技巧。詹姆斯·奥肖内西（James O' Shaughnessy）使用远至 20 世纪 20 年代以来的数据检测了这个理论，发现道指狗战胜了总体指数，每年多盈利 2 个百分点以上，并且没有额外风险。

华尔街分析师好比犬科分遣队，其中一部分成员竖起耳朵注意到这一理论，并营销募集了数十亿美元的共同基金，以此理论为基础进行投资。后来怎么样呢？有人可能预计到了，道指狗遭遇了败绩。它们的业绩持续逊于市场整体表现。道指狗之星欧金斯发表意见说"这个策略变得太过流行了"，最终遭到自我毁灭。道指狗后来不再出来狩猎了。

6.5.4 1月效应

有些研究者发现，对于股市收益率来说，1月是一个非同寻常的月份。在1月份头两周，股市收益率往往特别高，市值较小的股票尤其如此。即便将风险因素考虑进来加以调整，小市值股票看起来也为投资者提供了异乎寻常的丰厚收益——超常部分主要产生于每年最初几天。这样的效应在其他好几个国家的股市中，也有记录。这导致了一部书的出版，书名颇有煽动性，叫作《难以置信的1月效应》(*The Incredible January Effect*)。

然而，很不幸，相较于买卖市值更大的股票，买卖小市值股票的交易成本要高得多（因为小市值股票的买卖报价差更大，流动性更小），普通投资者看来无法利用这一反常现象。而且，这种效应也并非年年可靠。换言之，要捡起1月份"散落的零钱"，代价太高，并且在有些年份，1月效应到头来只是一场幻想。

6.5.5 再来几个系统

如果继续回顾技术交易策略，恐怕对你来说很快就会"报酬迅速递减"了。很可能没什么人当真相信，关于股市的太阳黑子理论能为他们赚到钱。但是，如果有人告诉你，通过密切关注纽约证券交易所上涨与下跌股票的比率，便可以发现一个可靠的大盘是否见顶的重要指标，你会相信吗？利用计算机进行的一项细致研究告诉你：不要相信。你认为空头仓位（股票的卖空股数）增加是多头信号吗（因为持有空头仓位的人最终会购回股票平掉仓位）？对此进行的彻底检验显示，无论是股市整体还是个股，都不存在这种关系。你认为电视财经新闻网所推崇的移动平均线系统（例如，若一只股票的价格上涨超过此前200日均价，则买进；若跌破这一均价，则卖出），能引导你在股市收获超乎寻常的投资回报吗？如果你买卖股票时还得支付交易成本，那么这种移动平均线系统就不可能给你带来超常回报！你以为你应该"5月到来，卖股离开"[⊖]，直到11月份才重新操作吗？实际上，在5月至11月期间，市场常常是上涨的。

6.5.6 技术分析大师

技术分析师可能做不到准确地预测股市，但毫无疑问都是些特点鲜明的人物。最受欢迎的一位便是伊莲·高萨瑞莉（Elaine Garzarelli），她是投资银行雷曼兄弟的执行副总裁。高萨瑞莉并非只关注某个单一指标的一根筋，她一头扎进金融数据的海洋，使用13种不同指标来预测股市的走向。她总是热衷于研究极其重要的细节问题。在孩童时代，她就经常从自家附近的屠夫那里弄来动物器官，乐此不疲地解剖研究。

高萨瑞莉可谓是预测1987年股市大崩盘的"罗杰·巴布森"。1987年10月13日，她做出近乎看穿未来的可怕预测，告诉《今日美国》道琼斯工业平均指数很快就会下挫500点以上（跌幅为20%）。未出一周，她不幸言中。

但是，对这次股灾的准确预测却成了高萨瑞莉的绝唱。正当媒体给她加冕"黑色星期一预言大师"，颂扬文章在《大都会》和《财富》等各类杂志上频频刊载之时，她却"淹死"在自己对未来的预测之中，或者说因恶名远播而"溺毙"。因为股灾之后，她说不会再碰股市，并预测道指还将下挫200～400点。这样一来，高萨瑞莉便错过了此后的股市大反弹，而且，把资金交给她管理的投资者都很失望。在说明为何不能始终表现优异时，她给出了技术分析师由来已久的解释："我没能相信自己的图表。"

⊖ "5月到来，卖股离开"的英文原文是"Sell in May and Go Away"，是一句股市流行语。——译者注

20世纪90年代中期，最为灿烂夺目的投资大师或许是一帮来自贝尔斯城的朴实的祖母级人物（平均年龄70岁）。专门做宣传的人把她们誉为"我们这一代最伟大的投资思想家"。这些声名鹊起的老奶奶捏造投资业绩，大肆炒作，卖掉100多万册有关书籍，在全国性电视节目和周刊上频频亮相。她们竟然生拉硬扯，把投资的成功秘诀（恪守"处于中心地位"的辛勤工作这个美德）与美味烹调食谱（比如确保蓬松的股市松饼）搅和在一起。在1995年出版的畅销书《贝尔斯城女士常识投资指南》（*The Beardstown Ladies' Common-Sense Investment Guide*）中，她们声称自己10年来的年均投资回报率为23.9%，大大超过了标普500指数年均14.9%的回报率。这是多么不同凡响的故事啊——来自中西部的小老太太，凭借常识就能把华尔街报酬过高的专业人士打趴下，甚至还能让指数基金颜面尽失！

不幸的是，人们发现这些女士写的书也是"烹调出来"的。据说，贝尔斯城这伙人把她们的"投资俱乐部会员费"也算作股市投资的一部分回报。有关部门请来普华会计师事务所对其进行审计，算出这些女士过去10年的真实投资回报率是年均9.1%——这比大盘年均回报率还低近6个百分点。想通过崇拜投资偶像得以致富的故事，就说这么多吧。

上述故事给我们的教训是显而易见的。既然有这么多的技术分析师在预测股市，总会有一些人说对一次甚至几次行情走向，但绝对没有一个人能做到一贯正确。对于以上故事，可用一句类似《圣经》上的警句来做个总结："谁若回首市场先知所做的预言，必将死于悔恨。"

6.6 评价技术分析师的反击

你可能想象得到，随机漫步理论对图表分析的指斥，在技术分析师中是很不受欢迎的。倡导这一理论的学术界人士在华尔街的一些地方受到"热情礼遇"的情景，仿佛安德鲁·科莫（Andrew Cuomo）面对反性骚扰运动致辞一样。在技术分析师看来，这一理论"纯粹是学术界不切实际的痴人说梦"。那么，就让我们来评价一下不断遭受抨击的技术分析师所做的反击吧。

最常见的对随机漫步理论弱点的抱怨，或许是基于对数学的不信任，以及对该理论内涵的误解。"市场并不是随机的，"他们抱怨说，"任何数学家都无法让我信服市场是随机的。"从长期看，未来盈利定会影响现值，而在短期，占主导地位的因素则是大众情绪。

当然，盈利和股利会影响股票价格，大众情绪也会影响。关于后者，我们在前面几章中已看到了充分证据。但是，即便在某些时期，股市会受到大众非理性行为的控制，股市的表现很可能依然类似于随机漫步。最初，有人为了说明随机漫步，将其类比为醉汉在空旷的田野里四处踉跄而行。他的步伐不是理性的，也是不可以预知的。

此外，关于一家公司会有什么新的基本面信息（如大规模矿山罢工、首席执行官死亡等）也是无法预知的。的确，有关公司的新闻接二连三地出现，必定是随机的。倘若一条新闻的出现并非随机，也就是说，倘若这条新闻的出现依赖于前一条新闻，那么它根本就不算什么新闻。随机漫步理论弱式有效形式的内涵只是无法依据过去的股价来预测未来的股价。

技术分析师还会举出这样那样的具体技术策略，证明学术界并未检验所有已创立的技术策略。谁也不能不容置疑地证明技术方法绝对不起任何作用。学术界所能阐明的是，利用股价走势形态中包含的少量信息进行交易所获得的回报，并未表明可以弥补利用这点儿信息进行交易所产生的交易成本和税金。

每年都有大量的人兴致勃勃地奔赴拉斯维加斯和大西洋城的赌场。他们仔细查看轮盘赌中最新胜出的几百个数字，希望找到某种重复模式。通常，他们会找到一种模式。但他们最终会输得精光，之所以如此，是因为他们没有重新检验自己发现的所谓模式 [⊖]。对技术分析师来说，同样的事情也会发生。

如果你仔细查看过去任何一个时段的股价，你几乎总能找到某种在这一时段里有效的技术策略。如果你尝试足够多的不同选股标准，最终总会找到能起作用的一条标准。当然，真正的问题是，这个策略在不同的时段是否有效。多数技术分析倡导者，除了将他们的策略与制定策略时段的市场数据进行验证之外，通常都未能将策略与其他时段的市场数据进行验证。

即使技术分析师遵循我的建议，在多个不同时段检验自己的策略，并发现该策略能可靠地预测股价，我仍然相信技术分析最终必定没有价值。为了说明这一点，假定技术分析师已找到一个可靠的"年底回升效应"，也就是说，每年圣诞节与元旦之间股价会上涨。问题是，一旦这样一条规律为所有市场参与者所知，人们所采取的行动必然会阻止这一效应在将来发生。

任何成功的技术策略最终必然会自取其败。一旦意识到股价在元旦之后比圣诞节之前会更高，我在圣诞节来临之前就会动手买入，如果人们知道一只股票明天将上涨，你可以断定这只股票今天就会上涨。股市中的任何规律若能被发现，且能据以产生利润，都必将自我毁灭。我之所以深信无人能成功地使用技术方法在股市获得高于平均值的回报，这是根本原因。

⊖ 实际上，爱德华·索普（Edward O. Thorp）还真发现了一个稳赢"21 点"的方法。索普把这个方法在《击败庄家：21 点的有利策略》（本书中译本已由机械工业出版社出版）中和盘托出。此后，赌场都改变招数，转而在赌局中使用多副纸牌或者使用自动洗牌机，以增加算牌难度。要是这样还不起作用，赌场便使出最后一招——将算牌者驱离赌桌。

6.7　对投资者的启示

股价过去的走势，不可能以任何有意义的方式，预测未来的股价。技术策略通常都很有趣，也让人感到安慰，但绝无任何实际价值。这便是有效市场假说弱式有效形式的核心思想。各种技术理论只是富了炮制和营销技术服务的人，以及雇用技术分析师的经纪券商。这些经纪券商希望，分析师的分析有助于鼓动投资者更频繁地进行买入与卖出的交易，从而为其带来佣金收入。

使用技术分析确定股票买卖时机的做法尤其危险。因为股票市场有着长期向上的趋势，所以，有时持有现金可能风险非常大。有些投资者为避开市场阶段性下跌，而经常保持大量现金头寸，在市场迅猛回升的某些阶段，他们很可能会被排斥在市场之外。密歇根大学的 H.纳盖特·西布恩教授（H.Negat Seybun）发现，在一个为期 30 年的时段里，在重大市场获利中，有 95% 的部分来自其间约 7 500 个交易日中的 90 天。如果你碰巧错过这 90 天，虽然这些日子只占全部交易日的1% 多一点，其间股市提供的长期丰厚回报就都一笔勾销了。拉斯洛·比里尼（Laszlo Birinyi）在其著作《交易大师》（*Master Trader*）中研究了一个更长的时段，他计算之后得出一个结论：倘若一位投资者坚守买入持有策略，于 1900 年将 1 美元投入道琼斯工业平均指数，那么到 2013 年初，这 1 美元将升值为 290 美元。然而，倘若该投资者错过每年中最好的 5 个交易日，那么到 2013 年，1 美元投资的价值将不足 1 美分。这里应记住的是，择时交易的人必然会冒风险，错失为数不多的大幅飙升行情，而这对投资业绩有着重大影响。

这里所做的分析给投资者的启示非常简单。如果在过去的股价中，只包含很少或根本不包含有助于预测未来股价的信息，那么，遵循任何技术交易策略便没有意义。只是简单地采用买入持有策略，将至少不逊色于使用任何技术策略。而且，买进与卖出，如果能赚钱，往往会产生应税资本利得。遵循技术策略，你可能会实现短期资本利得，但缴纳的税款会比采用买入持有策略更多（且纳税的时间也更早）。只是买入并持有一个多样化投资组合，会使你节省投资费用、经纪佣金和税款。

第7章

基本面分析究竟有多出色及有效市场理论

我怎能这么糊涂，竟信任那帮专家？！

——约翰·F.肯尼迪

在猪湾事件之后如是说

开始，他是个统计师，穿着浆洗过的白衬衣和磨得很薄的蓝色套装。他静静地戴上绿色遮光眼罩，在办公桌前坐下，小心翼翼地记下所跟踪公司的以往财务数据，唯恐漏掉任何细节。结果，由于长时间记录，手都写得抽筋了。但后来他开始了化茧成蝶般的转变。他从桌边起身，买来一件件领口带扣的蓝色衬衣和一套套灰色法兰绒西装，把眼罩丢弃一旁，开始实地考察起了公司——以前在他的印象里，那些公司不过就是一堆财务统计数据。他的头衔也跟着变成了证券分析师。

时光如水流逝，他的薪资和津贴吸引了女性同事的注意，她们也纷纷穿上了套装。原本普普通通的他们，现在几乎人人乘飞机坐的都是头等舱，嘴里念叨的除了钱，还是钱。这些新生代是紧跟潮流的时髦一族，套装已然过时，古奇鞋和阿玛尼休闲裤大行其道。在新冠疫情期间，他们甚至在网络会议室中穿上了针织毛衣。他们才华横溢、知识渊博，简直令人难以置信，以致投资组合经理也依赖他们推荐股票，华尔街上的公司也越来越多地利用他们培育投行业务客户。他们是研究股票的明星。然而，有人窃窃私语，刻薄地说他们是投行界的男盗女娼。

7.1　来自华尔街和学术界的观点

无论用什么头衔称呼他们，带侮辱性的也好，别样的也罢，他们当中绝大多数都是基本面分析师。因此，对于质疑技术分析有效性的学术研究，多数专业人士并不觉得有什么意外。从本质上说，华尔街专业人士都是基本面分析师。然而，真正重要的问题是，基本面分析究竟是否有用。

关于基本面分析的有效性问题，有两种相互对立的观点。华尔街人士认为基本面分析变得越来越威力强大。面对专业投资组合经理和基本面分析师团队，个人投资者现在几乎没有任何战而胜之的机会。

学术界很多人对这种狂妄自大的夸夸其谈嗤之以鼻。有些学者甚至断言，被蒙住眼睛的猴子朝股票列表投掷飞镖选股，其成功性也能与专业投资组合经理不相上下。他们认为基金经理及其分析师在选股方面，并不能比业余至极的投资者做得更为出色。本章将叙述在学术界与市场专业人士之间持续进行的口诛笔伐大战中的一场重大战役，解释"有效市场理论"究竟为何物，同时阐明这一理论为何与你的钱袋息息相关。

7.2　证券分析师果真是天眼通吗

预测未来盈利是证券分析师得以存在的理由，是其安身立命的根本。《机构投资者》(*Institutional Investor*)杂志曾有文章说:"盈利是玩股票时最核心的问题,而且将永远如此。"

为了预测盈利的未来走向,分析师通常会从观察盈利"曾漫游何处"入手。"已被证实的盈利增长纪录,"一位分析师告诉我,"是判断未来盈利增长的一个非常可靠的指标。"如果公司管理层真的善于管理,就没有理由认为他们将来会失去点石成金的能力。如果精明强干的同一管理层团队继续执掌公司的舵轮,那么未来盈利增长的航路理应延续过去的航向。这就是分析师的论证过程。虽然这种论证听起来十分像技术分析师使用的论证,但基本面分析师却拿这样的事实引以为傲:这种论证是建立在具体的、已被证实的公司业绩基础之上的。

这种思考问题的方式在学术界是"得不到及格分"的。在学术界看来,计算过去的盈利增长,对于预测未来的盈利增长,根本就没有帮助。假设你知道所有公司在某个时期,比如说 1980~1990 年的盈利增长率,这丝毫不会有助于你预测这些公司在 1990~2000 年将实现怎样的增长。同样,分析师知道了 20 世纪 90 年代有哪些快速增长的公司,也未能帮助他们找到 21 世纪初快速增长的公司。这一惊人结论首次披露于英国学者研究本国公司的一篇文章中,文章题目很吸引人,叫作"乱七八糟的增长"。普林斯顿大学和哈佛大学几位博学多识的学者运用同样的方法研究了美国公司,令人吃惊的是,结论如出一辙。

IBM 的业绩增长一度辉煌耀眼,简直是个例外。但在 20 世纪 80 年代中期之后,IBM 未能延续可靠的增长模式。宝丽莱、柯达、北电网络、施乐以及其他众多公司,都曾实现过持续的高速增长,直到有一天"屋顶坍塌",神话终结。我希望你记住的,不是当前有哪些例外的公司,而是一个普遍情况:华尔街有很多人拒绝接受一个事实,即不可能从过去的记录中得出可靠的模式,以帮助分析师预测公司的未来增长。即使在 20 世纪 90 年代经济繁荣发展期间，也只有 1/8 的大公司每年成功实现了持续增长。而在进入新千年后的二十余年里，没有一家大公司继续享有增长。分析师不可能预测到连续的长期增长，因为这本来就不存在。

然而，优秀的证券分析师会说，对于预测盈利，还有比只是考察过去的业绩记录多得多的事情。有些证券分析师甚至承认，过去的业绩记录不是一个完美的衡量因素，但技能娴熟的投资组合分析师能做得好得多。很遗憾，证券分析师（基于行业研究、工厂参观等）认真估测的数据，并不比通过简单外推以往盈利趋势得到的估计情况准确多少，而我们已看到以往盈利趋势根本无助于预测未来。其实，与实际盈利增长率数据比较起来，证券分析师所做的估计，还不如几种幼稚的预测模型来得准确。这些发现已得到多个学术界研究的证实。如果财务预测看上去像科学，那么占星术看起来就令人肃然起敬了。

从所有这些"指控"中，我们要传达一个极为严肃的观点：证券分析师极难履行预测公司赢利前景这一基本职责。投资者在做投资选择时，若盲目信赖证券分析师的预测，必将大失所望。

7.3 水晶球为何浑浊不清

如果你得知训练有素、薪酬丰厚的专业人士可能并不特别擅长于自己的工作，那你总会有点儿感到不安。遗憾的是，这并没有什么稀奇。在多数专业群体中，都能发现存在着类似情况。比如说，医疗卫生界就有一个经典例子。曾有一段时间，扁桃体切除术非常流行。其间，美国儿童健康协会对来自纽约市公立学校、年龄为 11 岁的 1 000 名儿童进行了一项调查，发现其中 611 人已切除了扁桃体。随后，一群医生对余下的 389 名儿童进行检查，挑出 174 人建议做扁桃体切除术，并宣布其余的孩子扁桃体没有问题。接下来，另一群医生对剩下

的 215 名学生重新检查，医生建议其中的 99 人做扁桃体切除术。当
116 名"健康"儿童第三次接受检查时，又有相似比例的孩子被告知
扁桃体需要切除。经过三轮检查，只剩下 65 名儿童未被建议切除扁
桃体。余下的这些儿童没有接受进一步检查，因为已经没有医生来做
检查了。

众多研究都显示了与此类似的结果。放射科医师在读取 X 线摄片
时，有 30% 的概率看不出症状，尽管 X 线摄片上已清晰地显示了肺
病症状。还有一项实验证明，精神病院的专业人员分辨不清心智健全
者与精神失常的病人。我这里要说的关键点是，无论谁有多么专业，
我们都不应想当然地认为他的判断可靠而准确。当你想到如此之多不
同专业的人做出的判断可信度如此之低时，鉴于证券分析师的预测工
作特别困难，你就不会对分析师的预测不准确感到太意外了。

我认为有 5 个因素可帮助解释证券分析师为何在预测未来时困
难非常之大。这 5 个因素是：① 随机事件的影响；② 公司利用"创造
性"会计处理方法编制出靠不住的财报盈利；③ 分析师自身出了错；
④ 最佳分析师流向销售部门或转而管理投资组合、对冲基金；⑤ 研究
部门与投行部门之间的利益冲突。每个因素都值得做一番讨论。

7.3.1 随机事件的影响

很多影响公司赢利基本前景的重要变化，从本质上来说都是随机
的，换言之，都是不可预知的。公用事业是最稳定、最可靠的行业之一。
但实际上，即便就这个行业来说，也有很多重要的不可预知事件使得
盈利极难预测。各州公用事业委员会经常做出意外的不利裁定，使公
用事业公司无法将迅速增长的市场需求转化为更高利润。

就其他行业而言，预测上的困难更是有过之而无不及。我们在第
4 章已看到，2000 年初，对各种各样高科技和电信公司所做出的增长

预测都错得离谱。美国政府的财政预算、国家订单、立法、监管等各项决策，都可能对单个公司的命运产生巨大影响。以下一些因素同样可能带来巨大影响：管理层核心成员因故不能正常履行职责、某个重要新产品问世、油井发生重大喷溢事故、恐怖袭击、新竞争对手进入、价格战、洪水和飓风之类的自然灾害，等等。生物技术行业难以预测，已是臭名远扬的事实。可能具有爆炸性影响的新药，由于未能降低死亡率，或者出现了意外的毒副作用，常常通过不了三期临床试验。影响公司盈利的不可预知事件可谓无穷无尽。

7.3.2　公司利用"创造性"会计处理方法编制出靠不住的财报盈利

一家公司的利润表所披露的部分固然引人关注，而遮掩的地方却至关重要。安然是我所知道的在腐败舞弊方面最富有创造性的公司之一，在这方面，它可谓领导了展示美艳泳装的队列。可悲可叹，安然远非独此一家！在20世纪90年代后期大牛市期间，出于股价推升的需要，许多公司日益大胆地编造谎言，报告销售和盈利不断高涨。

在红极一时的音乐剧《金牌制作人》中，里奥·布鲁姆（Leo Bloom）认定自己能够从一部演砸的音乐剧中赚到比演出大获成功还要多的钱。他说："这与创造性会计完全一样。"布鲁姆的客户马克斯·比亚里斯托克（Max Bialystock）听了这话，立刻从中看出了投机取巧的可能。他从富孀们那里骗取大量钞票，为一出百老汇音乐剧《希特勒的春天》筹集资金。他盼望着演出一塌糊涂，这样一来，便没人会追究这些钱的去向。

实际上，布鲁姆的伎俩根本无法与有些公司使用的招数相匹敌，这些公司耍弄各种花招夸大盈利，蒙骗投资者和证券分析师。在第3章里，我描述了20世纪80年代后期巴里·明克的故事，他通过精心编造虚假信用卡收费和虚拟合同，打造出一个地毯清洗帝国——ZZZZ Best 公司。但在 21 世纪，会计舞弊看上去更加频繁。濒临倒闭的网络公司、高科技领先企业，甚至"旧经济"蓝筹公司，全都大肆宣传盈利，误导投资界。

下面仅列举几个例子，简要地说明一下公司如何经常像拉扯太妃糖一样歪曲使用会计准则，误导分析师和大众对其真实经营状况的了解。

- 2001年9月，安然与电信运营商Quest公司需要对外显示它们的营业收入和利润仍在迅速增长。两家公司琢磨出一个极好的办法，让自己的财务报表显得业务正在顺利发展。具体做法就是，以虚夸的5亿美元价格交换光纤网络的承载能力，两家公司各自都将这笔交易计为一次销售。由此，双方的利润都膨胀了，持续恶化的局面得到了掩饰。实际上，Quest公司的承载能力本已过剩，而且市场充斥着过量光纤，这笔交易的定价也完全没有合理性。

- 摩托罗拉、朗讯科技和北电网络，都曾向客户提供大量商业信用以提升销售收入和盈利。其中很多应收账款变成呆账、坏账，后来只好核销。

- 施乐曾在短期内虚增利润，办法是对设在欧洲、拉丁美洲和加拿大的国外分公司给予许可，将复印机租赁业务未来数年里陆续到账的所有现金账款计为一次性收入。

- 再说说利用养老金增加盈利的花招。很多公司估计自己的养老金计划融资过度，便终止为这个计划提供资金，利润就此得以抬高。2007年股市急剧下跌时，这类公司发现养老金计划融资不足，如此一来，投资者一厢情愿地认为可持续增长的利润便成了昙花一现。

证券分析师在解释当前盈利和预测未来盈利时，会遇到一个较大的问题：公司往往对外报告所谓的"备考盈利"（pro forma earnings），而不报告根据一般会计准则计算的实际盈利。在计算"备考盈利"时，公司可以对某些非经常性费用置之不理，实际上，计算时根本就没什么规则或准则可言。"备考盈利"常被称为"所有不良费用均未计入的盈利"，使公司可以不受拘束地排除其所认为的任何"特殊""异常""非经常性"费用。凭借一般认为不合规则的忽略费用的做法，公司在报告时可以大幅虚增盈利。所以，证券分析师特别难以预测未来盈利也就不足为怪了。

7.3.3　分析师自身出了错

恕我直言，很多证券分析师观察不太敏锐，判断不太审慎公正，常常犯下极其严重的错误。我刚踏入职场在华尔街接受培训的时候，就察觉了这一点。在努力学习专业人士分析技巧的过程中，我试图模仿一个叫路易的金属行业分析师，把他做过的一些分析工作重做一遍。他算出铜价每上涨 10 美分，某家制铜公司的每股盈利将增长 1 美元。他预计铜价将上涨 1 美元，于是就推论说该公司的股票"特别有吸引力，值得买入"。

我重新计算时，发现路易搞错了小数点的位置。铜价上涨 10 美分，将使这家公司的盈利增长 10 美分，而不是增长 1 美元。我向路易指出这一点（觉得他肯定会立即把错误纠正过来），他只是耸了耸肩，一本正经地说："如果不改报告，我的推荐听上去会更有说服力。"注意细节并不是路易的专长。

路易对细节缺乏关注，说明他对自己跟踪的行业也缺乏了解。但是，在分析师队伍里，他并非绝无仅有。整形外科医生劳埃德·克里泽尔（Lloyd Kriezer）博士在给《巴伦》杂志写的一篇文章中，考察了生物科技行业分析师撰写的一些研究报告。克里泽尔尤其注意分析师对某些生物科技公司所做的研究，那些公司制造用于治疗慢性创伤和烧伤的人造皮肤——这是克里泽尔颇为擅长的一个专业领域。他发现证券分析师对股票所做的"诊断"与真实情况相去甚远。首先，他对分析师就相互竞争的公司的市场份额所做的预测数据进行加总，发现在人造皮肤领域相互竞争的 5 家生物科技公司，其预测市场份额加起来远远超过 100%。其次，分析师对潜在市场绝对规模的预测与实际烧伤患者的人数没什么关系，虽然这方面的准确数据很容易得到。最后，在仔细阅读分析师针对这些公司所做的不同研究报告之后，克里泽尔得出结论认为，"显然，他们并不了解这个行业"。这让人想起传奇棒球教练凯西·斯坦格（Casey Stengel）说过的一句话："难道这里就没人会玩这种游戏吗？"

众多分析师都仿效路易。一般情况下，由于太懒惰不想亲自做预测，他们宁愿抄袭其他分析师的预测结果，或者不加咀嚼便囫囵接受公司管理层发布的"指导性意见"。这样，如果预测出了错，很容易知道谁该受责备。而当专业同僚都赞同你的观点时，就更容易出错了。凯恩斯说过："人情世故告诉我们，因行事方式传统而致名誉受损，较以非传统方式获得成功更加可取。"

证券分析师不停地犯下令人震惊的预测错误。2012 年初，拥有凤凰城大学的阿波罗集团备受华尔街宠爱。分析师大加赞赏这家从事营利性大学教育的领导型公司，说它拥有巨大赢利潜力，并预测投资者将获得丰厚的投资回报。学生贷款违约率高企、学生毕业率低下、招聘中欺压人的惯常做法见诸报道，却被分析师置若罔闻。但是，这些问题为一份广为散布的国会报告所证实。不利的报道以及随之而来的政府新监管措施，导致入学人数急剧下滑，阿波罗集团股价下跌更甚，跌幅达 80%。

2017 年，在工业股热火朝天地上涨期间，分析师未能正确评估通用电气公司，这很好地说明了分析师的预测会出差错。通用电气是一家偶像级公司，其股票跻身道琼斯工业平均指数最初的成员股之列，而且在 20 世纪后期多年被视为美国最具增长性的股票之一。

2016 年末，多数华尔街分析师将通用电气股票评为"强烈推荐买入级"。此时，该公司已剥离大部分金融业务。"源于金融危机的那些问题，给高杠杆金融部门造成了巨大破坏，现在那些问题都已被抛在身后了，"一名分析师指出，"未来的增长已有保证。"盈利将不再因业务多样化造成经营成果不良而变得一塌糊涂。这家公司现在"更加简单，更加灵活"，现金流也很充沛。分析师赞许通用电气此时将 90% 的业务集中于高科技工业产品这一新的聚焦行为。

2017 年初的经济环境助长了工业股牛市。经济扩张准备加速，而通用电气步入正轨，将成为"世界上最大数字型工业公司"。其股价由历史最高点的 50 多美元下滑，此时正滞留于 30 多美元的低位。锦上添花的是，股利收益率高于 3%，非常有吸引力。"对于保守型投资者，这只股票代表着卓越的投资价值。"

结果，后来的情形并未如分析师所预料。这家公司变成了门门皆通、样样稀松的"万金油"企业，没有任何真正拿得出手的能声称卓越的业务。盈利不升，反而继续下滑。首席执行官换人，"没有问题的"股利被拦腰削减。雪上加霜的是，公司被迫重新编制财务报表，进一步减少了以前会计期间的盈利。2018 年 6 月，通用电气被踢出道琼斯工业平均指数成分股之列，股票交易价为每股 13 美元。2021 年，通用电气进行了一次逆向股票分拆，股东原先所持 8 股变为 1 股。关于分析师的预测，就到此为止吧。

我无意说多数华尔街分析师不称职，只是鹦鹉学舌，管理层说什么他们就复述什么。但我确实想说，一般分析师就是这样的：他们薪酬优厚，通常悟性颇高，从事的工作极其困难，干活的方式都相当平庸。他们经常会帮倒忙，有时马虎粗糙，有时同其他人一样，面对同样的压力也难免受到影响。简而言之，他们不过也是人。

7.3.4　最佳分析师流向销售部门或转而管理投资组合、对冲基金

对于证券分析师这个职业，我的第 4 点反对理由本身也是个悖论：很多最优秀的分析师之所以得到报酬，并不是因为他们在从事证券分析工作。他们经常扮演干劲十足的机构客户销售员的角色，或者获得提拔升到赚大钱的投资组合经理的职位。

有些投资银行以拥有强大研究能力而闻名，常会派出分析师"监护"一般销售人员拜访机构客户。机构投资者爱从分析师这儿直接听到新的投资观点，所以一般销售人员通常会袖手旁观，让分析师侃侃而谈。这样一来，多数口齿伶俐的分析师不知不觉间便发现自己的时间全都用在与机构客户在一起了，对财务报告却无暇顾及。

21 世纪头几年，很多分析师在诱惑之下放弃研究工作，转而在对冲基金或私募股权公司担任报酬丰厚的投资组合管理的职务。在投资组合领域"直接管钱"，较仅作为证券分析师提出投资建议要刺激得多，名声响得多，报酬也高得多。无怪乎众多最受尊敬的证券分析师在分析师的位置上不会坐得太久。

7.3.5　研究部门与投行部门之间的利益冲突

分析师的目标是要让尽可能多的收银机发出工作的声响，而对于大型券商来说，必定在投资银行业务部门才能找到装得最满的收银机。以前的情况却不总是这样。在 20 世纪 70 年代，固定佣金制度尚未终止，"折扣"经纪券商尚未诞生，零售经纪业务是主要利润来源，这时候分析师能感到自己确实在为个人和机构投资者这些客户服务。但随着

佣金被迫降至零，经纪业务这个利润中心的重要性渐渐下降，剩下的金矿便只是为将首次公开募股企业或已上市企业承销新股（承销费可能达到数亿美元），以及为企业提供关于借贷融资、重组、收购等方面的财务顾问服务。斗转星移，分析师"让收银机发出声响"的目标，逐渐变成了帮助其雇主券商获得和培育投行业务客户。也正是因为如此，便有了利益冲突。分析师的薪资和奖金，会部分取决于协助承销部门时所起的作用。有评论家断言，在这样的业务关系存在以后，分析师便只能变成投行业务部门的利用工具。

证券分析师传统上很少建议投资者卖出股票，这一点就表明他们与投行业务部门之间有着密切联系。建议买入与卖出的比例始终存在着偏向买的局面，因为分析师不希望得罪做建议时涉及的公司。但是，随着投行业务收入成为大型券商较为重要的利润来源，便出现了一种日益明显的现象：分析师得到报酬，不是因为预测有多么准确，而是因为唱多头，保持看多的姿态。在一起很知名的事件中，有位分析师斗胆建议投资者卖掉特朗普泰姬玛哈尔赌场债券（Trump's Taj Mahal bonds）[⊖]，因为这只债券不太可能支付利息。大名鼎鼎的特朗普本人便威胁要以法律手段报复分析师所在的公司，公司二话没说立即开除分析师（后来，债券果真违约了）。因此，不必大惊小怪，多数分析师会从自己的文章中把可能冒犯目前或潜在的投行业务客户的负面评论剔除干净。在互联网泡沫期间，推荐买入与卖出股票的比例上升到 100 : 1。

要知道，当一位分析师说"买入"时，他的意思可能是"持有"；他说"持有"时，可能在委婉地表示"扔掉这破玩意儿，越快越好"。

⊖ 唐纳德·特朗普，美国前总统，全美最大地产商之一，在大西洋城拥有数座集酒店和赌场于一身的著名建筑，其中最知名的是泰姬玛哈尔赌场酒店。——译者注

投资者应该不必学一门解构语义学课程，才能理解这些推荐语言，可是，在互联网泡沫期间，多数个人投资者却接受了分析师说的字面意思，实在让人感到悲哀。

已有令人信服的证据表明，分析师做的推荐受到了券商赢利丰厚的投行业务的污染。数项研究对分析师选股的准确性进行了评估。加利福尼亚大学布拉德·巴布尔（Brad Barber）研究了华尔街分析师"强烈推荐买入"的股票在股市的表现，他发现这些股票给投资者带来的损失完全称得上是"灾难性的"。分析师强烈推荐买入的股票没有跑赢大盘，每月回报率比大盘少 3%，而他们建议卖出的股票，其表现却每月比大盘高出 3.8%。更糟糕的是，达特茅斯大学和康奈尔大学研究人员发现，不从事投行业务的华尔街公司所推荐的股票，其表现要好于从事赢利丰厚的投行业务的券商所推荐的股票。投资者网站（Investors.com）做的一项研究发现，投资者若采纳华尔街券商分析师的建议，买入这些券商主承销或共同主承销的 IPO 股票，会损失 50%以上的资金。券商向分析师支付报酬，基本上都是为了让他们吹捧其所承销的客户公司股票。分析师自然会伸长舌头去舔给他们喂食的手。

现在，情况已有所改观。尽管分析师还是偏向于做"买入"建议，但直言不讳地建议"卖出"比以前更常见了。不过，与互联网泡沫有关的丑闻出现之后，《萨班斯－奥克斯利法案》（Sarbanes-Oxley legislation）[⊖]的出台使分析师的工作更加难做，因为对于公司财务管理人员向华尔街分析师说话时应说到什么程度，该法案做出了限制。证券交易委员会也颁布了一项名为"公平披露"的新政策，根据这一政策，与公司相关的信息必须立即公布，以向整个市场做出披露。虽然

⊖　安然、世通等公司重大丑闻出现后，《萨班斯－奥克斯利法案》颁布实施。该法案旨在严厉监管上市公司财务，从而重塑投资者信心，对美国资本市场有深远影响。——译者注

这一政策能促使股票市场更加有效，但很多分析师非常恼火，失望不已，将现在的局面戏称为"根本不存在什么披露"。证券分析师可能再也无法捷足先登获得"特权"信息了。因此，我们便没有理由相信，证券分析师将来所做的推荐会有什么改善。

《萨班斯－奥克斯利法案》实施之后，利益冲突和分析师缺乏自主质疑的情况并未消失。2010年，英国石油公司深水地平线（Deepwater Horizon）钻井平台爆炸和漏油事故公布之后，英国石油公司的股价立即下跌，从每股60美元跌至50美元。然而，华尔街分析师几乎无一例外地认为，英国石油公司的股票价格反应过度，该公司股票极其值得拥有。其中一位分析师说，股价下跌与公司可能付出的代价（估计为4.5亿美元）很不相称，甚至认为损失还可以索赔。总共有34位分析师的研究覆盖英国石油公司股票，其中27位将其评为"买入级"，另外7位则是"持有级"。没有任何一位分析师推荐卖出。连过度活跃的电视财经主持人吉姆·克莱默（Jim Cramer）也告诉观众，他参与的慈善信托正在买入英国石油公司的股票。这只股票最终跌至每股20多美元，市值损失接近1 000亿美元。（到2018年1月，英国石油公司估计，漏油事故的代价已膨胀至650亿美元，并且还在继续增加。）

分析师的错误无处不在，表明利益冲突并未消除。英国石油公司是一个非常重要的证券发行人，可为华尔街带来巨额承销费。分析师之所以仍然受到影响，是因为他们生怕对一家公司做出很负面的评价，导致其所在公司失去未来的承销业务。

最后一点，专业基金经理根据其对经济形势所做的预测，做出正确决策而将基金由现金或债券转为股票的能力，一直以来都低下得令人瞠目。共同基金持有现金头寸最高的时候，一般而言与市场处在最低谷的时期非常吻合。反之，当市场处于高位之时，共同基金的现金头寸总是非常少。

7.4　证券分析师选出好股票了吗：考察共同基金的投资业绩

我写下这个标题时，仿佛听到有人在齐唱一首歌的副歌。齐刷刷的声音这样唱道："真要检验分析师的能耐，就看他推荐的股票有什么表现。"那位铜业分析师——"干活毛糙的路易"，或许的确弄错了小数点的位置，搞砸了自己的盈利预测，但要是他推荐的股票让客户赚到了真金白银，那就大可以原谅他对细节的粗心大意。"要分析投资业绩"，齐刷刷的声音唱道，"不要分析盈利预测！"

幸运的是，有一群专业人士——共同基金经理的业绩记录可以从公开渠道获得。对我的观点更为有利的是，共同基金里的男男女女在投资管理这方面都是最优秀的分析师和投资组合经理。近期有位投资经理说："如今，激进型投资经理的优势大得让人吃惊，投资经理的总体能力要提高到足以让他们的优势失色，得花好多年。"

这样的夸夸其谈，对性情高傲的学术界人士来说，实在是太有诱惑力了。学者们有大量数据可以利用，有时间进行相关研究，又一心想证明学术界在这些问题上有优越性，自然会将共同基金的业绩作为猎杀对象。

数项研究所获得的证据再次显示出惊人的一致性。投资者靠投资共同基金所获得的投资回报，并不比买入持有无人管理的大型股票指数所获得的回报更好。换言之，从长期来看，共同基金的投资组合并未胜过随机选取的股票组合。尽管在某些短暂的时期内，共同基金可能拥有非常好的投资业绩，但总体来说，这种优异表现并没有一以贯之的连续性，而且也无法提前预测共同基金在未来某个时期会有怎样的表现。

除了已经积累的科学证据，还有几个不太正规的检验也证实了上述研究发现。比如说，20 世纪 90 年代初，《华尔街日报》启动了一项飞镖掷靶比赛，在比赛中，每月由 4 位专家选出股票与 4 只飞镖"选出"的股票进行业绩较量。主办方友好地邀请我为第一场比赛投掷飞镖。到 21 世纪初，专家的表现看上去比飞镖稍有领先，但是，如果专家的业绩从选定股票及有关宣传见诸《华尔街日报》这一天（而不是之前一天）开始计算，那么，飞镖的业绩实际上还略胜一筹。这是否意味着手腕比大脑更强呢？未必，但我想，当《福布斯》杂志一位记者得出结论认为"看起来运气加懒惰就能打败大脑"时，该杂志的确给我们提出了一个很值得认真对待的问题。

怎么会这样？每年你都可以看到共同基金业绩排名，这些排名总会显示很多基金战胜了平均指数（beat the averages）[⊖]，有些基金甚至显著地超越了指数。但问题是，业绩并没有什么连续性。正如公司的以往盈利增长不能用来预测未来盈利，基金的过去表现也不能用来预测其未来投资成果。基金经理人也会受随机事件的影响，他们可能会发福，可能会变懒，也可能与这个行业分道扬镳。一段时间里行之有效的投资策略，在接下来的时段很容易就变得臭不可闻。人们忍不住会得出结论，认为决定基金业绩排名的一个重要因素是我们的老朋友——幸运女神。

这一结论并非最近才做出的。45 年来这一结论始终没有受到动摇，虽然在这一时期市场发生了巨大变化，一般公众的持股比例也今非昔比。事实一次又一次证明，昨日的明星基金今日却变成了投资者的灾星。20 世纪 60 年代后期，拥有年轻的"熟练枪手"的"摇摆舞基金"交出了优异的成绩单，基金经理像体育名人一样在报纸杂志上被大书

<hr>

⊖ 战胜平均指数，即所谓的打败市场（beat the market）。在风险调整的基础上能否战胜平均指数，是衡量专业投资组合经理管理组合能力的标尺。——译者注

特书。然而，当下一轮熊市席卷，并从 1969 年一直延续到 1976 年时，真乃此一时彼一时。1968 年的顶级基金随后都遭遇了灾难性败绩。

相似的结果在随后数十年里继续存在。优异的投资业绩一直没有连续性。20 世纪 70 年代排名前 20 的最佳共同基金在 20 世纪 80 年代的表现大大逊于行业平均水平，很多 70 年代的顶级基金在下一个 10 年的业绩排名中几乎垫了底。同样，80 年代的最佳基金，在 20 世纪 90 年代业绩惨不忍睹，而 90 年代曾在投资组合中塞满热门网络股的顶级基金，在网络股泡沫破裂之后的 21 世纪的 20 年间，都创下了灾难性的业绩记录。凯茜·伍德（Cathie Wood）管理的 ARK 创新基金，通过集中持有从事颠覆性创新的公司的股票，2020 年价值增长一倍以上。在此亮眼的业绩表现之后，便是 2021 年收益急剧下滑。虽然标普 500 指数在 2021 年上涨了 27%，但是 ARK 创新基金却损失了 23.5% 的价值。凯茜·伍德爱争辩说，她的投资者仍然收益领先，因为 2020 年她的基金收益很高。事实上，在 2020 年获得吸引眼球的业绩之前，投在这只基金上的资金规模很小。只是在这只基金斩获令人眩晕的高收益之后，很多新的投资者才投资其中，而追逐 2020 年高收益的投资者都亏了钱。彭博早在 2022 年 3 月便估计，持有 ARK 创新基金 ETF 的平均成本比其市场价高出 50% 以上。

投资者认识到，一年里获得 100% 的回报，接下来一年又丧失 50%，结果还是从终点回到了起点。诚然，有些基金的业绩在 20 年间连续高于平均水平。但这些基金非常罕见，为数绝不高于根据概率法则能期望的数量。

或许该举个例子说明一下概率法则。我们来参加一个抛掷硬币的比赛。比赛规则规定，能连续抛出正面朝上的参赛者将被宣布为胜出者。现在比赛开始，有 1 000 人参与抛掷硬币。正如所料，其中 500 人碰巧抛出后正面朝上，这些胜出者可以进入第二轮比赛，再次抛起硬币。这次像预料的那样，有 250 人抛出后正面朝上。由于概率法则在其中发挥作用，第三轮将有 125 人胜出，第四轮有 63 人胜出，第五轮有 31 人胜出，第六轮有 16 人胜出，第七轮有 8 人抛出后正面朝上。

比赛进行到此时，人们开始聚拢过来，想亲眼看见这些掷币专家的惊人技艺。8 位胜出者受到人们的恭维和称赞，个个神魂颠倒，难抑内心的激动之情。他们被誉为掷币艺术的天才，他们的传记被撰写出来，人们急切地向他们寻求建议。毕竟，1 000 个人参与角逐，只有他们 8 个人能屡战屡胜。比赛继续进行下去，最终有参赛者连续 9 次、10 次抛出后正面朝上 ⊖。我举这个例子做类比，并非想说明投资基金的经理可以或应该通过抛掷硬币来做决策，而是想说明概率法则的的确确会起作用，而且概率法则也能解释一些令人惊叹的成功故事。

平均数的性质决定了必然会有一些投资者能够超越它。在参与人数众多的金钱游戏中，概率会说明而且确实说明了为什么会有一些卓尔不群的业绩出现。媒体对偶然的成功所进行的火热宣传，会让我想起一个医生的故事。这位医生声称他开发出了一种给鸡治疗癌症的药方。他扬扬得意地宣布，在所有已试验的病例中，观察到了 33% 的病例有显著好转。他承认在另外 1/3 的病例中，似乎病情没有发生任何变化。然后，他相当窘迫地补充说："恐怕剩下的 1/3 都跑掉了。"

2009 年，《华尔街日报》做了一个有趣的报道，说明杰出的投资表现可能消逝得多么迅速。这篇文章指出，截至 2007 年底，有 14 只基金连续 9 年战胜了标准普尔指数。但仅有 1 只基金在 2008 年延续了同样的表现。指望哪只基金或哪个基金经理能持续地战胜市场，简直毫无可能，哪怕过去的业绩记录显示他拥有非凡的投资技能。

⊖ 如果我们让落败者继续玩（正如让共同基金经理即便惨淡经营了一年仍继续管理基金一样），我们也会发现其中将有几个人能在 10 次抛掷中连续八九次抛出后正面朝上，因此这些人也会被视为掷币专家。

随着时间的推移，支持指数投资的证据变得越来越有力。标准普尔公司每年发布报告，将主动管理型基金的业绩与多种标普指数的收益率进行比较。当我们看向一个20年期的时段时，会发现超过90%的主动管理型基金输给了其基准指数。每年的报告都大同小异。每次我给本书做修订时，数据结果都是相似的。指数的表现并不平庸——其收益率超过了典型的主动管理型基金。无论股票市值大小，也无论国内或国际股票，结果都不变。此外，非但股票市场如此，债券市场也是这样。指数投资可谓聪明的投资。

我在此并非暗示不可能战胜市场。但是，战胜市场的可能性是不大的。要证明这一结果，有个有趣的办法，就是考察1970年（这是我最初开始写作本书的一年）所有股票型共同基金的业绩记录，然后一直追踪至2017年。

1970年，共有358只股票型共同基金（如今有数千只）。我们可以只衡量最初这些基金中78只基金的长期业绩记录，因为2017年其他280只都不复存在了。如此一来，数据不免会受"幸存者偏差"的不利影响。幸存下来的基金，都是拥有最佳业绩记录的基金。共同基金业有个很恶劣的秘密：如果你有一只表现糟糕的基金，那么这只基金便会让人对整个共同基金公司产生不太好的评价，所以，业绩糟糕的基金往往被并入业绩更好的基金之中，以此抹掉其尴尬的业绩记录。幸存下来的基金都是表现较好的基金。但是，即便在最初的358只基金中，实际战胜市场指数达2个百分点以上者，你用一只手就能数过来。

这里要说的关键点是，你不太可能战胜市场。战胜市场如此罕见，看起来仿佛是在一个大干草堆中寻找一根针。远为可能的选择是买下整个大干草堆，也就是说，买下一只指数基金——这只基金只是简单地买入并持有某个股市大型指数的所有成分股。幸运的是，越来越多的投资者正在如此投资。现在更多的个人和机构的资金投在了指数基金和指数化的交易所交易基金上。这一比例每年还在上升。

虽然前面的讨论主要集中在共同基金和交易所交易基金上，但我们不应认为在众多投资管理机构中，共同基金是表现最蹩脚的一类。实际上，相较于其他专业投资者，共同基金在业绩记录上还略胜一筹。已有人研究过以下所有专业投资机构的业绩：人寿保险公司、财产和意外伤害保险公司、养老基金、慈善基金、州和地方信托基金、银行管理的个人信托基金，以及管理个人可支配账户的投资顾问公司。研究表明，这些专业投资者相互之间，以及它们各自作为一个类别与所有专业投资机构作为一个整体之间，在股票投资组合业绩上并不存在显著差异。这些专业投资者中虽有一些特别出众的，但为数极少。专业人士管理的投资组合作为一个群体，其表现一直逊色于涵盖范围广泛的大型指数。

7.5 有效市场假说的半强式有效形式和强式有效形式

学术界已做出自己的判断：在帮助投资者获取高于市场平均水平的回报方面，基本面分析较技术分析毫无优越性可言。尽管如此，因为存在喜好于琐碎问题上争论的倾向，学术界很快又为基本面信息的精确定义争吵起来。有人说基本面信息就是指现在已知的信息，又有人说还应包括可知的信息。正是在这一点上产生了分歧，有效市场理论原有的强式有效形式便有了分野。半强式有效形式认为，任何公开信息都不能帮助分析师挑选出低估的股票。之所以如此，是因为市场的价格结构已考虑到了资产负债表、利润表、股利等因素中可能包含的公开信息，专业人士对这些数据进行分析只会徒劳无益。强式有效形式则断言，关于一家公司任何已知的甚至可知的信息，都不会对基本面分析师有所助益。不但所有已公开的消息，而且所有可能获知的信息都已在公司的股价中反映出来。根据有效市场假说的强式有效形式，即便是"内幕"信息，也帮不了投资者的忙。

强式有效形式显然夸大其词了，因为它不承认从内幕信息中有可能获得好处。当别的交易者还没意识到英国已获胜时，内森·罗斯柴尔德（Nathan Rothschild）的信鸽为他带来了威灵顿在滑铁卢获胜的最早的消息，凭借这一消息，他在股市赚了无数的钱。不过在今天，信息高速公路传递消息的速度远远快于信鸽。而且，公平披露政策（Regulation FD）也要求公司迅速公开发布可能影响公司股价的一切重大消息。再者，如果内幕信息的知情人确实根据非公开信息进行交易而获利，那么这种行为便触犯了法律。诺贝尔奖得主保罗·萨缪尔森（Paul Samuelson）对有效市场的情形做过如下总结。

> 如果聪明的投资者总是"货比三家"，寻找很划算的股票价格，卖出他们认为将会被证明高估的股票，买入他们认为目前被低估的股票，那么，他们这样行动的结果将必然是当前的股票价格已将股票的前景在自身进行了折现。因此，对那些消极被动的投资者来说，他们自己若不主动寻找被低估或被高估的股票，呈现在他们面前的股价情况将是随便买入一只股票，较买入另外一只股票，基本上无所谓好坏。消极被动的投资者只需采取随机选股的策略，恐怕就能取得与使用任何其他选股方法一样的效果。

这是有效市场假说的一种表述。有效市场假说的狭义（弱式）有效形式认为，技术分析，即考察股票的过去价格，不能给投资者带来什么帮助。股价从一个时期到另一个时期的不断变动与随机漫步非常相似。有效市场假说的广义（半强式和强式）有效形式声称，基本面分析也无济于事。关于公司盈利和股利预期增长的所有已知信息，以及基本面分析师可能去研究的所有可能影响公司发展的有利和不利因素，都已经在公司的股价中得到了反映。所以，购买一只持有大型指数所有成分股的基金，可望获得与专业证券分析师管理的投资组合一样好的投资业绩。

有效市场假说，并不像有些批评家公开声称的那样，认为股价总是正确的。事实上，股价始终是错误的。有效市场假说表明，没有任何人确切知道股价是过高还是过低。有效市场假说也不认为，股价变动漫无目的、反复无常，且股价对基本面信息发生的变化不做反应。恰恰相反，股价以随机漫步的方式进行变动，其原因正是出于相反的观点。市场如此有效——价格在信息出现时变动得如此迅速，以致没有任何个体投资者能以足够快的速度进行买卖而从中获利。而且，实际信息的形成是随机的，也就是说，是不可预知的。通过研究过去的股价信息，或研究基本面信息，都无法预测实际信息。

传奇人物本杰明·格雷厄姆被誉为基本面证券分析之父，即便是他，也颇不情愿地下结论认为，人们再也不能依靠基本面分析来获得出色的投资回报了。就在他1976年去世前不久，有人引用他接受《金融分析师杂志》（*Financial Analysts Journal*）采访时的原话说："我现在已不再提倡为找到更好的投资机会，去运用精细复杂的基本面分析技术。以前，比如说40年前，我和多德合著的《证券分析》首次出版的时候，进行细致的基本面分析还是一件很有意义的事情。但是时过境迁，情况已今非昔比……（现在）我怀疑，再投入大量时间和精力分析基本面信息，是否能够选出好股票，足以让做出的努力值得付出……我现在支持'有效市场'这一派看法。"另外，彼得·林奇从麦哲伦基金退休后就承认说，多数投资者若投资于指数基金而非主动管理型基金，那么财务境遇会更好。传奇人物沃伦·巴菲特也赞同这样的观点。

第三部分

新投资技术

A RANDOM
WALK DOWN
Wall Street

第8章

新款漫步鞋：现代投资组合理论

……那些实干家自以为不受任何学理的影响，却往往是
某个已故经济学家的思想之奴隶；那些权威狂人自以为得天启
示，其狂想实则源自若干年前的某个三流学者。

——约翰·梅纳德·凯恩斯
《就业、利息和货币通论》

在本书前面的章节中，我阐述了市场专业人士用来预测股票估值
的理论，简言之就是坚实基础理论和空中楼阁理论。我们已看
到，很多学术界人士由于抨击这些理论，以及坚持认为依靠这些理论
不能获得超常收益，赢得了声誉。

随着研究生院像磨坊磨制面粉一样不断产出大量年轻有为的金
融学者，展开抨击的学者为数众多，看起来显然需要采取新的抨击
策略。于是乎，学术界开始忙着创立属于自己的股市估值理论。本
书的这部分内容，就是向你展示学术象牙塔里创造出来的"新投资
技术"世界。其中一个理论——现代投资组合理论（MPT），是新投

资技术世界的基本组成部分，在华尔街得到了广泛信奉。其他理论依然争论不断，继续为研究生提供论文素材，给他们的导师带来大量讲座收入。

本章主要阐述现代投资组合理论，该理论中的一些独到见解，将使你在可能获得更高投资收益的同时，降低投资风险。在第9章，我将讨论一些学者的主张，他们认为投资者通过承担某种风险便能提高投资收益。然后在第10章和第11章，我会谈到一些学者和市场专业人士提出的一些观点，他们下结论认为是心理而非理性统治着市场，并且市场根本不存在随机漫步这回事儿。他们争论说市场并非有效，有一些投资策略可以用来提高投资收益。这包括一些已在华尔街流行的"聪明的β"和"风险平价"策略，以及认为投资于认真履行社会责任的公司，便可以既能行善又能获得投资收益的观点。介绍完这些观点之后，我最后会证明，尽管有那么多批评家持有异议，在股市中，股票指数基金依然是获利最多且当之无愧的冠军，而且这类基金应构成所有投资组合的核心。

8.1　风险扮演的角色

有效市场假说解释了随机漫步存在的原因。该理论认为股市极善于根据新信息做出调整，因而谁也不能快人一步预测到股市的未来走向。由于专业投资者会采取各种行动，单只股票的价格便会快速反映所有可以获得的信息。因此，选对出色股票的可能性，或预计到市场总体方向的可能性，和选错或预计错误的可能性是均等的。你与类人猿、你的经纪人甚至我一样，我们猜测的结果均无甚差别。

"嗯，我觉得有点不对头。"塞缪尔·巴特勒（Samuel Butler）很久前这样写道。市场上有人在赚钱，有些股票的确比其他股票表现得好。有些人能够战胜市场，而且确实战胜了市场。这并非全靠运气。

对于这一点，很多学者表示同意，但他们认为，打败市场的办法不是运用胜人一筹的洞察未来的能力，而是承担更大的风险。只有风险能决定收益高于或低于市场平均水平的幅度。

8.2　风险的定义：收益率的离散度

风险是一个非常难以描述、难以捉摸的概念。连投资者都很难就它的精确定义达成一致，更甭说经济学家了。《美国传统词典》（*American Heritage Dictionary*）将"风险"定义为"遭受伤害或损失的可能性"。如果我购买利率为 2% 的一年期国债，并持有至到期，那么我基本上确信能获得 2% 的税前货币收益。在这种情况下，遭受损失的可能性很小，可视为不存在。如果我持有本地电力公司的股票，预计会获得 5% 的股利收益，那么我遭受损失的可能性就比购买一年期国债要大。公司的股利可能会削减，更重要的是，一年后股票市价可能较当初的买入价要低得多，会使我遭受很大的净损失。由此可见，投资风险是指预期证券收益不能实现的可能性，尤其是指你所持证券价格下跌的可能性。

对投资者而言，风险与未能实现预期证券收益的可能性相关，一旦学者接受了这个观点，对风险的测量自然而然就成了对未来收益可能的离散程度的测量。因此，一般而言，投资风险就被界定为收益的方差或标准差。虽然不免冗长乏味，但我们还是要用例子来说明一下这些概念。倘若一只证券的收益率可能偏离其平均收益率（或预期收益率），但偏离的程度不太可能很大，我们便说该证券携带的风险极小或该证券不携带风险。如果一只证券可能在不同年间收益率波动很大（通常在某些年份出现重大损失），我们便说这只证券富有风险。

举例说明：收益与风险的度量——预期收益率与方差

下面这个简单例子将说明预期收益率和方差的概念，并说明如何对它们进行度量。假设一个投资者买入一只股票，预期在不同经济形势下会获得如表 8-1 所示的总收益率（既包括股利也包括股价变动带来的影响）。

表8-1 不同经济形势下的预期收益率

经济形势	发生的可能性	预期收益率（%）
"正常"经济形势	1/3	10
无通胀的高速增长	1/3	30
伴随通胀的经济衰退（滞胀）	1/3	−10

如果平均而言，过去 1/3 的年份里经济形势"正常"，另有 1/3 的年份是无通胀的高速增长，还有 1/3 的年份里滞胀，那么，把过去经济形势出现的相对频度，当作未来可能发生的经济形势的最佳猜测值（概率），就可能是合理的。由此，我们可以说投资者预期收益率是10%。投资者在 1/3 的时间里获得 30% 的收益率，在另外 1/3 的时间里获得 10% 的收益率，在剩下 1/3 的时间里遭受 10% 的损失。这就意味着平均说来，投资者将获得 10% 的年收益率。

预期收益率 $=1/3 \times (0.30)+1/3 \times (0.10)+1/3 \times (-0.10)=0.10$

不过，年收益率的波动会很大，波动范围高至获利 30%，低至损失 10%。"方差"是收益率离散程度的一个测量值，它的定义是每种可能收益率与平均收益率（或预期收益率）之差的平方的加权平均。这个例子中的预期收益率刚才已算过，是 10%。

方差 $=1/3 \times (0.30-0.10)^2+1/3 \times (0.10-0.10)^2+1/3 \times (-0.10-0.10)^2$

$=1/3 \times (0.20)^2+1/3 \times (0.00)^2+1/3 \times (-0.20)^2=0.0267$

方差的平方根称为标准差，本例中标准差等于 0.1634。

用方差和标准差对风险离散度进行测量，不能使所有人都感到满意。"风险当然与方差没什么关系"，持批评态度的人说，"如果离散是源于意外之喜，也就是说，离散是由结果好于预期造成的，那么，任何脑瓜正常的投资者都不会说这是风险。"

当然，只有收益率出现下跌状况的可能性才构成风险，这一点是十分肯定的。不过，只要收益率的分布是对称的，换句话说，只要超常收益率出现的可能性与令人失望的收益率和损失出现的可能性大致相同，那么，离散度或方差用来测量风险还是堪当此任的。收益率离散度或方差越大，投资者遭遇失望结果的可能性也就越大。

尽管单只股票过去的收益率通常并不对称，但充分多样化的股票投资组合收益率至少是大致对称的。对于相当对称的收益率分布情况，有一个非常有用的经验法则：2/3 的月收益率往往落在平均收益率 ±1 个标准差范围内，95% 的月收益率落在 ±2 个标准差范围内。很显然，标准差越大（收益率分布得越广），至少在某些时期，你在市场上亏损的可能性也就越大（投资风险越大）。这正说明了标准差何以如此频繁地用来测量收益率的变动性，也说明了标准差作为风险指标的合理原因。

8.3 风险纪实：一项针对长期跨度的研究

在金融领域，文献记述最多的一个观点是：平均而言，投资者由于承担了更大风险，才获得了更多投资回报。这方面最为全面的一项研究考察了自 1926 年一直到 2020 年的数据。此项研究选取几种不同的投资工具——股票、债券和短期国债，对每一项每年增长或下降的百分比进行测量，收益率标准差可以据此计算出来。

这项研究结果表明，在长期，股票平均而言提供了相对丰厚的总收益率。包括股利和资本利得在内的股票收益率显著超过长期债券和短期国债的收益率，也大大超过以消费者价格年增长率衡量的通货膨胀率。由此可知，股票往往会提供正的"实际"收益率，也就是说，撇掉通货膨胀影响之后的收益率为正数。然而，长期数据也表明股票收益率的变动性非常大，从标准差以及年收益率范围可以看出这一点。股票收益率的变动范围很大，有的年份获利高达50%以上（1933年），有的年份则几乎产生同样比例的损失（1931年）。显而易见，投资者之所以能从股票中获得超额收益，是因为付出了代价，承担了比投资其他投资工具大得多的风险。请注意，小型公司股票自1926年以来提供的收益率还要高，但其收益率离散度（标准差）相对于股票整体也来得更大。由此，我们再次看到，更高收益率一直与更高风险密切相关。

在数个五年以上的期间内，股票带来了负数的收益率。1930～1932年，股市风雨如晦，对股票投资者来说日子极为难熬。20世纪70年代早期，股市带来的收益率也为负值。1987年10月，大型股市平均指数暴跌1/3，是自20世纪30年代至今股价在短期内变化最为剧烈的一次。至于21世纪头10年，以及2020年新冠疫情刚开始的时候，股票投资者对股市表现可以糟糕到何种程度，当然是记忆犹新。尽管如此，经过漫长艰苦的努力，投资者还是因承担更大风险收获了更多回报。不过，投资者可以利用一些方法来降低风险。这便为我们引出了现代投资组合理论的话题。该理论已对专业人士的投资思维带来了革命性变化。

8.4 降低风险：现代投资组合理论

投资组合理论的立论前提是：所有投资者都像我的夫人一样——

厌恶风险。他们想得到高收益和有保证的投资结果。该理论告诉投资者如何将股票纳入投资组合，以便与寻求的收益相对应的风险尽可能实现最小化。该理论也对一句存在已久的投资格言给出严格的数学证明，这句格言说的是，对于任何想降低风险的人，多样化都是应采用的一个明智策略。

投资组合理论由哈里·马科维茨（Harry Markowitz）于 20 世纪 50 年代创立。因为有此贡献，1990 年他获得了诺贝尔经济学奖。他的著作《资产组合选择》（*Portfolio Selection*）一书，是他在芝加哥大学攻读博士学位时博士论文的副产品。马科维茨经历颇为丰富，在加州大学洛杉矶分校（UCLA）教过书，在兰德公司（RAND Corporation）设计过一种计算机语言。他甚至还管理过一家对冲基金。马科维茨发现，可将具有风险性（波动性）的股票放在投资组合当中，使得投资组合整体风险小于其中所有单只股票的风险。

现代投资组合理论（MPT）中用到的数学知识晦涩难懂，令人望而生畏。数学应用充斥着各种学术期刊，顺便提一句，这也让很多学者忙个不停。不过，这对数学学科本身并没有带来哪怕是微小的进步。所幸的是，我不必带你穿越二次方程式迷宫，也可以让你理解这一理论的核心思想。用个简单例子，我就可以让一切清楚明了。

假设我们生活在一个孤岛经济体中，这里只有两家企业。一家经营大型度假胜地，拥有多个海滨浴场和网球场、一座高尔夫球场。另一家企业是雨伞制造商。天气状况会对两家企业的业绩产生影响：在阳光灿烂的季节，度假胜地生意兴隆，雨伞制造商则销量急剧下滑；在阴雨绵绵的季节，度假胜地会惨淡经营，而雨伞制造商会迎来销量和利润大幅上扬。表 8-2 显示了两家企业在不同季节创造的假想收益率。

表8-2 两家企业在不同季节里的表现

	雨伞制造商（%）	度假胜地（%）
雨水季节	50	−25
晴朗季节	−25	50

假设平均而言一半的季节风和日丽、一半的季节雨水不断（也就是说，晴季和雨季出现的概率都是0.5）。如果一位投资者购买雨伞制造商的股票，那他将发现全年有一半的时间他会获得50%的收益率，还有一半的时间亏损25%。平均下来，他全年将获得12.5%的收益率，这个收益率就是我们上面所说的投资者预期收益率。同样，投资度假胜地，他将获得相同的预期收益率。然而，投资于两家企业中的任何一家都有风险，因为收益率变动性很大，且可能连续出现晴朗季节，也可能连续出现雨水季节。

不过，假设一位持有2美元的投资者不只是购买一家企业的股票，而是进行分散化投资，用1美元购买雨伞制造商的股票，用另外1美元购买度假胜地的股票，那么，在晴朗季节里，投资于度假胜地的1美元将产生50美分收益，而投资于雨伞制造商的1美元会损失25美分。这位投资者的总收益将是25美分（50美分减去25美分），这个金额是2美元总投资额的12.5%。

请注意，在雨水季节所发生的情况一模一样，只是名称变一下而已。投资于雨伞制造商正好产生50美分收益，而投资于度假胜地正好损失25美分。这位进行分散化操作的投资者获得的总收益率还是12.5%。

上面这个简单例子说明了投资多样化的基本优势。无论天气状况如何，无论海岛经济会受到怎样的影响，投资者通过同时购买两家企业的股票分散投资，每年定能获得12.5%的收益率。让这个投资"游戏"奏效的窍门在于，尽管两家公司都有风险（收益率每年变动不居），但两家公司受天气状况的影响不一样（用统计学的术语来说，两家公司收益率的协方差为负数)$^{\ominus}$。只要经济体中单个公司的盈利状况之间缺乏一定的同向变动性，多样化投资就可以降低风险。在本例中，两个企业的盈利状况之间完全负相关（总是一家欢喜一家愁），因而多样化可以完全消除风险。

当然，世间任何事情都有困难之处，多样化投资方面的困难在于，多数公司的盈利状况在相当大程度上具有同向变动性。当经济衰退、人们失业时，失业的人可能既不会购买夏季度假服务，也不会购买雨伞。因此，在投资实践中，我们不应指望可以像刚才描述的那样，把所有风险都消除干净。不过话说回来，因为公司的盈利状况并非总是完全同向变动，所以投资于多样化股票组合，很可能比只投资于一两只单个证券风险要小。

本例所揭示的多样化投资思想，若要用于构建真实投资组合，是非常容易的。假设你正考虑购买福特汽车及其一家新型轮胎主要供应商的股票，以此构建一个投资组合。那么，多样化有可能使你大幅度降低风险吗？很可能不行。如果福特汽车销售额猛跌，那么它从轮胎制造商那里采购的新型轮胎就会减少。一般而言，倘若两家公司提供

$\ominus$　对于我所说的两只证券收益率之间同向变动的程度，统计学家用"协方差"这一概念进行衡量。我们假设用 R 表示来自度假胜地的实际收益率，用 $\bar{R}$ 表示相应的预期收益率或平均收益率，而用 U 表示来自雨伞制造商的实际收益率，用 $\bar{U}$ 表示相应的预期收益率或平均收益率，那么，我们可以把 U 和 R 之间的协方差（COV_{UR}）定义为：

$COV_{UR}=$ 雨季概率 $\times(U_{雨季}-\bar{U})\times(R_{雨季}-\bar{R})+$ 晴季概率 $\times(U_{晴季}-\bar{U})\times(R_{晴季}-\bar{R})$

我们将假设概率和收益率代入公式，就得到：

$COV_{UR}=1/2\times(0.5-0.125)\times(-0.25-0.125)+1/2\times(-0.25-0.125)\times(0.5-0.125)=-0.141$

只要两只证券的收益率同向变动（一只上升，另一只也上升；反之亦然），那么它们的协方差将是一个较大的正数。如果两只证券收益率的变化方向完全相反，正如本例所示，那么我们就说两只证券的协方差为负。

的收益率之间存在很高的协方差（高度相关），那么多样化策略便不会有多大帮助。

但是，如果把福特汽车股票与某经济萧条地区的一家政府承包商股票组合在一起，那么多样化可能会显著地降低风险。如果人们消费支出下降（或者油价大幅飙升），那么福特汽车销售额和盈利很可能会下降，整个国家失业率很可能上升。如果政府在高失业率时期习惯于向经济萧条地区提供承包合同（以减少那儿失业带来的部分灾难），那么福特汽车和这家承包商的盈利很可能不会同向变动。这样一来，两家公司股票的协方差便可能极小，或者更好的情况是协方差为负数。

这个例子可能看起来有点牵强，多数投资者会注意到市场遭受重创时，几乎所有股票价格都会下跌。不过，至少在某些时期，有些股票以及某些资产类别确实会逆势而动。换言之，这些股票和资产类别与市场之间的协方差为负数，或者说它们彼此呈负相关（两种说法意思完全相同）。

这里真正关键的一点是，为了获得多样化带来的降低风险这一好处，相关系数并非必须是负数。马科维茨对投资者的钱包做出了伟大贡献，他证明只要不是完全正相关，都可以潜在地降低风险。表8-3展示了他的研究成果。如表所示，增加一只证券或一个资产类别是否能降低风险，相关系数起着至关重要的作用。

表8-3 相关系数与多样化降低风险的程度

相关系数	多样化对风险的影响
+1.0	不能降低任何风险
+0.5	可以适度降低风险
0	可以消除相当多的风险
−0.5	可以消除大部分风险
−1.0	可以消除所有风险

8.5 投资实践中的多样化

莎士比亚的作品固然经典伟大，但我们在解读的时候，能否说它完美无瑕呢？换句话说，是否存在一点，多样化过了这一点便不再是保护投资收益的魔杖呢？众多研究已给出答案：存在。如图8-1所示，对于美国恐外症患者——惧怕将目光投向国外的人来说，股票投资组合内最优持股数至少是50只规模相当且充分多样化的美国本土股票（显然，50只石油类股票或50只电力事业类股票构成的投资组合，不太可能给投资组合风险带来同等程度的降低）。有了这样的投资组合，整个风险会降低60%以上。不过，好事也就到此为止了，再增加持股数目，风险也不会降低多少。

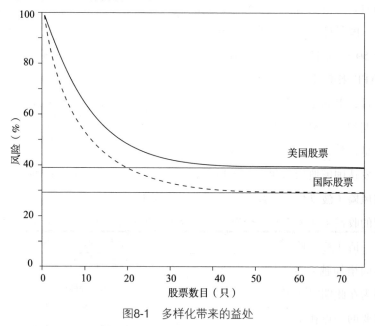

图8-1 多样化带来的益处

视野更为开阔的投资者认识到，自从马科维茨首次阐明投资组合理论以来，世界已发生了相当大的变化。这些投资者的投资较恐外者的投资可以获得更好保护，因为外国经济变动，尤其是新兴市场国家和地区的经济变动，并不总是与美国步调一致。比如说，油价和原材料价格上涨，对欧洲和日本都有负面影响，甚至对至少可以部分自给的美国也产生不利影响。然而，油价上涨给印度尼西亚以及中东产油国会带来非常积极的影响。同样，矿产及其他原材料价格上涨，会对自然资源丰富的国家如澳大利亚和巴西产生正面影响。

研究表明，对于具有全球思维的投资者来说，黄金组合数大约也是 50 只。不过，这些投资者为自己的资金找到了更多保护，图 8-1 清楚地显示了这一点。这里的股票不仅仅选自美国股市，还选自国际股市。研究的结果不出所料，国际性多样化投资组合，往往比仅选取美国股票的投资组合风险更小。

国际性多样化投资的好处历历可考。一项调查揭示了 1970～2019 年 50 年间实现的投资收益率。在此期间，外国股票（根据 MSCI EAFE 来衡量）实现的年均收益率略高于标普 500 指数中的美国股票。不过，美国股票更加安全，因为其年与年之间的收益率波动更小。在此期间，两种指数收益率之间的相关系数在 0.5 左右——这一数字虽然是正数，但也不算很高。投资者如果持有美国股票和 EAFE 股票（海外发达国家股票）构成的不同投资组合，那么相应地可以得到收益率与风险（波动性）的不同组合。如果只持有 EAFE 股票，那么可能实现的收益率和风险水平会更高（波动性更大）。

请注意，随着投资组合资产配置由百分之百的美国国内股票逐渐转向增加越来越多的国外股票，投资组合收益率也相应地逐渐提高，因为在此期间，EAFE 股票产生的收益率要略高于美国国内股票。不过，重要的一点在于，增加一些风险更高的国外股票，实际上降低了投资组合的风险水平——至少有一段时间如此。然而最终随着风险更高的 EAFE 股票在投资组合中所占比例越来越高，投资组合总风险也随着总收益的增加而上升。

上面分析的结果似乎有些矛盾，加入少量风险较高的外国股票之后，投资组合的总风险反而降低了。实际上，这并不矛盾。比如说，在日本汽车制造商在美国市场占有率上升期间，其股票提供的良好收益会抵消美国汽车制造商股票带来的不良收益。然而，当美元变得更富竞争力、日本和欧洲仍处于经济衰退中而美国经济繁荣发展之时，美国制造业公司股票提供的良好收益会抵消外国制造商股票带来的不良收益。正是这种对冲作用降低了投资组合的总体波动性。

结果表明，风险最小的投资组合由18%的外国股票和82%的美国股票构成。而且，向国内股票投资组合中加入18%的外国股票，也有提高投资组合收益率的趋势。从这个意义上说，国际性多样化提供了在全球证券市场可以获得的近乎免费午餐的好处。加入外国股票在使收益率提高的同时，还能让风险更小，任何投资者都不应对此视而不见。

有些投资组合经理声称，多样化已不再能给予以前那种程度的益处。全球化不但使美国股市与外国股市之间的相关系数上升，也使股票与大宗商品之间的相关系数上升。相关系数在21世纪最初的二十年里已有上升，尤其让投资者感到烦恼的是，当市场下跌时，相关系数尤其高。在2007～2009年全球信贷危机期间，所有市场都不约而同地下挫。2020年初，新冠疫情时，情形亦是如此。看上去，投资者无处可以藏身。无怪乎有些投资者开始相信，多样化似乎不再是一个减少风险的有效策略。投资组合经理爱说，在金融恐慌期间，唯一上涨的东西只有资产类别之间的相关系数。

随着时间的推移，美国股票与MSCI新兴市场指数之间的相关系数，以及美国股票与石油、金属等一揽子高盛商品指数（GSCI）之间的相关系数，已经上升，虽然上升幅度相对较小一些。但是，即便市场之间的相关系数已经上升，市场之间远非完全相关，所以广泛的多样化依然会降低投资组合的波动性。即使在有些时期，不同的股票市场会同步跌宕起伏，多样化仍然提供了令人满意的好处。人们提起 21 世纪最初十年时便普遍认为对美国股票投资者来说，这是"失落的十年"。这段时期结束时，发达国家的股市点位——美国、欧洲和日本的股市点位要么与这段时期开始时一样，要么低于初始水平。有些投资者将自己的投资组合限于持有发达国家的股票，未能获得满意的投资收益。然而，在这十年里，有些投资者还投资了新兴市场的股票（通过购买低成本、广泛多样化的新兴市场股票型基金，可以轻易地持有这类股票），因此享有了非常令人满意的股票投资表现。

例如，在 21 世纪最初十年，投资者若购买标普 500 指数股票，则会蚀本。但是，若投资大型新兴市场指数，就会获得很好的投资收益。总之，即便在这"失落的十年"当中，美国投资者倘若进行广泛的国际多样化投资，也会获得巨大的益处。

此外，事实证明，安全的债券在降低风险方面也有其价值。即使在 2008 年股市剧烈下跌期间，如果投资于巴克莱资本大型债券指数，获得一个广泛多样化的债券投资组合也会获得 5.2% 的投资收益，让资金在这场金融危机期间，也有一个藏身之地。作为一种有效的多样化投资类别，债券（以及本书第四部分将论及的与债券相似的证券）已证明了其价值所在。

总而言之，历久弥新的多样化操作在今天一如既往的是强有力的投资策略。在本书的第四部分，我将根据本章有关现代投资组合理论的分析讨论，为不同年龄段和不同风险容忍度的个人投资者，设计适当的资产配置。

第9章

不冒风险，焉得财富

用只在一半的时间里正确的理论指导实践，还不如用抛掷硬币的办法来得经济实惠。

——乔治·J. 施蒂格勒（George J. Stigler）

《价格理论》（*The Theory of Price*）

现在，每位读者应该都知道了有风险就有回报。基于这一道理，长期以来，无论学术界还是华尔街都争先恐后地利用风险以获取更大收益。本章所涵盖的内容是：创造测量风险的分析工具，并运用相关知识获取更大回报。

我们先概括地说一下现代投资组合理论。我在第 8 章已提到，该理论认为多样化投资不能消除所有风险——虽然多样化在我虚构的海岛经济体中消除了所有风险，因为所有股票价格往往齐涨共跌，同喜同悲。因此，在投资实践中，多样化只会降低部分风险，而不是所有风险。三位学者——斯坦福大学前教授威廉·夏普（William Sharpe）、已故金融学家约翰·林特纳（John Lintner）和费希尔·布莱克（Fischer

Black），将学术智慧聚焦于确定证券风险中哪些风险可以通过多样化消除、哪些风险不能消除。他们的研究成果便是著名的资本资产定价模型。夏普因对此工作有突出贡献，于1990年和马科维茨共同荣膺诺贝尔经济学奖。

资本资产定价模型背后的基本逻辑是承担多样化可以分散掉的风险，不会获得任何溢价收益。因此，为了从投资组合中获取更高的长期平均收益，你得相应提高组合中多样化不能分散掉的风险的水平。根据这一理论，聪明的投资者通过运用一种被称为 β 的风险测量工具来调整投资组合，就可以战胜市场。

9.1 β 与系统风险

β，一个希腊字母何以现身于这种讨论之中？无疑，这不是股票经纪人引入的。你能想象得出，会有哪个股票经纪人说"我们可以将任何证券（或投资组合）的总风险，合理地描述为该证券（或投资组合）收益率的总变动性（方差或标准差）"吗？不过，我们这些站在讲台的人倒常常这样说，并且还会说，在总风险或总变动性中有一部分可以被称为证券的系统风险，这种风险的产生源于两点：首先，一般说来，变动性是股票价格所具有的基本特征；其次，所有股票的价格会随大市起伏，至少在某种程度上是如此。股票收益中余下的变动性则被称为非系统风险，这种风险源于特定公司的特有因素，如罢工、发现新产品，等等。

系统风险，也被称为市场风险，记录单只股票（或投资组合）对市场整体波动的反应。有些股票和投资组合对市场变动非常敏感，而有些则更为稳定。这种因市场变动而具有的相对波动性或敏感性，可以根据过去的数据估算出来。算出的结果就用众所周知的希腊字母 β 来表示。

现在，你马上就会获知你以前想知道但又不敢开口询问的关于 β 的一切。从根本上说，β 就是对系统风险的数字描述。尽管其中涉及一些精巧的数学处理，但 β 测量法背后的基本思想，就是将一些精确的数字置于资金管理者多年来所具有的主观感觉之上。计算 β 值，实质上就是将单只股票（或投资组合）的价格变动与市场整体的变动做一个比较。

计算开始时，先将一个涵盖范围广泛的市场指数的 β 值设定为 1。如果某只股票的 β 值为 2，那么平均而言，这只股票的波动幅度就是市场的两倍。如果市场上涨 10%，那么这只股票往往上涨 20%。要是这只股票的 β 值为 0.5，那么当市场上涨或下跌 10% 时，它往往上涨或下跌 5%。专业人士常把 β 值高的股票称为激进型投资品，而给 β 值低的股票贴上保守型标签。

现在，有件重要事情你必须心里有数，就是系统风险不能通过多样化来消除。正因为所有股票都或多或少地沿着同一个方向变动，即它们的变动性中很大一部分是系统性的，所以即便是多样化投资组合，也有风险。的确，即使你通过购买整体股市指数（其 β 值定义为 1）来进行全面多样化，你的收益率仍然具有相当大的变动性（风险性），因为市场整体也会大幅波动。

非系统风险（亦称特有风险），是由特定公司的特有因素所引起的股票价格（进而引起股票收益）的变动。签订新的大额合同、找到新的矿源、劳资纠纷、会计欺诈、发现公司财务人员贪污公款等，凡此种种特有因素，都会使公司的股价独立于市场而发生变动。与这种变动相关的风险，才是多样化可以降低的风险。投资组合的全部要义在于，只要股票价格不总是同向变动，任何一只股票的收益变动往往会被其他股票的互补性收益变动所冲抵。

图 9-1 与图 8-1 相似，说明了多样化与总风险之间的重要关系。

假设我们为自己的投资组合随机选择股票，并且平均而言这些股票与市场整体具有完全相同的波动性（投资组合中所有股票的平均 β 值等于 1）。图 9-1 表明，当我们添入越来越多的股票时，投资组合的总风险便会下降，尤其是在开始添加的时候。

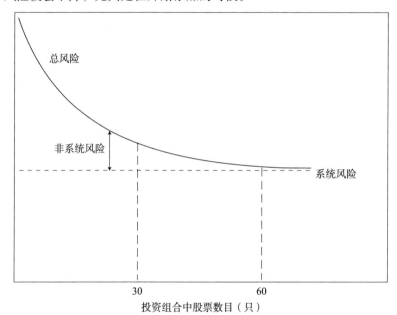

图9-1 多样化如何降低风险（投资组合风险，用收益率标准差表示）

当我们为投资组合选定 30 只股票时，大量非系统风险被消除了，而再进一步多样化，进一步降低风险的成效便很小。当投资组合中有 60 只广泛多样化的股票时，非系统风险基本上全被消除，同时，我们的投资组合（β 值为 1）实际上与市场同起同伏。当然，用平均 β 值为 1.5 的股票，我们也可以做同样的实验。我们将再次发现多样化会迅速降低非系统风险，但是，投资组合中余下的系统风险会更大。用平均 β 值为 1.5 的 60 只或更多只股票构建一个投资组合，其波动性会比市场高出 50%。

现在，我们要讨论论证中的关键一步。无论金融理论家还是金融从业人员都一致认为，投资者既然承担了更多风险，理应获得更高的预期收益作为补偿。因而，当人们感觉风险更大时，股票价格必须做出调整，以提供更高收益来确保所有股票都有人愿意持有。显而易见，没有超额的预期收益，厌恶风险的投资者不愿购买具有超额风险的股票。但是，在确定因承担风险而享有的风险溢价时，并非单只证券的所有风险都是相关因素。总风险中的非系统风险，通过充分适当的多样化，能够轻而易举地加以消除。因此，我们没有理由认为，投资者由于承担了非系统风险而会获得额外补偿。投资者从承担的所有风险中获得补偿的，仅为多样化无力消除的系统风险部分。所以，资本资产定价模型说的是，任何股票（或投资组合）的收益（和风险溢价）总是与 β 相关，即与多样化无法分散掉的系统风险相关。

9.2   资本资产定价模型

风险与回报有关，并不是什么新奇的观点。多年来，金融专家一致认为，投资者因承担更多风险，确实需要获得补偿。新投资技术的不同之处在于如何定义和测量风险。资本资产定价模型问世以前，人们认为每只股票的收益随着该股票内在总风险的变动而变动，还认为股票收益随股票所产生收益的变动性或标准差的变动而变动。新的投资技术理论则认为，每只股票的总风险并非相关因素。就超额收益而言，只有系统风险这部分才是至关重要的。

尽管新理论的数学证明高深难懂，其背后逻辑却颇为简单。我们思考这样一个情形：有组 1 和组 2 两组股票，每组有 60 只，假设每只股票的系统风险（β 值）为 1，就是说，两组中每只股票倾向于随市场同步上下波动。再假设由于组 1 中单只股票存在特有的影响因素，组 1 中每只股票的总风险显著地高于组 2 中的每只股票。我们可以想象一下，组1中的股票除了受一般市场因素影响之外，还会特别受到某些因素的影响，比如气候变化、汇率变动和自然灾害。因此，组1中每只股票的特有风险将会很高。假定组2中每只股票的特有风险很低，则其中每只股票的总风险会很低。将以上情形整理成表格，如表9-1所示。

表9-1　组1与组2股票的风险比较

组1（60只股票）	组2（60只股票）
每只股票的系统风险（β值）为1	每只股票的系统风险（β值）为1
每只股票的特有风险高	每只股票的特有风险低
每只股票的总风险高	每只股票的总风险低

现在，依据资本资产定价模型诞生之前人们普遍接受的旧有理论，由组1中各只股票构成的投资组合，其收益应高于由组2中各只股票构成的投资组合，因为组1中每只股票的总风险更高，而我们知道有风险就有回报。学者们在挥舞一番智识的魔杖之后，改变了这种想法。根据资本资产定价模型，这两个投资组合的收益应该相等。为什么？

首先，回想一下图9-1（健忘的读者可以再看一眼）。从该图中我们看到当投资组合中股票的数量接近于60只时，投资组合总风险便降至系统风险的水平。细心的读者会留意到表9-1中投资组合内的股票正好是60只。所有非系统风险基本上已被完全抵消，至于原因，比如说，一次意外恶劣天气造成的灾害被一次汇率的有利变动所抵消，凡此种种，不一而足。投资组合中剩下的风险只是由每只股票各自β值给定的系统风险。不过，在这两组中，每只股票的β值都是1，因此，尽管组1中股票总风险比组2中股票更高，由组1股票构成的投资组合与由组2股票构成的投资组合，在风险（标准差）方面，将表现完全相同。

新旧两种观点便在此正面交锋。按照旧有的一套估值方法，人们认为组1中的股票因风险更高而会提供更高收益；而资本资产定价模型认为，如果组1中的股票处于多样化投资组合之中，持有这些股票便不会有更多风险。的确，倘若组1中的股票提供更高收益，那么理性投资者便会偏爱组1中的股票而嫌弃组2中的股票，他们会力图重新调整自己的持股结构，以期从组1中捕获更高收益。但是，在这一过程之中，投资者会推高组1股票价格，拉低组2股票价格，直至出现他们不再想转换股票的均衡状态，此时，由每组股票构成的投资组合具有完全相等的收益，此收益与风险中系统性部分相关，而与包括非系统风险或特有风险的总风险无关。由于股票可以放在一起构建投资组合来消除特有风险，所以只有不能被分散的风险或系统风险才能要求风险溢价。投资者不会因承担可以分散掉的风险而获得报酬。这便是资本资产定价模型背后的逻辑。

资本资产定价模型（此后便称为CAPM，因为我们的经济学家爱用字母缩略词），其证明过程可以简要概括为：倘若投资者因承担非系统风险便获得了额外收益（风险溢价），那么结果就是，由具有大量非系统风险的股票构成的多样化投资组合，较由具有较少非系统风险的股票构成的风险水平相同的投资组合，会带来更大收益。投资者会争相抓住这个能够获取更高收益的机会，推高股价竞购非系统风险大的股票，同时抛售β值相等、非系统风险更小的股票。这一过程将会持续下去，一直到具有相同β值的股票的预期收益相等、投资者再也不能因承担非系统风险而获得任何风险溢价时为止。其他任何结果都将与有效市场的存在不相符。

这个理论包含的核心关系显示在图9-2之中。随着单只股票（或投资组合）的系统风险（β）不断增加，投资者可期待的收益率也不断上升。如果一位投资者所持投资组合的β值为0，比如他将全部资金投放在由政府担保的银行储蓄存单上（因为存单收益率完全不会随股票市场的波动而发生改变，所以 β 值为 0），那么这位投资者将会获得一个适中的收益率，一般称之为无风险利率。然而，随着投资者承担更多风险，收益率应会相应提高。如果投资者所持投资组合的 β 值为 1（比如持有一只投资于大型指数的基金时，β 值便为 1），那么他得到的收益率将等于股票提供的平均收益率。从长期来看，这个收益率已超过了无风险利率，但同时，这样的投资也是有风险的。在某些时期，这类投资的收益率比无风险利率要低得多，投资者不得不承受重大损失。这正是风险的含义。

图 9-2 表明，只要调整投资组合的 β 值，就可以得到不同的预期收益率。比如说，假设投资者将一半资金放在储蓄存单上，一半资金购买一只代表大型股市的指数基金。在这种情况下，他得到的收益率将介于无风险收益率与市场收益率之间，其投资组合的平均 β 值将是 0.5$^{\ominus}$。然后，根据资本资产定价模型，要想获得更高长期平均收益率，你就应提高投资组合的 β 值。投资者可以通过两个途径获得 β 值大于 1 的投资组合，要么买入 β 值高的股票，要么通过保证金交易买入具有平均波动性的股票（见图 9-2 及表 9-2）。

就像某些股票曾经大受欢迎一样，β 在 20 世纪 70 年代初也曾风靡一时。享有盛名的《机构投资者》杂志，本是将多数篇幅用来记录专业资金管理人的业绩，对 β 风潮也大为赞许，在一期封面上将 β 置于一座神庙顶端，第一篇文章标题就是"时尚 β——测量风险新方法！"。该杂志指出，一些资金管理人的数学水平都不超过多位数除法，现在也"带着统计学博士才有的激情，整天翻来覆去地说 β"。甚至连证券交易委员会也在它的《机构投资者研究报告》中，赞同把 β

⊖　一般而言，投资组合的 β 值就是投资组合内各项资产 β 值的加权平均数。

作为一种风险测量的方法。

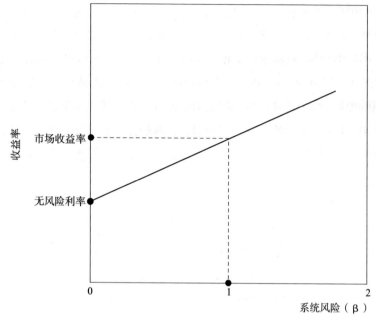

图9-2 资本资产定价模型中风险与收益的关系[⊖]

在华尔街，最早的 β 粉吹嘘说，他们只要买入一些 β 值高的股票，就可以获得更高长期收益率。自以为能把握市场时机的人，则认

⊖ 记得高中代数的人会想起来，任一直线都可用一个方程来表示。图中直线的方程如下：

收益率 = 无风险利率 + β × (市场收益率 - 无风险利率)

这个方程也可转换成风险溢价的表达式，换句话说，风险溢价等于任一股票组合或任一单只股票的收益率超过无风险利率的程度：

收益率 - 无风险利率 = β × (市场收益率 - 无风险利率)

这个方程的含义是，你在任何股票或投资组合上获得的风险溢价，直接随你接受的 β 值上升而上升。有些读者可能想知道，β 与我们讨论投资组合理论时说到的协方差这一关键概念之间有什么关系。实际上，从本质上说，任何股票的 β 值与根据历史数据测算的该股票与市场指数之间的协方差，完全是一回事。

为还有更高明的办法。他们认为市场向上走时，就买入 β 值高的股票，担心市场会下跌，就转而持有 β 值低的股票。为了迎合对这种投资新观点的热情追捧，经纪券商迅速开展大量 β 测量服务，对于它们来说，能够提供自己的 β 估计值是与时俱进的象征。如今，你既可以从美林之类的券商那里得到 β 估计值，也可以从诸如价值线公司和晨星公司之类的投资咨询机构那里获取 β 估计值。华尔街疯狂支持 β 的公司曾大肆贩卖自己的 β 产品，其情之狂纵，恐怕让致力于传播"β 真理"的最热心的三流学者也莫名惊诧了。

表9-2　投资组合构建举例[①]

要求的 β 值	投资组合构成	投资组合预期收益率（%）
0	1美元无风险资产	10
0.5	0.5美元无风险资产，0.5美元市场组合	$0.5 \times 0.1 + 0.5 \times 0.15 = 0.125$或12.5%[②]
1	1美元市场组合	15
1.5	1.5美元市场组合，其中0.5美元以10%的利率借入	$1.5 \times 0.15 - 0.5 \times 0.1 = 0.175$或17.5%

① 假设预期市场收益率为15%、无风险利率为10%。
② 我们也可以直接使用图9-2所给的公式得出预期收益率的数值：
收益率$=0.10 + 0.5 \times (0.15 - 0.10) = 0.125$或12.5%

9.3　让我们看一下记录

在莎士比亚历史剧《亨利四世》第一幕中，格兰道尔（Glendower）向郝茨勃（Hotspur）夸口说："我可以召唤幽深之处的魂灵。""是吗？我也行，谁都能做到，"郝茨勃不为所动地答道，"可你真的去接它们时，它们会来吗？"对于市场如何运行，任何人都可以提出自己的理论。资本资产定价模型不过是众多理论当中的一个罢了。真正重要的问题是，它管用吗？

确实有很多机构投资者欣然接受了 β 这个概念。但别忘了，β

毕竟是个学术产物。还有什么能比它更呆板呢？只是作为描述股票风险的一个数字被创造出来，看上去它几乎天生就不会产生预期效果。待在密室里的图表分析师喜欢它。即使你不相信 β，也得用 β 说话，因为在全美各地的大学校园里，我和我的同行们一直在源源不断地"制造"着博士和工商管理硕士，他们张口便说这个专业术语。他们现在把 β 当作一种方法，拿来评价投资组合经理的业绩。如果实现的收益率超过了根据投资组合 β 值预测的收益率，投资组合经理便被认为创造了超额收益（正阿尔法）。市场上有大量资金寻找可以带来最大阿尔法的投资组合经理。

但是，β 用来测量风险果真有用吗？是否真如资本资产定价模型所言，β 值高的投资组合与 β 值低的投资组合相比，会提供更好的长期收益？单单一个 β 就概括了一只证券的所有系统风险吗？或者说，我们还需要考虑其他因素吗？简言之，运用 β 就真的会获得阿尔法吗？这些都是金融从业人员和学术界人士争得面红耳赤的问题。在 1992 年公布的一份研究报告中，尤金·法玛（Eugene Fama）和肯尼斯·弗伦奇（Kenneth French）根据 1963～1990 年的 β 值，将所有有交易的股票进行了十分位划分。第一个十分位包含 β 值最低的 10% 股票，第十个十分位包含 β 值最高的 10% 股票。如图 9-3 所示，研究结果令人吃惊，在这些十分位投资组合收益率与其 β 值之间，实质上不存在任何关系。我在共同基金的投资组合收益率与其 β 值之间的关系上，也发现了相似的结果。在股票或投资组合收益率与其风险测量值 β 之间，确实不存在什么关系。

因为法玛和弗伦奇的研究涵盖了近 30 年的时间，涉及范围非常广泛，所以他们下结论认为，收益与 β 之间的关系本质上是非常淡薄的。β 这一资本资产定价模型中至关重要的分析工具，在把握风险与收益的关系上，并不是一个有用的测量工具。于是，到了 20 世纪

90年代中期，不但金融从业人员，甚至连很多学者，都愿把 β 当作废品扔进垃圾堆。那些早先曾记载 β 辉煌的财经媒体，纷纷以"β之死""拜拜了 β""β 败退"之类的标题发表专题文章。《机构投资者》杂志引用的一封信代表了时代对 β 的看法，来信者仅署名为"造诣精深的量化师"[⊖]。信的开头这样写道："眼下资金管理界风传一件惊天动地的大事，资本资产定价模型死了。"该杂志接着引述一位"弃暗投明的量化师"的话："高等数学之于投资，将如泰坦尼克之于帆船运动。"于是，构成新投资技术的全套工具，甚至包括现代投资组合理论都笼罩在一片疑云之中。

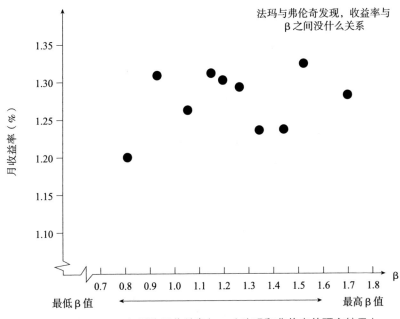

图9-3　1963～1990年平均月收益率与 β（法玛和弗伦奇的研究结果）

[⊖] 量化师（quant）是华尔街给喜欢进行量化分析的金融分析师起的绰号，他们特别关注新投资技术。

9.4 对证据的评价

我个人以为"弃暗投明的量化师"所持观点是错误的。找到资本资产定价模型的漏洞，并不会导致人们在金融分析中放弃使用数学工具，也不会导致人们重拾传统的证券分析方法。而且，现在金融界也不想立即给 β 写上一篇讣告。我想，因为存在很多原因，所以不能仓促下判断。

首先，很重要的是，要记住稳定的收益更加可取，也就是说，稳定的收益比波动很大的收益风险更小。显然，如果从钻井采油中获得的收益率与无风险政府债券带来的收益率完全一样，那么只有喜欢为赌博而赌博的人才会去钻井采油。倘若投资者真的毫不担心波动，数万亿美元的各类衍生证券市场恐怕也不会像现在这样火热。因此，用来测量相对波动性的 β ，至少还是抓住了我们通常所认为的风险的某些方面。再者，通过对过去的数据进行统计分析获得的投资组合 β 值，在预测未来相对波动性方面，确实表现相当不错。

其次，正如加州大学洛杉矶分校的理查德·罗尔（Richard Roll）所言，我们必须牢记在心，测量 β 要想获得精确值是十分困难的（实际上可能无法办到）。标普 500 指数并不是"市场"。整个股票市场还包括成千上万只其他美国股票，也包括更多外国股票。而且，整个市场中还有债券、房地产、大宗商品以及其他各种资产，比如包括我们每个人都拥有的最为重要的一种资产——由教育、工作和人生经验构筑的人力资本。你用不同的方法衡量"市场"，决定了你可能得到很不一样的 β 值。明尼苏达大学两位经济学家拉维·乔根纳森（Lavi Jagannathan）和王震宇（Zhenyu Wang）发现，如果市场指数（我们通过它来测量 β 值）被重新界定成包括人力资本，并且 β 被允许随经济周期性波动而变动，那么对资本资产定价模型以及 β 作为收益预测工具的支持就非常强了。

　　最后，投资者应该认识到，即便 β 与收益之间没有多大长期相关关系，β 仍然可以是一种有用的投资管理工具。假设低 β 值股票的确可靠地提供至少与高 β 值股票一样的收益率（这确实是个很大的假设），那么 β 作为一种投资工具，甚至比资本资产定价模型（如果它有效的话）所认为的更有价值。投资者应该挖掘低 β 值股票，在获得相对于市场整体来说同样有吸引力的收益时，可以承担少得多的风险。而那些确实希望通过承担更高风险以追求更高收益的投资者，应该通过保证金交易买入并持有低 β 值股票，这样既增加了风险也提高了收益。在第 11 章，我们将看到为实现这一目的而设计的一些"聪明的 β"策略和"风险平价"策略。不过，有一点非常清楚，按通常方式测出的 β 值并非大脑替代品，不能作为未来长期收益的简单预测工具来依靠。无论怎样，据我判断，说 β 已彻底死亡的报道来得过早了。

9.5　量化分析师寻求更优风险测量方法：套利定价理论

　　如果说 β 作为测量风险的一种有效数量工具已遭到破坏，是否有什么东西可以取而代之呢？斯蒂芬·罗斯（Stephen Ross）是风险测量领域的先驱之一，他发展了一套关于资本市场定价的理论，该理论被称为套利定价理论（APT）。要理解套利定价理论的逻辑，我们必须记得资本资产定价模型有一个最重要的正确观点：在投资者承担的风险中，只有多样化不能消除掉的风险才应获得补偿。只有系统风险才能要求得到风险溢价。但是，对特定股票和投资组合来说，影响其风险的系统性因素过于复杂，β 的测量值可能无法对这些因素加以反映——股价变动往往与市场变动或多或少有所偏离。因为任何特定的股票指数都不能完全代表市场整体，所以这种偏离尤其会发生。因此，

β 可能无法反映若干重要的影响风险的系统性因素。

我们看一看影响风险的系统性因素中的其他几个因素。国民收入的变动，可能对单只股票带来的收益产生系统性影响。我们在第 8 章举例说明的简单海岛经济体就属于这种情况。而且，国民收入的变动也映射了个人收入的变动，因此，我们可以预期证券收益与薪资收入之间的系统性关系会对个人行为产生重大影响。比如说，福特汽车某工厂的工人会发现持有福特汽车的股票风险特别大，因为遭到解雇和福特汽车股票带来的收益下跌可能同时发生。国民收入的变动也可能反映其他形式财产收入的变动，因而对机构投资者的投资组合经理来说也可能是相关因素。

利率的变动，也会对单只股票带来的收益产生系统性影响，也是多样化投资不能分散掉的重要风险因素。利率上升时，股价往往会受到打击。从这个意义上讲，股票也是一种风险投资品，而易受一般利率水平上升冲击的股票，更是富有风险。因此，有些股票与固定收益投资品往往同向变动，这类股票也就无助于降低债券投资组合的风险。由于固定收益证券是很多机构投资者投资组合的重要组成部分，所以，利率变动这一系统风险因素对市场中一些最大机构投资者来说尤其重要。

通货膨胀率的变动，往往也会对股票带来的收益产生系统性影响。原因至少有两点：第一，通货膨胀率上升往往导致利率上行，因而如刚才所讨论的，往往会导致某些股票价格下跌；第二，通货膨胀率上升可能会压低某些行业里公司的利润率。比如说，公用事业公司经常发现费率的提高滞后于成本的上升。但是，通货膨胀可能会让自然资源行业的股票价格受益。这再一次说明了在股票收益与经济变量之间存在着重要的系统性关系，而单靠简单的 β 来测量，经济变量可能无法充分反映出来。

以上几个系统风险变量对证券收益的影响，已用统计方法加以检验，检验显示影响或多或少是存在的。除了运用传统的 β 测量法之外，还可以运用若干系统风险变量如对国民收入、利率、通货膨胀率变动的敏感性对风险进行测量，可以比资本资产定价模型更好地解释不同证券之间的收益差异。当然，资本资产定价模型中 β 测量法遇到的问题，有一些也让套利定价风险测量法深受困扰。

9.6 法玛-弗伦奇三因素模型

尤金·法玛和肯尼斯·弗伦奇为了思考风险问题，提出一个类似套利定价理论的三因素模型（见表9-3）。他们除了使用 β 之外，还使用两个因素来描述风险。这两个因素源自他们所做的实证工作，那些实证工作显示收益与公司规模（以市值衡量）相关，也与市净率相关。法玛和弗伦奇认为，相对而言，规模较小的公司更有风险。一个可能的解释是，这类公司在经济衰退期间要撑持下去，会更加不易，因而对于 GDP 的波动，可能会有更多系统风险。法玛和弗伦奇还认为，市净率低的股票在某种程度上会有"财务困难"。这些观点引起了激烈辩论，并非人人都认为法玛 - 弗伦奇三因素模型衡量出了风险。但毫无疑问，在 2009 年初，当时大型银行股票都以很低的市净率在交易，我们很难说投资者不认为它们有破产倒闭的风险。有些人即便认为低市净率股票由于投资者不理性会提供较高收益率，也觉得法玛 - 弗伦奇三因素模型不无益处。

表9-3　法玛-弗伦奇衡量风险的三因素

β	来自资本资产定价模型
规模	由股票总市值来衡量
价值	由市净率来衡量

9.7 多因素角度解释股价差异

法玛－弗伦奇三因素模型产生了一组范围更广的因素，可用来解释不同股票之间的收益差异，或许还可用来构建投资策略。例如，持续存在利润的盈利能力强的公司，往往在未来是经营成功的公司。与"盈利能力"因素相关联的，是所谓的"公司品质"因素，包括盈利稳定、经营杠杆率和财务杠杆率很低。尽管盈利能力和公司品质都不能视为衡量风险的标准，但这两个因素均能有力地预测阶段性股票收益。另一个非常有用的因素是股价运行势能，即价格表现相对较强的股票继续产生良好收益的趋势。虽然有人还建议加入其他一些因素，但是，几乎所有多样化投资组合的收益差异，都可以用以上描述的因素加以解释。现在，多因素分析模型已被广泛使用，以衡量投资表现和设计"聪明的 β"投资组合，对此我们将在第 11 章进行讨论。

9.8 小结

第 8 章和第 9 章，是就资本市场现代理论展开的一次学术训练。股票市场看来是一个有效系统，可以非常迅速地根据新信息进行调整。无论是研究股价过去走势的技术分析，还是研究单个公司和宏观经济前景这些基本信息的基本面分析，似乎都不能产生持久收益。如此看来，要获得更高长期投资收益，唯一出路就是承担更多风险。

遗憾的是，并不存在完美的风险测量方法。资本资产定价模型采用的 β 测量法，从表面上看挺不错，是一种简单且容易理解的测量市场敏感度的方法。但很可惜，β 也有缺陷。在 20 世纪各个长期时段里，β 与收益率之间的关系实际上和资本资产定价模型理论上所显示的并不相符。而且，单只股票的 β 值在长时间里也不稳定，对据以测量 β 值的市场指数非常敏感。

我在此已给出理由说明，任何单一测量方法都不太可能充分恰当地捕捉各种系统风险因素对单只股票和投资组合产生的影响。股票收益对整个股票市场的波动、对利率和通货膨胀率的变动、对国民收入的变动，毫无疑问还有对其他经济因素如汇率的波动，都很可能会非常敏感。一些证据显示，市净率较低、公司规模较小的股票会带来更高收益。其他因素，如盈利能力和股价趋势，看上去也会发挥一定作用。神奇而完美的风险测量方法依然不为我们所掌握。

那些不发表研究成果便前途晦暗的助理教授可以大大松一口气了，因为在学术界仍然存在着诸多关于风险测量的争论，更多实证检验还需要他们去完成。毋庸置疑，风险分析技术仍将有很多进步空间，风险测量的定量分析技术离死期也还远得很。我猜想，未来的风险测量方法和因素衡量标准会更加复杂和成熟，而不会比现在的更加简单和粗糙。无论如何，我们一定要当心，不能将 β 或任何别的测量方法当作捷径来评估风险，并确定地预测未来收益。你应当了解新投资技术中现代投资技巧的精华——它们有时可能会提供帮助。但永远也不会出现一个俊美的精灵来解决我们所有的投资难题。退一步说，即使他现身了，大概我们也会把事情弄糟，就像资本监护信托基金（Capital Guardian Trust）的罗伯特·柯比（Robert Kirby）在下面一则他最喜欢的故事中描述的矮小老妇人一样：

> 她坐在养老院门廊上的摇椅里，突然一个小精灵闪现在眼前，对她说："我已决定，准许你实现三个愿望。"
>
> 矮小的老妇人应道："滚开，你这讨厌鬼！这一生中需要见的聪明人，我全都见过了。"
>
> 精灵回答说："听着！我可不是说着玩儿。这是真的。让我试试。"

她耸耸肩说:"好吧,试试。把我这摇椅变成纯金做的。"

一阵青烟过后,精灵做到了。老妇人显然来了兴趣。她说:"把我变成年轻貌美的未婚女子吧。"

一阵青烟过后,精灵又做到了。最后,老妇人说:"那么,我第三个愿望是把我的猫变成年轻英俊的王子。"

一眨眼,年轻的王子出现了,他转过脸问老妇人:"你把我阉了,现在不觉得后悔吗?"

第10章

行为金融学

行为金融学并非传统主流金融学的一个分支，它在更好地描述人性方面取代了传统主流金融学。

——迈尔·斯塔特曼（Meir Statman）

到现在为止，我们已阐述了有关股票市场的理论和技术，这些理论和技术都建立在投资者行为完全理性这一前提之上。根据这些理论和技术，投资者做决策时，目标是实现财富最大化，他们只受风险承担能力的约束。非也！一批新派金融学家如此宣称。21世纪初的几年间，这些行为金融学家开始崭露头角。他们认为很多（甚至是多数）股市投资者的行为根本谈不上完全理性。你的朋友和熟人、你的同事和上司、你的父母，不妨加上你的配偶（当然，孩子是另一回事），想想这些人的行为吧。这些人中有谁的行为是理性的吗？如果你的回答是"没有"，或者是"也有不理性的时候"，你会很乐意踏上下面一段旅程，在行为金融学开辟的"不那么理性"的小径上领略一番。

有效市场理论、现代投资组合理论，以及论述风险与收益之间关系的各种资产定价理论，全都建立在股市投资者行为理性这一前提之上。总体而言，投资者会对股票的现值进行合理估计，因而他们的买卖行为确保了股价可以公允地反映股票的未来前景。

到现在应该很清楚了，"总体而言"这个说法正是这些经济学家的"逃生舱口"。这意味着他们可能承认有些单个市场参与者可能根本就不理性。但他们很快又找到了理由，宣称非理性投资者的交易总是随机出现的，因而会相互抵消，不会对股价产生什么影响。再者，有效市场假说的信奉者断言，即便投资者以相似的方式表现出了不理性，精明而理性的交易者总会来修正因非理性交易者的存在而产生的误定价现象 ⊖。

心理学家可不愿接受经济学家的这些胡言乱语。尤其是丹尼尔·卡尼曼（Daniel Kahneman）和阿莫斯·特沃斯基（Amos Tversky），他们猛烈抨击经济学家关于投资者如何作为的观点，并在攻击的过程中创立了一个全新的经济学流派，这个流派就称为行为金融学。

这两位学者旗帜鲜明地亮出观点：人们并非像经济学模型假设的那样理性。别看对一般大众以及非经济学家来说，这个观点是一句大实话，但在学术界被广泛接纳，却用了20余年的时间。就在这个观点逐渐赢得越来越多的信任时，特沃斯基于1996年去世。卡尼曼因在这方面做出了贡献，于6年后荣获诺贝尔经济学奖。经济学奖居然没有颁给经济学家，这就特别引人关注。卡尼曼一听说获奖，就发表感言："这个奖项……再清楚不过了，是颁给我们两位共同参与研究的人，但很可惜，按照惯例，人去世了不能得奖。"

卡尼曼和特沃斯基阐明的一些真知灼见影响了涉及决策过程的所

⊖ 误定价现象是指证券市场价格偏离反映证券未来前景的坚实基础价值的现象。——译者注

有社会科学，给全美各地大学经济学系和商学院带来的影响尤为强烈。毕竟，有了一个全新的领域可以让人发表文章、赚取高额讲座费，还可以让人撰写硕士和博士论文。

这对教授和学生可能很好，但对这个世界上想投资股票的其他人有什么好处呢？行为金融学能给他们什么样的帮助呢？说得更直接些，你能从行为金融学那里得到什么呢？事实上，的确有不少见解值得汲取。

行为金融学家认为市场价格很不准确。而且，人们的行为与理性在一些方面存在着系统性偏离；投资者的非理性交易往往是相互关联的。行为金融学进一步断言可以量化这样的非理性行为，或对这样的非理性行为进行分类。大致说来，有四种因素使非理性的市场行为得以存在，这些因素是：过度自信、判断偏差、羊群效应、损失厌恶。

不错，听起来挺好。信奉有效市场假说的人这样说。但是（我们这些有效市场假说的信奉者总会说"但是"）这些因素造成的扭曲行为会被套利交易者的行为抵消。"套利交易者"这个别致的词语是用来描述这样一类人：只要市场价格偏离其理性价值，他们就会进行交易从中获利。

从严格意义上说，"套利"这个词的意思是从同一商品在两个市场上的不同价格之中获取利益。假设在纽约可以按 1.5 美元兑 1 英镑的价格买进或卖出英镑，而在伦敦可以按 1 英镑兑 2 美元的汇率交易美元，套利交易者就会在纽约拿 1.5 美元买进 1 英镑，同时在伦敦以 2 美元的价格卖出 1 英镑，这样便可以赚到 50 美分的利润。同理，如果一只股票在纽约和伦敦的交易价格不一样，那么，在价格便宜的市场买进这只股票，并在价格高的市场卖出它，就是非常合理的事情。"套利"这个术语已扩展应用到这样的情形：两只很相似的股票以不同的估值进行交易，或者如果两家公司计划中的并购交易获准通过，一只股票预期将以更高的价格来交换另一只股票。从最不严格的意义上说，"套利"这个术语是用来描述买入看上去"价值低估"的股票，卖出价格已涨得"太高"的股票。在这样的买卖过程中，辛勤操作的套利交易者可以抹平非理性的股价波动，从而创造出有效定价的市场。

然而，行为金融学家则认为存在着大量阻止有效套利的障碍。我们无法指望套利行为会使价格与理性估值保持一致。股票价格可能严重偏离有效市场假说所预期的价格。

本章以下内容将探讨行为金融学给出什么样的关键论据，来说明市场何以并非有效、在华尔街为何根本就不存在"随机漫步"一说。我也会解释，了解行为金融学理论对使投资者免于犯下一些容易犯下的系统性错误，有什么样的帮助。

10.1 个人投资者的非理性行为

本书第一部分极为清楚地表明，投资者总会有不理性的时候。然而，行为金融学认为，非理性行为是持续不断的，并非阵发性的。

10.1.1 过度自信

认知心理学研究者已证实，人们在不确定的情形下做判断时，会有一些方面与理性产生系统性偏差。这些偏差中最普遍的一种是，人们往往对自己的信念和能力过于自信，对未来的评估过于乐观。

有一类实验说明了这种综合征的存在。实验时，主试询问一大群被试中的每一位，与被试群的平均水平或街上每一个会驾车的人比起来，其驾车能力如何。驾车显然是一种有风险的活动，驾驶技能在其中起着重要作用。对这一问题给出的回答会很轻易地揭示，人们在和其他人进行比较时，是否对自己的技能有切合实际的认识。就大学生而言，在对他们进行实验后发现，总是有80%～90%的实验对象说自己比同班其他同学在驾车方面水平更高，也更安全。就像在小镇沃比根湖（Lake Wobegon）[⊖]中一样，（几乎）所有学生都自认为高于平均水平。

在另外一个涉及学生的实验中，实验对象被问及他们自己和室友的将来可能会有怎样的结果。他们一般都认为自己的未来很美好，想象着将来会事业有成、婚姻幸福、身体健康。然而，当叫他们猜想室友的未来时，他们的回答就实际得多了。他们相信室友嗜酒成瘾、罹患疾病、婚姻破裂、遭遇其他各种人生不顺之事的可能性比自己都大得多。

这类实验在不同情境下已进行了很多次。比如，在工商管理畅销书《追求卓越》（*In Search of Excellence*）中，彼得斯和沃特曼描述过一个实验。实验从成年男性中随机抽样，让他们就与他人相处的能力做出等级评价。100% 的实验对象将自己划在样本总体中相处能力较强的 50% 之内。25% 的人认为他们处于样本总体最强的 1% 之中。在判断体育运动能力时，对于这样一种似乎更难做出自欺欺人判断的能力，至少有 60% 的男性实验对象将自己划在最优秀的 25% 之列。即使是最笨手笨脚的人也自己骗自己，认为自己运动能力不赖。只有 6% 的实验对象相信自己在中等水平以下。

丹尼尔·卡尼曼指出，这种过度自信的倾向在投资者中表现得尤为强烈。与其他多数人群比起来，投资者往往更会夸大自己的技能和技巧，否认机会和运气的作用。他们会高估自己的知识水平，低估有关风险，夸大自己控制局面的能力。

⊖ 美国某公共广播电台的一个节目中有个很受欢迎的单元，叫作"来自沃比根湖的新闻"。在节目中，主持人会报道一周来他的故乡沃比根湖又发生了什么奇闻趣事。这个地方实际上是一个假想的小镇，这里的"女人都很强，男人都长得帅，小孩都有中上之资"。不过听过几次就会知道各种可笑的事情层出不穷，其实该镇的居民也没好到哪里去。——译者注

卡尼曼的实验显示，通过询问实验对象的置信区间，可以了解投资者的概率判断会有怎样的校准度。他曾向实验对象提过这样的问题：

> 自今日起的一个月后，你对道琼斯指数点位的最佳估计值是多少？接下来，选取一个高点位，让你有99%的把握相信（但不是绝对相信）道琼斯指数自今日起的一个月后将低于该高点。再接下来，选取一个低点位，让你有99%的把握相信（但相信程度不高于此）道琼斯指数自今日起的一个月后将高于该低点。

如果你按照指示好好地回答了问题，那么道琼斯指数将比你估计的高点更高的概率应仅为1%，比你估计的低点更低的概率也应仅为1%。换句话说，投资者应该有98%的把握相信道琼斯指数点位将落在他给定的范围之内。对利率、通胀率、单只股票价格等，也已进行了同样的提问。

事实上，鲜有投资者能够设置准确的置信区间。准确的置信区间本应导致实际结果仅在2%的时间里会超出预期范围。而实际结果超出预期范围的意外情况，其发生时间通常接近20%。这就是心理学家所说的过度自信。如果一位投资者告诉你他有99%的把握，那么假设他只有80%的把握，他的境遇会更好。这样的精确度意味着人们根据自己的预测所冒的风险往往比有合理解释的情况下更大。另外，一般而言，男性表现出的过度自信比女性多得多，尤其在涉及钱财管理上的高超技能时，更是如此。

从这些研究中我们该得出什么结论呢？显而易见，人们在自己做预测时设置的置信区间太过精确。他们夸大自己的技能，对未来的看法太过乐观。在股票市场上，这些偏差会以各种方式体现出来。

首先最重要的是，很多个人投资者错误地确信自己能够战胜市场。结果，他们会过度投机，过度交易。两位行为金融学家特伦斯·奥迪恩（Terrance Odean）和布莱德·巴布尔（Brad Barber），研究了取自一家大型佣金折扣经纪券商在很长一段时间内的个人交易账户。他们发现，个人投资者交易越多，投资表现越差。而且，男性投资者比女性投资者交易频繁得多，投资结果也相应地更加糟糕。

在一项最新研究中，巴布尔、黄、奥迪恩和施瓦茨，检视了在Robbinhood交易软件上买卖股票的个人投资者行为。结果表明，该软件用户买入最频繁的股票，其绝对收益和相对收益均为负值。他们买入的股票，相对于市场整体收益，在次月产生了大约5%的亏损。

这种理财技能错觉很可能是由另一个心理学发现造成的，该发现被称为后见之明偏差。这样的偏差是靠选择性记忆得以维持的。你会记得那些投资。事后想来，你很容易就让自己确信你"本来就知道谷歌在首次公开发行后，股价立马会飙升3倍"。人们倾向于将好的结果归因于自己的能力，而辩解说不好的结果由不寻常的外部事件造成。两三件成功的趣闻逸事，总是比一般的经历更能让我们动心。事后聪明会使过度自信更加膨胀，并让幻觉潜滋暗长，以为这个世界比其实际好预测得多。即使是那些贩卖毫无价值的理财建议的人，也可能认为自己提出的建议非常好。《福布斯》杂志的出版商史蒂夫·福布斯（Steve Forbes）对此了解得更为透彻，他曾引用过一条建议。这条建议是他尚在祖父膝下玩耍时祖父送给他的："贩卖建议比接受建议赚的钱多得多。"

很多行为金融学家认为，投资者过度自信有能力预测公司的未来增长性，导致所谓增长型股票普遍具有被高估的倾向。如果令人兴奋的新型计算机技术、医疗器械和经销渠道能激发大众的想象力，那么投资者通常会推断相关公司将获得成功，预测它们将拥有很高的增长率，而且投资者对这些想法所持有的信心，比在合理预测的情况下要大得多。高增长预测会使增长型股票的估值更高，但这些对未来充满希望的美妙预测常常会落空。公司的盈利可能下降，因而股票市盈率也可能下滑，继而导致投资绩效非常糟糕。因此，在对令人兴奋的公司进行增长预测时表现出来的过度乐观，可能是行为金融学家认为增长型股票往往表现逊于价值型股票的一个原因。

10.1.2 判断偏差

每天，我都会遇到这样的投资者，他们确信有能力"控制"自己的投资结果。图表分析师尤其如此，他们深信通过查看以往股价就能预测未来。

拉里·斯韦德罗（Larry Swedroe）在他撰写的《非理性时代的理性投资》（*Rational Investing in Irrational Times*）一书中举了个极好的例子，说明连续好运或连续不顺出现的次数远远多于人们的想象。

　　每年给学生讲课时，一位统计学教授在新课伊始，就让各位同学写下自己想象中连续抛掷硬币 100 回依次出现的结果。不过，教授会选一个同学实际抛掷硬币，并让其记下投掷结果。然后，教授离开教室。15 分钟后，教授返回，同学们的结果已放在她的讲台上。她告诉全班同学，她只要猜一次，就能从交上来的 30 份结果中，辨出实际投掷硬币的那个结果。经过一番辨认之后，她正确无误地一次猜准，全班同学都惊叹不已。这看起来非常神奇，她是怎样做到的呢？原来，她知道，连续出现 H（正面朝上）或 T（反面朝上）最多的结果极有可能是实际投掷硬币的结果。原因是这样：当提出 HHHHHTTTTT 或 HTHTHTHTHT 哪一个序列更可能出现这样的问题时，尽管统计学表明两个序列出现的可能性完全相同，但多数人会挑选"更加随机"的后者。因此，他们写下的想象中的序列，看起来往往更像 HHTTHTHTTT 而不像

HHHTTTTHHHH。

撇开股市长期向上的趋势不谈，连续出现股票收益过高的情形并
不会持久，这之后的未来收益一般而言会走低。均值回归总是存在。
同样道理，金融万有引力定律也会反向起作用。至少对股市总体来说，
跌下去的终究会涨回来。然而在各个时代，人们典型的普遍看法却是
认为异乎寻常的好行情总会更好，非同一般的糟糕行情总会更加糟糕。

心理学家早已发现，个体往往会受到错觉的欺骗，对实际上并不
具有控制力的局面，错误地以为具有一定的控制力。在一项研究中，
实验对象坐在计算机屏幕前，屏幕被一条水平线一分为二，一只球在
屏幕的两个半区上下随机跳动。实验对象分到一个按压装置来向上移
动小球，同时也收到警示，屏幕的随机震动也会影响小球，使他们无
法做到完全控制。然后，实验对象被要求做一个游戏，游戏的目标是
让小球尽可能长时间地被控制在屏幕上半区。在一组实验中，按压装
置甚至都没与小球连接上，因而这些玩游戏的实验对象根本无法控制
小球的运动。尽管如此，玩了一段时间之后，当实验对象被问起时，
他们都确信自己对小球掌控得非常好（未受此错觉影响的实验对象，
只有那些已被医生诊断为患有严重抑郁症的人）。

在另一项实验中，研究者使用两副完全相同的棒球牌在办公室内
进行摸彩游戏。一副牌放在一个贮藏箱里，其中一张牌将被随机拿出。
另外一副牌发给参与摸彩的人，一半参与者自主选择一张牌，另一半
参与者直接被发一张牌。主持实验的人告知参与者，中彩者将是手上
持有的牌与从箱中随机拿出的一张牌相匹配的人。然后，又告知每个
参与者，虽然所有的牌都已发出，但有位新来的参与者想购买一张牌。
这样一来，参与者面临的选择是：要么以某一商定的价格卖出手中的
牌，要么将牌一直留在手中并希望中彩。显然，每张牌中彩的概率都

一样。然而，参与者愿意卖出手中牌的价格，对于自己选牌的人来说，却系统性地高于直接被发牌的人。从这类实验结果中获得的启发，使州彩票发行人决定让州内彩民自行选择号码，尽管是否中彩只是运气在发挥作用。

正是这种控制错觉，可能引导投资者看见实际上根本不存在的趋势，或者使其相信能够发现某个能预测未来股价的股价运行模式。实际上，尽管有人不辞辛苦，从股价数据中梳理出某种形式的可预测规律，但从一个时期到另一个时期，股价走势却非常接近于随机漫步，未来的股价变动与过去的股价变动之间实质上并不相关。

判断偏差会因人们具有某种倾向而得到强化（要有心理准备，下面还会涉及一些专业术语），这种倾向就是人们往往错误地用"相似性"或"代表性"来代替合理的概率性思考。卡尼曼和特沃斯基设计的一个著名实验就说明了这种"启发式"。实验对象先看到关于对琳达的以下描述：

> 琳达 31 岁，单身，心直口快，非常聪慧。她的本科专业是哲学。在学生时代，她极为关心歧视和社会公正问题，也参加过反核示威游行。

然后，实验对象被要求做一个评估，说出关于琳达的八个不同陈述合乎事实的相对可能性。其中有两个陈述是："琳达是银行出纳员"和"琳达是银行出纳员，她积极参与女权运动"。超过 85% 的实验对象判断"琳达既是银行出纳员又是女权主义者"的可能性，要高于"琳达是银行出纳员"。但是，这种回答违反了概率论的一个基本法则（合成规律）：某人既属于 A 类又属于 B 类的概率小于或等于她只属于 A 类的概率。显而易见，没多少实验对象学过很多概率论的内容。

对琳达的描述使她看起来像一个女权主义者，因此"既是银行出

纳员又是女权主义者"的陈述，显得更像是一个自然而然的描述，比
"只是银行出纳员"的陈述更能代表琳达。这个实验已反复进行过多次，
涉及的实验对象既有幼稚型的也有成熟型的（包括在概率论方面有所
学习，但未探究其所有细微之处的实验对象）。

卡尼曼和特沃斯基想出"代表性启发式"这个术语来描述这一实
验发现。这一术语的应用又导致若干种其他判断偏差的发现，比如忽
视基础比率的偏差。概率论的一个基本法则（贝叶斯定理）告诉我们，
在判断某人属于某一特定群体的可能性时，我们应该将"代表性"与
基础比率（各类群体占样本总体的百分比）结合起来考虑。用日常语
言来说，贝叶斯定理意味着，如果我们见到某个看起来像罪犯的人（他
似乎代表了我们对罪犯的刻板印象），我们在评估他是罪犯的概率时，
也要求我们知道基础比率——罪犯的百分比。然而，在一次又一次的
实验中，实验对象都表现出了这样的现象：做预测时，对基础比率的
知识并未充分加以利用。尽管这一切显得有些神秘，但代表性启发式
很可能给一些投资错误做出了合理解释，比如追逐热门基金或根据最
近的证据进行过度外推。

10.1.3 羊群效应

研究表明，一般说来，群体做出的决策往往比个体更好。如果更
多信息可以共享，各种不同观点都被考虑到，那么群体进行的有根有
据的讨论会优化决策过程。

或许自由市场价格机制可以最好地说明经济体中群体行为是明智
的。由消费者和厂商做出的各种各样的单个决策，会引导经济体提供
人们希望购买的商品和服务。在回应需求与供给的影响时，价格机制
通过亚当·斯密"看不见的手"指导经济体生产出数量合适的产品。

同理，无数个人和机构投资者通过集体性买卖决策，使股票价格

以这样的情况展现在他们面前：买入一只股票，较买入另外一只股票，看上去都一样合算。而且，尽管市场对未来收益的预测常常发生偏差，但这样的预测作为一个整体，比起任何单个投资者所做的预测，都更为准确。当自己的投资业绩与低成本、涵盖范围广泛的股票指数基金放在一起做比较时，多数主动管理型投资组合经理一定会羞愧难当地低下头来。

本书的读者应已明白，市场作为一个整体在做定价决策时，并非一贯正确。市场时不时也会出现疯狂的群体行为，我们已从17世纪郁金香球茎热到21世纪初网络股热和模因股热中，看到这种群体性癫狂的表现。正是这种偶尔发生的病态群体行为，吸引了行为金融学的注意。

在群体行为研究中，有个被广泛认可的现象，就是"群体思维"的存在。群体中的个体有时会相互影响，从而更加相信某个不正确的观点"实际上"是正确的。毋庸置疑，2000年初，对互联网盈利前景所做的过度乐观以致疯狂的群体预测，以及对新经济股票的误定价，都是病态群体行为的佐证。

社会心理学家所罗门·阿希（Solomon Asch）是最早研究群体行为何以可能导致错误决策的学者之一。20世纪50年代，阿希进行了一项著名的实验室实验，他让实验对象回答一个任何孩童都能正确回答的简单问题。他先向实验对象出示两张画有垂直线条的卡片，右边的卡片画有三条长短明显的垂直线，左边卡片上画有一条垂直线。然后，他问实验对象，右边卡片上哪条直线与左边卡片上的直线长度相等。7位实验对象依次回答了这一问题。

但是，阿希给实验加了个"恶毒"的变化。在一些实验中，他动员7位实验对象中的6位，让他们故意给出错误答案，而且是在第7位实验对象还没来得及说出自己的意见时，就给出错误答案。实验结果令人吃惊，第 7 位受试者经常会回答错误。阿希推测实验对象即使明知自己的答案不正确，社会压力也会迫使他们选错直线。

2005 年，一位神经科学家格雷戈里·伯恩斯（Gregory Berns）进行了一项研究。他使用核磁共振扫描仪研究大脑活动情况，以期确定人们是否明知自己的答案不正确也会屈从于群体意见，或者人们的感知是否真的发生了变化。这一研究的思路是：如果在群体面前放弃己见是由社会压力造成的，那么我们应该看到控制冲突的前脑区域会发生变化；但是，如果在群体面前放弃己见是因感知实际发生了变化而引起的，那么我们应该期待控制图像和空间感知的后脑区域会发生变化。该项研究发现，当人们给出错误答案以与群体保持一致时，管理空间认知的大脑区域的活动增加了。换句话说，他人的意见看上去真的改变了实验对象对自己所见事物的看法。由此看来，他人的错误真的会影响一个人对外部世界的感知。

在另一项研究中，社会心理学家安排一个人站在街角，让他抬头朝空空如也的天空凝望 60 秒钟。心理学家观察到，街上只有很少一部分行人停下脚步想看看这个人在看什么，而大部分行人径直从他身旁走过。接下来，心理学家安排 5 个人站在街角朝天空凝望，这次，有 4 倍于上一次的行人驻足凝望空阔的天空。当心理学家安排 15 个人站在街角看着天空时，几乎有一半的过路人停下了脚步。安排更多的人看向天空，吸引了更多行人朝天空凝视。

显然，1999 年至 2000 年初这一期间的网络泡沫提供了一个经典例证，说明不正确的投资判断会引导人们集体走向疯狂。迎合新经济热潮的股票提供的巨大获利前景使个人投资者激动不已，他们都产生了不可理喻的从众心理。在高尔夫俱乐部的朋友、工作场所的同事、牌桌上的牌友的交谈中，都传递着一个富有感染力的讯息：互联网的发展正在创造巨大财富。而且，社交媒体使得谣言和错误信息的流布更为容易。于是，投资者开始购买股票，不为别的，只因股价在攀升、其他人在赚钱，哪怕根据盈利和股利这类基本面因素来判断，股价上涨根本就毫无道理可言。经济史学家查尔斯·金德尔伯格（Charles Kindleberger）说过："没什么比看到朋友发财更能打破自己心境、扰乱自己判断的了。"畅销书《非理性繁荣》的作者罗伯特·希勒指出，疯狂的过程会以"正反馈环"的形式进行自我升级。最初的股价上涨鼓动更多人买入股票，这使股票收益水涨船高，从而诱使越来越多的人参与进来。这种现象也是一种"庞氏骗局"，我在第 4 章描述与互联网泡沫有关的内容时提到过。最终，"庞氏骗局"因再也找不到更傻的傻瓜而宣告终结。

　　这种羊群效应，并非只发生在不谙投资之道的个人投资者身上。共同基金经理往往也随波逐流，采取同样的投资策略，一拥而上购买同样的股票。的确，三位行为金融学领域前沿学者 Hong、Kubik 和 Stein 进行的一项研究证明，如果同一城市的其他经理正持有相似的组合，那么共同基金经理更可能持有与这些组合中的股票相似的股票。这类研究结果与流行病传播模式完全一致，在这种模式中，投资者会迅速且无可挽回地通过口耳相传散布股票信息。这样的群体行为已对个人投资者造成了毁灭性创伤。虽然股票市场赋予的长期收益颇为丰厚，但对一般投资者来说，投资收益却比这糟糕得多。原因在于投资者买入股票型共同基金之时，正是"非理性繁荣"导致市场见顶之际。在 2000 年 3 月之前的 12 个月间，大量资金涌入股票型共同基金，其规模之大，此前任何时期都不能与之相比。而在 2002 年秋季和 2008 年秋季，市场正接近底部区域，此时个人投资者却从股票投资中大量撤出资金。戴尔巴协会（Dalbar Associates）展开的一项研究表明，一般投资者因错误地选择进出股市的时机而自食了苦果，他们的收益率低于市场平均水平可能大大超过 5%。

另外，投资者往往会把资金投入近期业绩不俗的一类共同基金。比如，2000 年第一季度，大量流入股票型基金的资金全都涌进了高科技增长型基金，所谓的价值型基金因此遭遇了大量资金流出。此后两年间，增长型基金的价值急剧下滑，而价值型基金创造的实际收益却是正数。因错选基金而遭受的惩罚，使上面描述的因出入股市时机选择错误而遭受的惩罚更为惨重。行为金融学告诉我们的最重要的教训之一便是，个人投资者千万要避免被群体行为冲昏头脑。

10.1.4　损失厌恶

卡尼曼和特沃斯基做出的最大贡献在于创立了前景理论（prospect theory）。该理论描述个人面临得与失、损与益前景的风险局面时会有怎样的表现。一般而言，在诸如哈里·马科维茨之类的金融学家建立的模型中，都有这样的一个假设：个人做出的决策建立在决策选择对个人最终财富可能产生何等影响的基础之上。前景理论则挑战这一假设，认为人们的选择是由他们对得与失、损与益赋予的价值所驱动的。相对于合乎意愿的收益来说，等值损失被认为令人厌恶得多。陈述得与失、损与益时使用的语言，用心理学术语来说，就是"如何框定选择"，会影响最终做出的决策。

举个例子。有人告诉你，抛掷一枚质地均匀的硬币，如果正面朝上，你将获得 100 美元。不过，如果反面朝上，你必须付出 100 美元。你乐意接受这样的赌局吗？即使从反复抛掷硬币后你会盈亏相抵的意义上说，这个赌局非常公平，多数人恐怕也不愿参与。一半时间你会赢得 100 美元，另一半时间你会损失 100 美元。用数学术语来说，该赌局的"期望值"为 0，计算方法如下：

期望值 = 正面朝上的概率 × 赌赢收益 + 反面朝上的概率 × 赌输损失

期望值 =1/2 × 100 美元 +1/2 × (−100 美元)=0

卡尼曼和特沃斯基后来对众多不同对象实施这一实验，他们不断变换赌赢收益的数字，以测试赌赢收益达到多少，才会使人们愿意接受这个赌局。他们发现赌赢收益得在 250 美元左右。请注意，若赌赢收益定为 250 美元左右，赌局的收益期望值便是 75 美元，因此参加这样的赌局就非常有利。

$$期望值 =1/2 × 250 美元 +1/2 ×(-100 美元)=75 美元$$

卡尼曼和特沃斯基下结论认为，损失令人厌恶的程度 2.5 倍于等值收益让人希望拥有的程度。换言之，损失 1 美元的痛苦是获得 1 美元快乐的 2.5 倍。100 美元的财富变动，对多数资产殷实的人来说几乎注意不到，即便如此，人们还是表现出了极端的损失厌恶。在后面的内容中，我们将看到损失厌恶如何让很多投资者犯下了代价高昂的错误。

然而，有意思的是，这两位心理学家发现，个人在面临损失确定的局面时，极有可能放手一搏。思考下面两个选项：

（1）确定损失 750 美元。

（2）有 75% 的可能损失 1000 美元，25% 的可能不会遭遇任何损失。

注意，两个选项的期望值完全相同，也就是说，都有 750 美元的损失。但是，几乎 90% 的实验对象选择了第二个选项，准备赌一把。面对确定的损失时，人们似乎表现出了追求风险的行为。

卡尼曼和特沃斯基还发现了一个与此有关且非常重要的"框定效应"（framing effect）。以不同方式给决策者框定选择，可能会导致截然不同的结果。两位学者提出如下问题：

想象一下，美国正准备应付一种罕见疾病的爆发和流行，预计这次疾病流行会造成 600 人死亡。现已提出两种与此疾病做抗争的备选方案。假设两种方案结果的精确科学估计是：

如果采纳方案 A，会有 200 人得救；

如果采纳方案 B，600 人得救的概率是 1/3，无人得救的概率是 2/3。

首先请注意两种方案中获救人数的期望值都是 200 人。但是根据前景理论，当人们思考这两种方案可能带来的益处时，他们会厌恶风险。不出所料，大约 2/3 的实验对象回答这一问题时，选择方案 A 作为更可取的方案。

但是，假设我们以另外一种方式框定这个问题：

如果采纳方案 A*，会有 400 人死亡；

如果采纳方案 B*，无人死亡的概率是 1/3，死亡 600 人的概率是 2/3。

请注意，选择 A 和 A* 以及选择 B 和 B* 全都等值。但是，第二次框定后的问题，是从人们遭遇死亡风险的角度进行描述的。当问题以如此方式被框定时，超过 75% 的实验对象选择了方案 B*。这既证明了 "框定效应" 的存在，又证明了人们在损失值域内追求风险的偏好。当医生面临为癌症病人做出治疗方案选择的决策时，如果问题以存活概率而非死亡概率的方式陈述，医生往往会做出不同的选择。

10.1.5 自豪与悔恨

行为金融学家还强调，自豪与悔恨之类的情绪也是影响投资者行为的重要因素。投资者甚至对于自己，也很难承认在股市做了什么不好的决策。如果必须向朋友或配偶承认，悔恨的感觉可能会因此放大。然而，投资者通常会很得意地告诉他人，自己做了什么成功的投资，获得了很大收益。

很多投资者可能会觉得，自己若坚守正在赔钱的仓位，最终总会把亏的钱赚回来，这样便可以免去悔恨。投资者往往会抱着亏钱的仓位不放，卖掉正在赚钱的仓位，这种倾向的背后可能就有自豪与悔恨的情绪。巴布尔和奥迪恩对一家大型折扣经纪券商 10 000 名客户的交易记录做了研究，他们发现明显存在一种"处置效应"（disposition effect）。投资者中有一个处理股票的明显倾向：卖掉赚钱的股票，而抱牢赔钱的股票不卖。卖掉已上涨的股票，会使投资者实现利润，也使他们建立自豪感。如果抛售赔钱的股票，他们会受到损失，产生悔恨的痛苦情绪。

这种不愿接受损失的心理，根据理性投资理论显然不是最优选择，从常理角度看也非常愚蠢。卖掉赚钱的股票（有税收优势的退休金账户除外），必然涉及缴纳资本利得税；卖掉损失已成现实的股票会减少在其他已实现收益上的应交税款，或者可获得一定限额的税款抵扣。即使投资者认为自己赔钱的一只股票价格以后会涨回来，卖出这只股票，并买入一只前景和风险特征相似的同行业股票，也会有好处。在住宅房地产市场似乎也能清楚地看到这种不愿接受损失的现象。房价上涨时，房屋销量上升，房屋往往会很快以报卖价或更高的价钱卖出去。然而，在房价下跌期间，房屋销量下滑，个人房主长时间在市场上压着房子不愿脱手，报卖价高于市价很多。对损失的极端厌恶，有助于解释房屋卖主为何不愿以亏损价将自己的房产卖掉。

10.2 行为金融学与储蓄

行为金融学理论也有助于解释为何很多人不愿参加所在公司的401（k）储蓄计划，即使公司也为其提供与其交付的养老金等额的资金。如果一个雇员已习惯于拿到某一特定数量的实发工资，你再叫他拿出1美元为自己的退休计划增加养老金，对于因此而出现的工资扣减（即使实际扣减额不足 1 美元，因为参加退休计划而缴纳的养老金可以从应税收入中抵扣相当可观的数额），他会视为对当前消费能力造成的一种损失。个人对这些损失比所获利益看重得多。心理学家告诉我们，当这种损失厌恶与自我控制的难以展现、拖延带来的心情放松，以及不做任何变化带来的安逸自在（维持现状偏差）同时存在时，就完全可以理解为什么人们往往储蓄极少了。

已有人提出两个建议，来解决人们不愿储蓄的行为。第一个建议是通过改变选择的框定方式，以克服惰性心理和维持现状偏差。我们知道，如果我们让雇员主动报名参加 401（k）储蓄计划，很多人会婉言拒绝，不愿参加。但是，如果问题以不同方式进行框定，使得雇员必须主动"决定不参与"这项储蓄计划，那么参与者的比率将高得多。以自动加入为特征（雇员必须有意识地决定填写"决定不参与"的声明）框定 401（k）储蓄计划的那些公司，其雇员参与计划的比率，较雇员必须主动"决定参与"计划的公司要高得多。

经济学家理查德·塞勒（Richard Thaler）和什洛莫·贝纳茨（Shlomo Benartzi）提出另一个劝导参加储蓄计划的绝妙建议。有些雇员即使面对自动加入的储蓄计划，也总是拒绝参加，因为他们靠现有的工资收入几乎入不敷出。塞勒-贝纳茨"明天会储蓄更多"计划的实质，在于让雇员预先承诺从增加的薪金收入中拿出一部分放进退休储蓄金。如果雇员参加这个计划，那么从加薪后的第一份工资单开始算，他们为自己的退休储蓄金拿出的钱就会增加。这种有特色的储蓄计划减轻了因实发工资被削减而使雇员感到损失的厌恶情绪。雇员从工资中扣除一部分用来交养老金的比率，在每次加薪时都不断增加，一直到该比率达到法律许可的最大抵税限额为止。这样一来，惰性心理和维持现状偏差便朝着使人们持续参加储蓄计划这个方向发挥作用。任何时候，雇员都可以决定不参加这个计划。

1998 年，塞勒和贝纳茨第一次在一家中等规模的制造业公司实施了他们设计的计划。当时，这家公司面临的问题是雇员参与退休储蓄金计划的比率很低。事实证明,"明天会储蓄更多"计划颇受欢迎,该公司超过四分之三的雇员同意加入。而且,这些同意加入的雇员中有 80% 以上的人在此后数次加薪中都一直参与了这个计划。即使是中途退出的雇员,也没有将从工资中扣除的养老金比率降到当初的水平,他们只是将来不再想增加养老金。因此,这类员工储蓄的金额比参加这项计划之前显著地增加了。

10.3　套利限制

至此,我们已考察了影响投资者行为从而影响股价的认知心理偏差。个人投资者的行为经常表现得不理性,或者说至少与经济学家理想的最优决策行为不完全相符。在或许是最为病态的情形中,个人投资者似乎会集体发狂,将某些类型股票的价格推向不合理的高度。尤其是在社交媒体时代,既然非理性投资者造成的偏差不会相互抵消,反而经常相互强化,如何才能让股票有效定价呢?有效市场假说的信奉者照本宣科地声称,即使很多个人投资者不理性,"套利交易"也总会让市场有效。像对冲基金经理之类的套利交易者,应该会建立起抵消作用的头寸,比如卖空定价过高的股票,买入定价过低的股票,结果,由非理性投资者造成的任何误定价,都会迅速得以矫正。理性交易者应该会抵消非理性交易者带来的影响。因而,一些行为金融学家驳斥市场有效的理由,便建立在第二个重要基础之上:这样的套利交易会受到严重约束。行为金融学家认为,市场上存在着一些重要的限制性因素,会阻止异常价格得到修正 ⊖。

⊖　行为金融学未形成统一的理论框架和研究体系。2001 年,尼古拉斯·巴伯瑞斯(Nicholas Barberis)和理查德·塞勒认为,行为金融学两大研究范畴包括套利限制和心理偏差。本书作者阐述的行为金融学理论和研究体系与此一致。——译者注

　　我们假设，非理性投资者的交易使一家石油公司的股票，相对于其基础价值以及与其品质相当的同行业公司的股票，已定价过高。套利交易者可以直接卖空定价过高的股票，买入一家类似的替代石油公司的股票。这样，套利交易者便做到了对冲，因为影响石油行业的有利或不利事件对两家公司都会产生影响。石油价格的上涨会引起被卖空股票的价格上涨，同时也会使套利交易者多头仓位的价值上升。

　　但是，这种套利风险极大。假设"定价过高"的那只股票公告了一些不同寻常的消息，比如此前未曾预计到的一次重大石油罢工。或者假设"定价公允"的那只股票遭受某个意外挫折，比如一处深海油井爆炸，引发其股价下跌。想象得出，套利交易者可能两头受损。先前卖空的股票价格可能上涨，而多头仓位的股票价格可能下跌。

　　交易者试图"矫正"已观察到的误定价，还会冒另外一种风险——对于"定价过高"的股票，投资者可能会变得更加过于乐观。假设在整个1999年，一个套利交易者确信网络股定价高得离谱，便卖空网络股中最受青睐的股票，希望以后能以更低的价格买回。然而，随着人们对新经济的热情持续高涨，新经济股票的价格继续攀高——其中很多股票价格翻了一番之后，又翻了一番。我们现在回顾过去，才知道网络股泡沫会在2000年破裂。在此期间，很多套利交易者输得衣衫不保。市场保持非理性的时间有时会比套利交易者保持偿付能力的时间更长。当套利交易者受到信贷约束的时候，更是如此。长期资本管理公司原是一家对冲基金公司，公司内有诺贝尔奖得主设计交易策略，却最终发现自己处于一种无法承受的境地，因为其对冲仓位标的的价格向相反方向运行，而自己并无足够的资本让那些仓位保持下去。在2021年模因股泡沫期间，对冲基金梅尔文资本（Melvin Capital）由于做空游戏驿站，130亿美元的资本折损了一半。

　　在卖空定价过高的股票并买入定价过低的股票这种游戏中，全球对冲基金是再自然不过的玩家，它们有着数万亿美元的资金可供投资。你可能以为这些对冲基金会认识到网络股的价格难以为继，因而会利用误定价做空来从中渔利。马库斯·布伦纳梅尔（Markus Brunnermeier）和斯蒂芬·内格尔（Stefan Nagel）进行了一项研究，仔细考察了对冲基金在1998~2000年的表现，希望发现这些基金是否抑制了最受追捧的投机性股票的价格疯涨。

研究结果出人意料。在网络股泡沫期间，像对冲基金这样成熟老到的投机者并不是一股矫正力量。它们没有狙击泡沫，而是骑上泡沫乘风破浪，实际上助长了泡沫的膨胀。自1998年至2000年初，对冲基金始终是网络股的净买入者。它们的操作策略反映了它们持有的信念，即认为缺乏经验的投资者蔓延的热情和跟风行为会使误定价更加严重。对冲基金在这期间玩的游戏，就是早先在凯恩斯所描述的著名报纸选美比赛中讲到的游戏。虽然一只卖价30美元的股票可能仅"值"15美元，但是，如果一些更傻的傻瓜愿意在将来某个时候为这只股票支付60美元，那么按30美元买入就很合算。

在2005年和2006年的石油市场，对冲基金似乎也扮演了兴风作浪、制造不稳定的角色。2004~2006年，每桶原油的价格上涨了一倍多。尽管世界经济增长之类的经济力量为油价上涨提供了一些基本面理由，但投机活动，尤其是对冲基金的投机活动，助长了油价的大幅飙升。在石油期货市场做空的几家对冲基金都遭受了惨痛损失。显而易见，为矫正已观察到的价格泡沫而进行套利交易，在本质上是有风险的。

再说，有时候卖空操作无法实现，或者说卖空操作至少会受到严重制约。在卖空操作中，通常要借入被卖空的证券，以便将其交付给买家。比如说，要是我卖空100股IBM股票，我必须借入能够交割给买家的这些股票（在我持有这个空头仓位期间，只要有股利宣布发放，我还得向买家支付股利）。在某些情况下，可能无法找到可以借入的股票，因此从技术角度看，即使想要实施卖空操作也无法做到。在一些最扎眼的无效定价实例中，卖空操作的技术限制阻碍了套利交易者矫正误定价。

如果定价过高股票的替代股票难以找到，套利操作也可能很难进行。一次套利操作要产生预期效果，必须有一只相似的定价公允的股票可以被借来对冲空头仓位，而且，若发生某个影响整个市场或该股票所属行业的有利事件，可以预期该股票的价格会上涨。

行为金融学家用来说明市场价格可能无效的最佳例证之一是，两只完全相同的股票交易价格却不完全相同。人们认为荷兰皇家石油与壳牌运输是"连体孪生"公司。1907年，这两家公司同意结成联盟，将联盟60%的税后利润分给荷兰皇家石油，40%的税后利润分给壳牌运输。在有效市场中，荷兰皇家石油的市场价值应该总是壳牌运输的1.5倍。实际上，一直以来，荷兰皇家石油股价对壳牌运输股价的溢价常常是20%。在有效市场中，相同的现金流应该以相等的估值进行交易。

这个案例的问题在于，两只股票在不同国家的市场进行交易，这些市场的规则不同，而且将来的限制因素也可能不同。但是，即便荷兰皇家石油与壳牌运输在所有方面被视为相同，在这两只股票之间进行套利交易也会有内在风险。如果荷兰皇家石油对壳牌运输的交易溢价为10%，那么恰当的套利操作应该是卖空定价过高的荷兰皇家石油股票，买入便宜的壳牌运输股票。不过，这一套利交易有风险。一只定价过高的股票价格可能会一直上涨，给做空者造成损失。今天的便宜货明天可能会变得更加便宜。显然，我们不能完全依赖套利交易来消除市场价格与基础价值之间的偏离。毫无疑问，在21世纪头十年的最后一段时间里，卖空操作的约束在住房市场泡沫的膨胀中，起到了一定的作用。在美国某些地区，当在住房市场卖空实质上不可能实现时，便只有乐观者才说了算。当乐观者能轻而易举地利用抵押贷款让自己进行杠杆操作时，我们便很容易明白为什么住房市场泡沫不太可能因套利交易而受到约束。

10.4　行为金融学给投资者的教训

像我这样的夜猫子经常收看深夜电视节目。"愚蠢的宠物技巧"单元是大卫·莱特曼（David Letterman）以前深夜脱口秀节目中比较滑稽的片段之一。在这个节目单元中，宠物主人会让自己带来的动物表演各种愚蠢的搞笑动作。遗憾的是，投资者的行为也经常与这个电视节目中的主人及其宠物非常相似，只是不可笑。投资者会过度自信，遭受群体踩踏，拥有控制错觉，拒绝承认投资失误。实际上，相比之下，节目中的宠物显得非常聪明。

我们已看到人类行为的多个方面会对投资产生影响。在投资过程中，我们常常是自己的最大敌人。正如波戈 ⊖ 所言："我们现在遇到了敌人，敌人就是我们自己。"了解我们如何受来自自己的心理伤害，可以帮助我们避免愚蠢的投资者错觉和妄想，从而避免破坏自己的财务安全。有一个古老的谚语与玩扑克牌有关，说的是：如果你在牌桌边落座，辨不出谁是容易上当受骗的傻瓜，那就起身离开牌桌，因为你就是那个傻瓜。关于投资者心理的这些真知灼见，可以帮助我们免做那个易受愚弄欺骗的替死鬼。

查尔斯·埃利斯（Charles Ellis）长期观察股市，写了一本《赢得输家的游戏》⊖。他根据自己观察到的情况说在业余网球比赛中，多数得分并不是非凭你这一方打得如何聪明、如何有技巧获得，而是靠你

⊖　波戈是 Walt Kelly 创作的著名漫画《波戈》中的卡通人物。——译者注
⊖　本书中译本已由机械工业出版社出版。

的对手那一方失误得来。投资中的道理也是如此。埃利斯提出多数投资者采用错误的股市投资策略，不接受他在本书中推荐的依据指数买入持有的消极被动策略，从而让自己打败了自己。从多数投资者的行为方式看，投资股市对他们来说变成了永远只赔不赚的游戏。

2000年初，你买的科技股价格一涨再涨，这时你很容易让自己相信自己实在是个投资天才。这时，你也很容易说服自己，追逐近期表现最好的共同基金是万无一失的成功策略。而对于在泡沫期间放弃工作全心进行短线交易的少数人来说，上午10点买入一只股票，到中午就发现价格已涨了10%，真是万分刺激。所有这些交易策略最终都以灾难收场。频繁进出的交易者赚到的收益，总是比稳定的买入持有型投资者更少。

要对付我们的不良行为习惯造成的恶劣影响，第一步是要认清这些行为怪癖。还是屈服于市场智慧吧。正如业余网球手不用花拳绣腿，只是尽量把球打过去，通常就会赢得比赛，投资者若简单地买入持有由市场上交易的所有股票构成的多样化投资组合，通常也会是获得投资成功的一方。不要做你自己的敌人，避免使用愚蠢的所谓投资技巧吧。行为金融学为我们提供了以下几个最重要的教训。

10.4.1 避免跟风行为

行为金融学家了解导致投资者随大流的反馈机制。当网络股一路高歌时，面对人们异常兴奋的情绪，尤其是看到你所有的朋友都在夸耀从股市中赚到了大把钞票时，你很难不失去自制力。大量文献的记载说明，朋友对一个人的投资决策产生的影响无所不在。罗伯特·希勒和约翰·庞德（John Pound）调查了131位个人投资者，询问是什么引得他们最近买入了某只股票。典型的回答是，个人交往接触的人，比如亲戚或朋友，推荐他们买了这只股票。投资者接触的人会对投资者的决策产生重要影响，关于这一点，Hong、Kubik 和 Stein 提供了更加系统的证据。他们发现根据财富、种族、受教育程度、风险容忍度进行分类，社交家庭——与邻居有交往或参加共同活动的家庭比起非社交家庭，投资于股市的可能性大得多。

任何投资，只要变成人们广泛热议的话题，都可能对你的财富造成特别的危害。20 世纪 80 年代早期的黄金投资如此；20 世纪 80 年代后期的日本房地产和股市投资如此；20 世纪 90 年代后期与网络有关的股票投资如此；21 世纪头十年加利福尼亚州、内华达州和佛罗里达州的公寓楼投资，以及 2021 年的比特币、游戏驿站和 AMC 娱乐也如此。

无一例外，在一个时段最热门的股票或基金，在接下来的时段都是表现最差的。而且，正如在极度狂热的时段，跟风行为会诱使投资者甘愿冒着越来越大的风险进行投资，在悲观情绪弥漫市场之际，跟风行为还会让投资者认赔服输，黯然离场。媒体为吸引观众和听众，大肆宣传市场跌得如何惨，在一些事件上小题大做，也往往助长了投资者的这种自毁行为。即使媒体不进行过度报道，市场的大幅波动也会怂恿人们做出基于情绪而非理性的买卖决策。

由于错误地选择了出入股市的时机，典型的共同基金投资者从股市获得的收益率，都低于只是简单地买入持有市场指数基金带来的收益率。之所以如此，是因为投资者往往在市场处于顶部或接近顶部时（此时，每个人都热情洋溢）把资金投在共同基金上，而在市场处于底部时（此时，悲观气氛主宰着一切）将资金撤出。正如 2000 年初市场达到高点时，新涌入共同基金的净现金流也达到了高峰。2002 年秋季市场处于谷底时，投资者撤出了资金。2008 年末和 2009 年初，市场正处在金融危机期间的底部，撤出市场的资金比以往任何时候都要多。

也有一种"错误选择基金造成的惩罚"。2000年初市场处于顶部位置，资金流向"增长"导向型共同基金，这类基金一般都是投资于科技股和网络股；而价值型基金则遭遇了资金流出，这类基金持有市净率和市盈率偏低的"旧经济"股票。接下来的三年间，价值型基金为投资者创造了丰厚的收益，而增长型基金的价值急剧下挫。纳斯达克指数从最高点下跌80%之后，2002年第三季度，增长型基金遭遇了大量赎回。由此可知，今天追逐火热的投资品种，通常会让你在明天遭遇投资的严寒期。

10.4.2 避免过度交易

行为金融学家发现，投资者往往对自己的判断过于自信，并且为了追求自己的财务幸福感，总是过度交易。很多投资者不断地换股，或者不断地更换共同基金，与在玩金罗美纸牌游戏时选牌和发牌一样。除了导致大量的交易成本，以及支付更多税款之外，投资者从频繁的交易中一无所获。短期资本利得是按照通常的所得税率课税的。买入持有型投资者会延迟支付在资本利得上的税款，如果股票一直持有到作为自己的一部分遗产分配给继承人，还可能完全免交税款。请记住传奇投资家沃伦·巴菲特给出的建议：树懒似的无所作为，仍然是最好的投资风格。对股票投资来说，正确的持有期限是永远。

过度交易的成本颇为可观。巴布尔和奥迪恩对1991~1996年66 000个家庭的交易数据进行了研究，他们发现这个样本中家庭年均收益率是16.4%，而同期市场回报率则是17.9%。相比之下，交易最频繁家庭的投资组合年均收益率只有11.4%。也就是说，交易最频繁家庭的投资组合，其业绩显著低于作为参照标准的消极被动的市场回报率。另外，男性往往比女性更加过度自信，交易也频繁得多。奥迪恩给投资者的建议是：如果你打算进行一次股票交易（并且你已结婚），就问一下你太太是否该交易。

2021 年，富达投资（Fidelity Investments）重新做了这一研究，分析对象涵盖 2011～2020 年 520 万客户的投资账户。他们发现，平均而言，女性客户的收益较男性客户高出颇多。女性客户之所以收益高于男性，原因在于她们的交易方式，更准确地说，她们往往倾向于不做交易。富达男性客户的交易频率为女性客户的两倍之多。先锋集团发现，在相同的十年期间，其客户交易频率表现出相似的模式。这些证据都表明，交易过于频繁会危害你的财富。

10.4.3　如果一定要交易，就卖出赔钱的股票，而非赚钱的股票

我们已看到，人们赚到钱固然十分开心，但承受损失会让他们痛苦得多。因此，有一点非常矛盾，投资者为了避免损失而承担的风险，可能比为实现等额收益而承担的风险更大。而且，为了避免损失变成现实，为了避免必须承认自己投资失败的局面，投资者可能会避免卖掉价格下跌的股票或基金。然而，投资者一般来说会心甘情愿地扔掉赚钱的股票，因为这可以让他们享受行事正确带来的成功感。

有时，在市场崩盘期间，尤其是如果你此时有理由相信公司的经营仍然非常成功，握牢手中下跌的股票是明智的选择。如果你将股票卖掉而市场随后回升，你会心生双倍的懊悔。但是，抱住像安然和世通这样的赔钱股票不放，原因只是你错误地相信如果不卖就没有遭受损失，那就不是明智的做法。"账面损失"与已实现的损失一样，都是实实在在的。决定不卖与决定以现价买入同样的股票，其意义完全相同。况且，如果你是在应税账户中持有该股票，卖掉它会让你减少税款，政府将通过降低你的税额，减轻你所遭受的打击。卖掉赚钱的股票，总会给你增加税收负担。

10.4.4 避免其他愚蠢的投资技巧

要提防新股

一家公司即将 IPO，你是否认为通过购买这家公司的股票就能赚到很多钱呢？特别是在 2000 年崩盘的巨大网络股泡沫期间，购买 IPO 股票似乎是十拿九稳的通向财富之路。有些成功实现了 IPO 的股票，一开始交易价格便两倍、三倍、（有一例）甚至七倍于首次向公众发行的价格。无怪乎一些投资者开始相信，凑热闹买进 IPO 股票，是在股市"铸造"金币最简单的办法。

我的建议是：你不应该以最初的发行价买入 IPO 股票，并且，在这些股票以比发行价更高的价格开始交易之后，你也不应该买入。从过往的历史看，买入 IPO 股票都不合算。通过衡量所有 IPO 股票发行 5 年之后的表现，研究者发现这类股票的收益率与股市整体比较起来，大约每年低 4 个百分点。IPO 股票上市交易之后，大约 6 个月便开始表现不佳。一般而言，这 6 个月被设定为"锁定期"，在此期间，内部人不得向公众抛售股票。一旦此限制解除，股票的价格常会剧烈下跌。

对个人投资者来说，投资的结果甚至更糟。真正质地好的 IPO 股票，你永远也没有可能以最初的发行价买到手。IPO 热门股都被大型机构投资者或承销商最好的富有客户抢购走了。如果你的经纪人打电话，说你可以买到 IPO 股票，你可以肯定这只新股质地很差。经纪券商只有在不能把股票卖给大机构和最好的个人客户时，才会给你机会以初始发行价买入股票。因此，系统性的结果总是你只能买到最差的新股。我很清楚，也许除了赌赛马或在拉斯维加斯赌博之外，没有哪一种策略比买入新股更可能危及你的财富了。

对热门建议保持冷静

我们都听说过人们兴致勃勃地提供热门建议的故事。比如说，你舅舅吉恩了解到刚果有个钻石矿，投资这座矿包赚不赔。请记住，一座矿通常就是地下的一个窟窿，有个骗子站在这个窟窿的前面。再比如，有人神秘兮兮地告诉你表兄的老婆婕特拉德，有一家小型生物科技公司养在深闺人未识。"这家公司便宜得要命，现在每股才卖1美元，而且他们正准备公布一种治疗癌症的新药。想想看，你拿2 000美元就能买到2 000股！"各种投资建议会从四面八方向你袭来——亲戚、朋友、电话，甚至网上。不要掺和。只要有人向你提供热门建议，你就躲开。这些建议涉及的投资对象，极有可能变成你生命中最糟糕的投资品。另外要记住：永远不要相信一时狂热的人说的任何话。

不要相信万无一失的策略

总会有业余和专业的投资者告诉你，有些策略可以遴选出最优秀的基金经理，可以在股价下跌时让你置身股市之外。遗憾的是，这些都不可能做到。当然，有些投资组合策略事后看起来产生了高于市场平均水平的收益率，但这些策略渐渐地全都自毁了。甚至还有一些择机进出股市的策略，在几年甚至几十年里都有不错的效果。不过，从长期角度看，我赞成20世纪早期传奇投资家伯纳德·巴鲁克的观点，他说："只有骗子才可能实现择机出入股市。"20世纪后期的传奇投资家约翰·博格也说："我不知道有什么人能始终如一地做到这一点（择机进出市场）。"

投资者还应该永不忘记一句古老的箴言："如果有什么东西太好了、不真实，那么就是太好了、不真实。"倘若有些投资者听从了这句箴言，他们也不至沦为有史以来最大规模"庞氏骗局"的牺牲品：2008年，伯纳德·麦道夫（Bernard L. Madoff）诈骗案浮出水面，据说让投资者损失了多达500亿美元的资金。麦道夫一案的真正问题是，人们上了一个荒诞传说的当，以为麦道夫能在他管理的基金中，持之以恒地每年为投资者带来10%～12%的收益率。

麦道夫诈骗案的"天才之处"在于麦道夫提供的收益率看起来适中又安全。倘若他提供的收益率是50%，对这样天上掉馅饼的承诺，人们很可能会心生疑窦。但是，每年获得10%～12%的收益率，看上去却是大有可能。实际上，年复一年地赚取如此高的收益率，在股票市场（或其他任何市场）毫无可能，这样的声明本应很容易让人看清背后的真相。在很长的时间跨度中，美国股市大约平均产生了超过9%的年收益率，但其间伴随着大幅波动，包括在有些年份，投资者的本金损失多达40%。像麦道夫报告那样的投资表现，只有伪造业绩记录才能做到。请投资者也不要指望监管层会保护你，让你免受欺诈和阴谋的陷害。曾有人警告证券交易委员会，麦道夫的投资业绩是不可能的，但该机构未能有所作为。唯一能保护你的，是要认识到：任何东西若看上去太好、不真实，那毫无疑问就是不真实。

10.5　行为金融学教给我们战胜市场的方法了吗

有些行为金融学家认为，投资者所犯的系统性错误能为不受情绪和情感影响的理性投资者提供战胜市场的机会。这些学者认为，非理性交易会产生可以预测的股市模式，聪明的投资者可对其加以利用。这些观点比起上文说到的教训，争议要大得多，我们将在第11章对这些观点细加考察。

第11章

构建投资组合的新方法：
聪明的 β、风险平价和ESG投资

> 结果？嗨，哥们儿，我得到了很多结果。我知道几千种行
> 不通的方法。
>
> ——托马斯·爱迪生

随着21世纪第二个十年接近尾声，越来越多的投资者开始怀疑传统选股方法能否产生一个投资组合，该投资组合优于成本低廉、税收有优势、以大型指数为基准的指数基金。数千亿美元的投资资金开始由主动管理型共同基金转向被动管理型指数基金。但是，有一类新型投资组合经理认为，要战胜市场，无须成为会挑选股票的人。你可以管理相对被动（换股率低）的投资组合，以便更可靠地实现良好的投资成果，而不会承担额外风险。

有三种新型投资策略，分别是聪明的 β、风险平价和 ESG 投资。由于带有能够改善投资组合表现的隐含承诺，这三种策略已吸引数千亿美元投入其中。本章要问：聪明的 β 果真聪明吗？风险平价是否风

险太大？ESG基金通过为人类行善，在投资上能做到有善果吗？

11.1 何为"聪明的β"

关于"聪明的β"投资策略，并没有一个被广泛接受的统一定义。

多数人使用这一术语时，头脑中想的是这类策略有可能产生额外（即高于市场）的投资收益，办法是使用相对被动的以规则为依据的投资策略，但承担的风险不高于低成本的整体股市指数基金。

我在前面数章中曾说过，每一个投资组合的核心部分应该由成本低廉、税收有优势、以大型指数为基础的指数基金组成。通过持有一个包含市场上所有股票的投资组合，其中每只股票的权重与其市值（等于发行在外股份数与股价的乘积）成相应比例，投资者将确保能获得市场收益率。前面数章给出的大量证据表明，对于投资者来说，相对于试图战胜市场的主动管理型基金，指数基金一般而言会提供更高的净收益率。

如果一位投资者买入一只低成本的（美国）整体股市指数基金，他在承担美国股市涨涨跌跌的风险的同时，也会获得市场收益率。记住，市场风险由β来衡量，且市场的β值根据定义确定为1，这在第9章中已经提及。通过承担待在股市中的风险，投资者会获得风险溢价，这种风险溢价被定义为来自市场的额外收益，高于通过持有美国国债所能获得的安全收益。

这种因接受股价涨跌波动而带来的风险溢价一直很可观。自1927年以来，股票给投资者的回报（包括股利和股价上涨），每年比美国国债收益率大约高出7个百分点。但是，有过一些长期时段，股票表现不佳，股票所产生的收益率逊于安全资产。在2000年3月～2009年3月这9年期间，股票价格实际上出现了下跌。因此，股票投资者必须接受长时段投资表现不甚理想的状况。

在评估投资组合向任一方向倾斜或向多个方向倾斜的有利作用时，我们会运用一个通常被学者和从业者使用的统计数字。这一统计数字被称为夏普比率，由威廉·夏普首创（William Sharpe），他是资本资产定价模型的开发者之一。我们知道，投资者渴望高回报（高收益）和低风险（低波动性）。夏普比率将这两个因素融于一个统计数字之中。在夏普比率公式中，分子是投资策略带来的收益率，或者按照更常见的说法，是超过无风险利率（通常指 3 个月期美国国债利率）的超额收益率。分母是投资策略的风险或波动性，由收益率标准差（即随着时间推移收益率产生的波动）来衡量。如果策略 A 产生 10% 的额外收益率，波动率为 20%，而策略 B 产生同样的收益率，波动率为 30%，我们便可以说，策略 A 会受人偏爱，因为该策略具有更高的夏普比率，即每单位风险收益率更高。

$$夏普比率 A = \frac{收益率}{风险} = \frac{0.1}{0.2} = 0.5$$

$$夏普比率 B = \frac{收益率}{风险} = \frac{0.1}{0.3} = 0.33$$

采用"聪明的 β"策略的投资经理会让我们相信，纯粹的指数化投资，即每家公司在投资组合中的权重由该公司总市值来确定，并不是一个最优策略。投资者可以找到一个更好的风险收益平衡（即更高的夏普比率）。窍门在于，让投资组合向某个方向倾斜（或者说投资组合具有某方面特色），譬如向"价值型股票"或"增长型股票"倾斜、向市值大或市值小的股票倾斜、向相对趋势强或弱的股票倾斜。

还有建议做其他类型倾斜或体现其他特色的，包括"公司品质高"（含销售额稳定、盈利增长稳定、杠杆率低之类的特点）、盈利能力强、股价波动性低、股价呈上升趋势，以及股票流动性好。正如良好的厨艺会将数种食物特色融合，有些"聪明的 β"投资组合会将两种或两种以上的特色混合在一起使用。因此，除了将刚刚提及的特色中的数种混合在一起之外，还有将"价值型"和"小市值"混合在一起的策略。

"聪明的β"投资策略与第9章讨论的多因素分析模型有关。的确，这一策略常被称作基于不同因素进行的投资（factor-based investing）。如果我们假定资本资产定价模型的β不能完全衡量风险，那么上述所列投资组合的投资倾斜或投资特色便可以被视为额外的风险因素。例如，通过将投资组合向市值较小的公司倾斜，投资者便是在赌市值较小公司的风险溢价能够带来收益的增加。当然，在此，"聪明的β"策略被解释为一种通过承担额外风险而增加收益的投资策略。

11.2　四种美味特色的优缺点

11.2.1　价值胜出

1934年，戴维·多德和本杰明·格雷厄姆发表了一份面向投资者的宣言，该宣言直到今天都拥有大量忠实信徒，其中包括传奇投资家沃伦·巴菲特。多德和格雷厄姆认为，随着时间推移，"价值"终会胜出。为了发现"价值"，投资者应该寻找低市盈率和低市净率的股票。"价值"建立在当前实际情况而非未来增长预测的基础之上。这一理论与行为金融学家（如卡尼曼和塞勒）的观点非常吻合。行为金融学家认为投资者往往过度自信，他们以为自己能够预测盈利高增长的股票，因而会为增长型股票支付过高价格。

从心理上来说，我对这种投资策略抱有相当的同情。我挑选股票所秉持的原则之一，就是寻找有良好增长前景的股票，而且股票的这种前景尚未被市场发现，因此该股票具有相当低的市盈率。这种投资方法常被描述为"以合理价格购买增长型股票"（growth at a reasonable price，GARP）。我一再提醒投资者，要注意防范风靡一时的高市盈率股票中存在的风险。盈利增长尤其难以预测，因此持有低市盈率股票会好得多。如果增长得以实现，那么盈利和市盈率将可能双双上升，从而给投资者带来双重益处。购买高市盈率股票，其盈利增长未能实现，会让投资者遭受双重打击。盈利和市盈率将双双下跌。

历史证据表明，由低市盈率股票构成的投资组合（以及由低市净率、低市现率和／或低市销率股票构成的投资组合），即便用资本资产定价模型测量的风险进行调整，也会产生高于市场平均水平的收益。

市盈率和市净率之所以低，可能说明了风险因素已在股价中表现出来。处在某种程度财务困境中的公司，其股票交易价格相对于其盈利和账面净值可能会较低。例如，2009 年，像花旗银行和美洲银行之类的大型货币中心银行，其股价大大低于其财务报告中的账面净值，当时这些机构看起来很可能要被政府接管，股东的权益会被一笔勾销。

价值这一因素的标准测量值被称为 HML——市净率最高的 30% 的股票收益率减去市净率最低的 30% 的股票收益率。1927～2020 年，持有价值型股票可获得的年风险溢价是 4.0%。

还有一个测量价值溢价的方法，是计算夏普比率。自 1927 年以来，价值因素（由 HML 衡量）产生了 0.34 的夏普比率——对于和前面讨论的 β 市场因素近乎一样高的风险率，这是一个很可观的回报。

购买由两类股票（"价值型"和"增长型"股票）构成的涉及面广泛的股市投资组合，是可以做到的。其中"价值型"部分是市盈率和市净率最低的股票。由先锋集团发行的一只交易所交易基金，就具有这种特征，现在以 VVIAX 为交易代码进行交易。VVIAX 基金追踪 CRSP 美国大市值价值指数。先锋集团 VIGAX 交易所交易基金，追踪 CRSP 美国大市值指数中的"增长型"股票。小市值大型指数的"价值型"和"增长型"交易所交易基金，也可以从先锋公司购买。

11.2.2　小便是好

从长期来看，小型公司的股票，较大型公司的股票，往往会使投资者产生更多收益。这是研究调查者发现的又一个收益率可预测模式。根据罗杰·伊博森（Roger Ibbotson）的研究，自 1926 年以来，美国小型公司股票产生的收益率，比大型公司股票高出大约 2 个百分点。法玛和弗伦奇根据规模大小将股票进行了十分位划分。他们发现，第 1 个十分位也就是总市值最小的 10% 的股票产生的收益率最高，而第 10 个十分位，也就是总市值最大的 10% 的股票带来的收益率最低。而且，在同样的 β 水平上，小型公司也比规模更大的公司表现要好。尽管其他研究往往会质疑市值大小与收益率相关现象的持久性，但是，看上去市值规模确实是一个解释历史收益率的因素。

尽管存在上述模式，但我们还需要记住，小市值股票可能比市值更大的股票风险更高，理应为投资者带来更高收益率。因此，市值规模是一个应以额外收益而非定价无效性补偿的风险因素。

11.2.3　市场中存在一些趋势

关于股票价格走势，最早的实证研究工作要追溯到 20 世纪初，当时发现一系列随机数字会随一个时间序列的股价同时出现。但是，时间更近的研究表明，随机漫步模型在严格意义上并不能完全站得住脚。在股价变化之中，似乎存在着某些股价运行模式。在短时间持有股票期间，有一些证据表明股市中存在着趋势。股价出现上涨，紧随其后的上涨可能性要稍大于下跌。在较长时间的持有期间，看上去存在均值回归的现象。经过为期数月或数年的大幅上涨之后，随之而来的常常是剧烈反转。

已有人提出两个可能存在的原因，解释为何股价运行中存在着趋势：第一个原因建立在行为金融学的思考之上；第二个原因是市场对新信息反应迟缓。罗伯特·希勒是行为金融学领域主要研究者之一，他于 2000 年强调说，心理反馈机制使得股价被赋予了一定程度的趋势，在市场热情极为高涨期间，尤其如此。个人投资者看到股票价格正在上涨，便在一种"从众追涨效应"（bandwagon effect）的影响下，被吸引过来进了场。第二种解释基于这样的观点：当新消息出现时，投资者未立即调整自己的预期，尤其是关于公司盈利的消息超过（或未达到）自己的预期时。盈利出现积极的意外消息之后，股票收益率常常异常走高，股票价格看上去在对盈利信息逐渐做出反应。

很难将股市中存在趋势的证据解释为反映了风险。事实上，经常出现"趋势崩溃"的情形，此时，市场最喜爱的股票遭遇惩罚性反转。遵循趋势的投资策略当然具有一定程度的风险。

一般情况下，趋势通过考察不包括最近一个月的近 12 个月收益率来衡量。（最近一个月之所以排除在外，是因为这个月常常出现一次收益反转的情形。）趋势这一因素的测量值等于，表现最佳的 30% 股票的平均收益率，减去表现最差 30% 的股票的平均收益率。1927~2020 年，运用做多表现最佳的股票、做空表现最差的股票的趋势投资策略，在 90 余年的时段里产生了 9.1 个百分点的风险溢价和 0.59 的夏普比率。当然，对所有因素的测量都存在一个假设：投资者做多趋势最强、市净率和市盈率最低、市值规模最小的股票，并做空与此相反的另一只股票。交易成本、税收以及其他可能的实施成本不考虑在内。

11.2.4 低 β 值股票收益等于高 β 值股票收益

回想一下第 9 章的讨论，其中的实证研究结果表明，β 值与收益之间没什么关系。高 β 值股票并未产生资本资产定价模型假定的更高收益。但是，既然低 β 值股票波动性较小，那么投资者便可以通

过持有低 β 值股票组合提高夏普比率。因此，低波动性可以视为一个额外因素，能改善投资者的风险收益平衡。

投资者可以利用这一事实，设计各种"反 β 下注"的投资组合策略。例如，假设低 β 值投资组合的 β 值为 0.5（波动性是涉及面广泛的整体市场投资组合的一半），且这类投资组合产生与市场完全一样的收益率，市场的 β 值根据定义为 1，市场的收益率是 10%。投资者利用保证金融资买入一个低 β 值投资组合（在每 1 美元的市场价值中，自有出资为 50 美分），那么该投资者便可以让 β 值翻倍，也让该低 β 值投资组合的收益率翻倍。我们将在本章后面的部分讨论中看到，这样的技巧是所谓"风险平价"投资的基础所在。

11.2.5　其他因素

研究显示，还有其他众多因素对于"解释"过往股票收益有所帮助。最常用的两个因素是，衡量一家公司"盈利能力"和"公司品质"的统计数据。

11.2.6　可能会出现什么问题

这些策略运用于真金白银的投资是否有效？从历史数据来看，上面所考虑的四个因素（价值、规模、趋势、低 β 值）已产生很好的风险调整后收益。但是，在实践中，投资者或许捕捉不到看上去可以获得的额外风险溢价。

请记住，研究者已计算过的实际风险收益结果，一般会假设，投资组合在做多一个因素的同时，做空另一个因素（例如，做多价值型股票，做空增长型股票）。实际上，这样的投资策略有时会涉及相当大的交易成本，可能难以实施。买入股票以平仓一次卖空操作，其成本可能很高，而可供买入的股票可能非常有限。如果因素投资的收益率由市场参与者的行为错误造成，而不是由反映出的风险带来，那么随着时间推移，这样的收益率便会被套利交易消除，当更多投资资金流入低 β 值产品的时候，尤其会如此。的确，一直存在一个倾向：因素溢价在为人所理解并获得广泛传播之后会减少。

现在投资者可以通过买入投资基金和交易所交易基金，买到集中投资四个因素中任一因素的投资组合。先锋集团发行的 VVIAX 交易所交易基金，是一只具有代表性的"价值型"基金，追踪涉及面广且多样化的 CRSP 美国大市值价值指数。先锋集团 VSMAX 交易所交易基金追踪小市值公司指数。除此之外，还有这样的交易所交易基金，它的投资组合倾斜于与整个市场相比表现相对强势的股票。AMOMX 基金，由投资公司 AQR 发行，投资于认定有上涨趋势的大市值和中等市值股票。还有专注于单一因素的交易所交易基金 SPLV，该基金只买入波动性低的股票。

在表 11-1 中，我们将四种单一因素交易所交易基金的投资成果与简单的指数基金做比较。在比较中，我们使用一只来自先锋集团的整体股市指数基金（交易代码为 VTSAX）。单一因素基金要么产生了与

表11-1　对单一因素基金的评价（数据来自截至2022年的10年间）

因素（基金）	相对于整体股市指数基金 VTSAX的超额收益	相对于整体股市指数基金 VTSAX的超额夏普比率
价值 （先锋VVIAX基金）	−2.55	−0.15
规模 （先锋VSMAX基金）	−2.13	−0.30
趋势 （AQR AMOMX基金）	0.23	0.02
低波动性 （Power Share 500 SPLV基金）	−3.48	−0.08

追踪大型指数的指数基金大致相等的收益率，要么其收益率较为逊色。趋势型股票的表现在这 10 年间的确略优于整体市场。但是价值型、小市值和低波动性股票的表现劣于整体市场。所有单一因素基金都经历了长期表现劣于整体市场的状况。而且，其风险调整后的收益一直没有显著提高。单一因素基金的聪明的 β 投资组合的结果证明，这并非一种更胜一筹的投资方式。

11.2.7 混合因素投资策略

至此，我们已思考单独运用诸如"价值""规模""趋势"之类因素倾斜（或特色倾斜）策略来构建投资组合。现在，我们可以考察混合策略，即同时运用不同因素或特色，是否可能产生更加持久的投资收益。或许，在不同因素间进行多样化投资，可以使收益增强，或者说就特定收益水平而言带来更低的风险。如果因素之间的相关系数很低，那么多样化因素投资应该会有助益。如果某些因素之间的相关系数实际为负值，我们可以预期会出现更高的风险调整后收益。

事实上，因素之间的相关系数通常很低，或者为负值。例如，趋势因素与市场的 β、价值、规模等因素之间为负相关。因此，通过捕捉使用混合因素策略带来潜在的多样化益处，投资收益应该会得到提高。例如，当价值倾斜不起作用时，趋势倾斜往往会增强收益。

安德鲁·伯克金（Andrew Berkin）和拉里·斯威德罗（Larry Swedroe）作为一部因素投资极佳指南书的作者，将不同倾斜因素相结合构建投资组合，并模拟出收益与风险的结果如表 11-2 所示。他们混合因素投资组合的配置办法，是在四个因素中的每一个因素上都投入 25% 的投资资金，包括市场的 β、规模、价值和趋势。该混合因素投资组合展示出低得引人注目的不稳定性（即收益率标准差低）和高得多的夏普比率。即使想要更高的夏普比率，也可以通过添加"盈利能力"和"公司品质"这两个因素获得，但代价是平均收益率会更低。

表11-2 斯威德罗和伯克金模拟的收益风险结果（1927～2020年）

	平均收益率（%）	标准差（%）	夏普比率
市场的β	8.7	20.3	0.43
规模	3.1	13.6	0.23
价值	4.0	15.3	0.26
趋势	9.1	15.6	0.59
混合因素投资组合	6.4	8.7	0.71

当然，这些模拟结果并未将任何管理费或交易成本考虑在内。而且，各个规模、价值和趋势部分都是多空双仓投资组合 ⊖，并且假设卖空平仓没有任何困难。问题依然是，能否在实践中实现投资组合表现出的模拟收益。此外，虽然很多多因素投资策略的长期结果良好，但有趣的是，若考察截至 2022 年的二十余年间的表现，会发现"规模""价值"和"低波动性"因素一直未产生正收益。

11.3 实践中的混合基金

11.3.1 DFA基金管理公司

DFA 基金管理公司（Dimentional Fund Advisors，简称 DFA 公司）成立于 20 世纪 80 年代初，旨在向投资者提供混合因素策略应用于实践的投资组合。投资组合使用最初法玛 – 弗伦奇三因素风险模型中规模和价值两个因素进行设计，通过向近期价格强势的股票和盈利增长强劲的股票倾斜增强投资收益。2021 年，DFA 基金管理公司管理的

⊖ 例如，价值组合持有规模最小的股票作为多头仓位，同时卖空规模最大的股票作为空头仓位。

资产规模远远超过 6 500 亿美元。

DFA 公司旗下基金一路走来，与投资者可投资的其他众多"聪明的 β"基金相比，业绩略胜一筹。一般而言，DFA 公司基金成本低廉，费率仅仅稍高于追踪大型指数、按市值分配权重的交易所交易基金。DFA 公司基金可以作为共同基金和交易所交易基金购得，也可以通过投资顾问公司购得。DFA 公司直言不讳地表示，它可能获得的任何额外收益都代表了对额外风险的适当补偿。此外，DFA 公司基金像所有"聪明的 β"基金一样，也经历过表现较差的时期，尤其是在截至 2022 年的一二十年间，价值型股票收益严重落后于增长型股票的时候。

11.3.2　RAFI基本面指数基金

另一个很早便支持"聪明的 β"投资的公司是 RA 公司（Research Affiliates），2021 年，该公司已有超过 1 500 亿美元的管理资金。RA 公司的创始人罗伯特·阿诺特（Robert Arnott）声称，市值权重法（即按照每家公司的市场价值确定投资组合中的股票权重）意味着，持有如此投资组合的人总是在持有过大份额的价格被高估的增长型股票。他会避免这一所谓定价无效性问题，办法是根据每只股票诸如盈利、资产之类的经济指标来调整权重。他将此种办法称为基本面指数法（fundamental indexing）。当然，如此确定权重的做法会让 RAFI 基金倾斜于价值和小市值因素，这样一来，其投资组合便与其他多因素"聪明的 β"投资组合非常相似。

有段时期 RAFI 交出了极为出色的业绩答卷，那是在 2009 年。当时 RAFI 投资组合以很大权重过度配置大型银行股，那些银行股正以低于账面资产净值的价格交易。但是，这一策略风险极大，因为那些当时深陷困境的银行是否会避免国有化，形势极不明朗。在价值型股票表现不佳时，RAFI 的投资组合也是如此。

11.3.3 高盛主动 β 型交易所交易基金

高盛公司于 2015 年首次发行其"聪明的 β"基金。这只交易所交易基金的交易代码为 GSLC。它依靠这样四个因素构建投资组合：良好的价值、强劲的趋势、优秀的品质、低波动性。该基金的费率仅为 9 个基点（即 0.09%），为"聪明的 β"基金中费率最低的。这一费率接近费率最低的整体股市指数基金。

11.3.4 等权重投资组合

通过对某一指数中每只股票给予相同权重，而非根据每只股票的总市值来确定权重，投资者可以获得与一些多因素投资模式相似的收益率。等权重法既会增加小公司的权重，又会增加价值型公司的权重，同时会降低最受欢迎的增长型大公司的权重。Invesco 等权重 500 交易所交易基金（交易代码为 RSP），投资于标普 500 指数中的每一只股票，每只股票权重为五百分之一。等权重投资组合的多样化和风险特征，不同于根据市值大小确定权重的投资组合。等权重投资组合也不具有税收优势，因为重新调整组合内的股票时，需要卖出价格已上涨最多的股票，以减少其在组合中的权重。

多因素基金的长期业绩记录一直显示多因素基金有前途。因为它们一直能得益于因素之间较低或负相关的系数，其中有些基金一直能够带来一定程度的收益提升，其夏普比率非常接近大型股市指数。然而，矛盾的是，在截至 2022 年的十年间，多因素基金的表现甚至劣于单一因素基金（见表 11-3）。这些基金在税收优势上也可能稍逊一筹，因为在执行投资策略时会涉及调整所持股票，产生应税资本利得。

表11-3 对多因素基金的评估（数据来自截至2022年的10年间）

基金	相对于整体股市指数基金 VTSAX的超额收益	相对于整体股市指数基金 VTSAX的超额夏普比率
DFA大市值价值基金（交易代码：DFUVX）	-0.53	-0.29
DFA小市值价值基金（交易代码：DFSTX）	-3.75	-0.48
Power Shares RAFI基金（交易代码：PRF）	-1.86	-0.15
等权重交易所交易基金（交易代码：RSP）	-1.01	-0.14
高盛主动β美国大市值股票（交易代码：GSLC）	-0.19	-0.07

11.4 对投资者有何意义

"聪明的β"投资策略依赖某种类型的主动管理。这些投资策略并不力图挑选单只股票，而是将投资组合倾斜于历史上已显出产生高于市场收益的各种因素。从有利的一面说，"聪明的β"投资组合提供这些因素倾斜时，费率常常在相当程度上低于传统的主动管理型基金所收取的费率。

一般而言，"聪明的β"基金和交易所交易基金的收益记录一直时好时坏。多因素交易所交易基金十年来未能产生超额收益。而且，这些基金与按市值确定股票权重的基金相比，税收上优势更少，因为后者不需要定期进行持仓调整。

即使在这些基金获得超额收益或者更为有利的夏普比率的时段，超额收益和夏普比率也应解读为承担一组不同风险所带来的回报。对投资者而言，"聪明的β"投资组合可能并不代表一种更好的"捕鼠夹子"。投资者应该警惕，不要让自己被风险更大的"捕鼠夹子"给夹住了。

　　"聪明的 β"投资组合一直是营销炒作的对象,受到相当多的吹捧。"聪明的 β"投资策略未来是否能被证明为聪明的投资,取决于策略实施时市场的估值水平如何。美国股票"价值"投资策略曾在市场走出互联网泡沫之时表现异常优秀,因为当时相对于多数价值型股票,增长型科技公司的股票都定价过高。但是,在截至 2022 年初的十年间,价值型和小市值股票表现非常糟糕。投资者应当认识到,如果有某种因素型股票变得价格很高,那么,随着"聪明的 β"基金日益受人欢迎,最终结果很可能会令人失望。在截至 21 世纪 20 年代初的十年间,"增长型"因素变得越来越受人欢迎。

　　投资策略在投资结果公布之后变得广为人知时,常常会使其丧失有效性。如果投资策略依赖市场误定价而不是对风险给予补偿,投资策略尤其会失去有效性。如果你的确想冒险,赌一赌某些风险因素未来会产生更好的风险调整后收益,那么你可以非常谨慎地冒险一试,前提条件是你的投资组合核心部分,得由按市值确定权重、跟踪大型指数的指数基金构成。

11.5　风险平价

　　瑞·达利欧(Ray Dalio)是一独特的个体。他是亿万富翁,世界上最富有的人之一,同时又是头号畅销书作者。他在桥水公司(Bridgewater Associates,简称桥水)管理着世界上规模最大的数只对冲基金。在桥水,他开发出获得巨大成功的风险平价(risk parity)基金,这只基金被称为全天候基金(All Weather Fund)。他在其名为《原则》的书中,描述了为桥水公司提供行动指南的 200 余条原则。

　　《原则》一书是不是一个向人们展示如何在投资中获得成功的样板,不甚清楚。当然,投资策略必须"基于证据",必须经受他人热烈辩论和批评的检验，书中这样的观点无可辩驳。但是，达利欧在桥水公司创造的工作环境一直被人描述为"有毒"。

达利欧坚持要求，为了将雇员的绩效带向更高水平，必须始终用是否"极端诚实"来评价雇员，而不是用是否友善来评价。每天，关于该组织及其雇员是否有效达到预期要求，都要收集观察到的事项（即所谓的观察点）。所有会议都要录音、录像。雇员可能受到公开批评，每个雇员都有一张卡片描述自身的不足之处，可在网上供公司内每个人查看。对于未达到预期要求的雇员，大家对他们的公开批评，被称为"公开执行的绞刑"。公司告知雇员，要将一群鬣狗猎杀一只幼年牛羚的范例，视为相互间在工作中相处的行动蓝图。难怪几年内就有三分之一的雇员离开桥水。有个雇员向康涅狄格州人权委员会投诉说，桥水是一只"装满恐惧和胁迫的鼎镬"。

但是不可否认，这个组织在吸引管理资金方面一直很成功。有些人很欣赏这种"强硬文化"。其中一位是桥水公司的前雇员，他是以联邦调查局前局长闻名的詹姆斯·科米。科米说过："我一生中只在这种陌生的实地调查中受到过'盘问'。我出庭作过证，我多次向美国总统做过简要汇报，我在美国最高法院的法官面前争论过，而我却在桥水公司受到过盘问。桥水最不讲情面。"你可以批评瑞·达利欧，但科米还是要说："他是一个精明的混蛋。"

桥水公司最大的成功之一，是开发了"风险平价"投资技术。风险平价技术赖以存在的基于证据的原则是，相对安全的资产所提供的收益常常高于其风险水平所要求的收益，而风险更高的资产相对定价过高，回报低于其应有水平。因此，为了提高风险和收益，投资者可以给低风险资产加杠杆，用借入的资金购买低风险资产来提升收益。

11.5.1　风险平价技术

　　有两个方法投资者可望借以提高投资组合的收益和风险。一个方法是，在投资组合里超权重配置风险更高的资产，比如股票。另一个方法是投资于广泛多样化的投资组合，赋予相对安全的资产以更大的权重，相对安全的资产须有望带来尚可的收益和相对低的预期波动。然后可以对这种相对安全的资产加上杠杆，以提高其风险和收益，并为投资者提供更好的预期每单位风险收益。毫无疑问，加杠杆可能会带来其自身独有的一组额外风险，因为加杠杆的投资者面对常常席卷金融市场的临时风暴时，安然度过的能力会较弱。但是，对于有能力接受杠杆额外风险的投资者，风险平价投资组合可能具有足够的吸引力，值得在整个投资组合中占有一席之地。

　　有相当多的证据表明，个体对获胜希望渺茫，但若获胜就有重大潜在回报的押注对象投入过多资金。想象一下你在赛马上押注的情形。如果你给场上每匹赛马都押注，那么你保证会持有一张中奖票，因为总会有一匹马赢得比赛。但是，你取回奖金后会发现，你大约输了20%的钱，因为赛马场在扣除20%的所有赌注金额以应付交税、比赛费用和利润之后，才算出应付奖金。

　　在每一场比赛中，都有一些胜率很小的赛马，人们认为它们最不可能获胜，却有着最大潜在回报。假设你认为获得如此巨大回报的前景很诱人，以致在每一场比赛中都押注于最不可能获胜的赛马。那么，你偶尔会赢，但随着时间推移，你大约会输掉40%的投注金额。然而，如果你在每场比赛中押注于最受追捧的那匹赛马，你大约在三分之一的时间里会赢。不过，渐渐地，你还是会输钱，只是大约输掉5%的押注金额。尽管没有万无一失的办法在赛马场获胜，但始终如一地押注于最受喜爱的赛马，其结果不会逊于押注于最不可能获胜的赛马。

虽然一般而言投注赔率的确能很好地预测赛马冲过终点时的顺序，但人们总会对最不可能获胜的赛马过度押注，对最有望获胜的赛马投注过低。

在资产类别的世界里，也有最有望获胜的赛马和最不可能获胜的赛马。股市和赛马场的回报有一个引人注目的相似之处：人们往往会对风险高而收益可能奇高的投资投入过多资金。非常安全的股票所提供的收益，看起来会高于其风险所必然要求的收益。

在第 9 章，我们检视了富有创新意义的法玛 – 弗伦奇研究，该研究显示，高 β 值股票（即对市场总体股价下跌最具敏感性的股票），相较于更加稳定的股票，不会给投资者提供更高的收益率。这一研究结果构成了可能实施风险平价策略的底层逻辑。如果收益与 β 之间关系不紧密的历史模式继续存在，那么以保证金融资买入低 β 值资产，以提高投资组合风险和收益至投资者希望的水平，便是最优做法。通过使用足够大的杠杆，可以将投资组合的 β 值提高到与市场投资组合相同的水平，同时获得高于市场投资组合的收益率。

11.5.2　安全债券也可以提供利用风险平价的机会

低风险资产看起来会提供高于其风险特征所必然要求的收益率，这一研究发现不仅在股票市场立得住，在不同的资产类别中也适用。债券的波动性大约为股票的一半。债券收益的波动率大约比股票收益低 50%（股票收益率标准差为 2%，债券收益率标准差不足 1%）。但是，在截至 2022 年的 90 年间，债券产生了 5.9% 的平均收益，股票则是 10.3%。

风险平价技术承认上文所提看起来存在的实证规律，试图对之加以利用，办法是用保证金融资买入债券，以增加债券的收益率，同时将投资者的风险提高至持有股票投资组合的水平。表 11-4 就是一个如此操作的例子。在此例中，我们展示出，在 2007～2016 年期间，一个投资者若以 50% 的保证金融资买入债券，会得到怎样的投资结果。投资者会让其投资收益翻一倍，也会让其风险翻一倍 [⊖]。

表11-4 风险平价举例（股票和债券收益产生期间为2007～2016年）

	年均收益率（%）	标准差（%）
标普500指数	8.6	2.0
10年期美国国债	5.1	0.8
加杠杆债券投资 （50%保证金）①	10.2	1.6

① 假设每100美元的投资之中融资50美元的成本为零。

11.5.3 风险平价投资组合与传统60/40投资组合之比较

我们在第 8 章讨论过投资组合理论，其中描述的投资技术也可用作支持风险平价的另一个论据。很多机构的投资组合和"平衡型"基金包含 60% 的股票和 40% 的债券，或者使用 60/40 投资组合作为它们投资业绩衡量基准的一个代表。然而，风险平价或许可以提供更好的风险收益平衡。

60/40 投资组合看上去非常谨慎，为保护投资者免遭股市中难免的暴跌损失进行了良好设计。事实上，这些投资组合的波动性大约 90% 来自投在股票上的那 60% 的仓位。在 2008 "危机"之年，60/40 投资组合丧失了超过 25% 的持仓市值。我们能轻而易举地证明 60/40 投资组合可能并非最优选择。

⊖ 精确计算时，需要算入加杠杆头寸的融资成本，比如以无风险利率借入资金的融资成本。如果用保证金购买债券，融资按无风险利率计算成本，那么这笔加杠杆债券投资的收益率将降至 9.9%。但是，即使这位投资者按短期无风险利率或稍高利率，借入资金并支付利息，投资组合仍具有同样的优势。投资者想要的杠杆，也可以利用衍生品市场来建立。通过衍生品融资的固有成本，通常低于现金融资成本。

　　我们把点轨迹（称为机会轨迹，图 11-1 所示为一例），视为所有股票加债券的组合点，及其相应各投资组合产生的风险收益特征。风险最低的投资组合由 100% 的债券组成，因为债券收益率标准差比股票低。通过向投资组合中添加一些股票，我们可以获得更高收益率，因为股票收益在以往一直高于债券收益。对于一些债券叠加股票的组合点而言，相应的投资组合标准差至少能下降，因为一般情况下，债券和股票的相关系数很低（有时甚至为负）。最终，随着我们移动到 100% 由股票组成的投资组合，风险会增加，因为股票收益率标准差超过了债券。

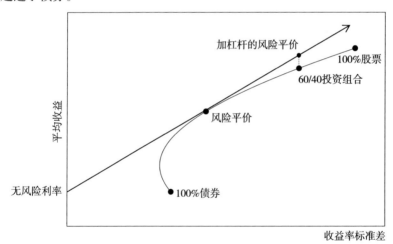

图11-1　风险平价与60/40投资组合之比较

　　曲线轨迹上添加的两个点很有意思。注意，由 60% 的股票和 40% 的债券构成的投资组合，在轨迹线上，接近处于末端的全为股票的组合点。此外，还要观察到，从无风险利率引出的直线与机会轨迹相切。我们会把切点处的投资组合称为股票和债券风险平价投资组合 ⊖。投资

⊖　注意，风险平价点左侧所有投资组合，代表无风险利率投资与风险平价投资组合的组合点。

者可以沿着直线移动到风险平价点的右侧，用保证金按无风险利率融资购买风险平价投资组合。切线上所有可能的投资组合，较曲线轨迹上的投资组合，会提供同样好或更好的风险收益平衡。我们尤其会看到，加杠杆的风险平价投资组合与60/40投资组合相比，显然占据上风。它和60/40投资组合风险相同，但会提供更高的投资收益。

11.5.4　桥水全天候基金

至此，我们已举例加图示说明了仅仅使用两个资产类别（股票和债券）的风险平价投资组合。在实践中，风险平价投资组合包含很多资产类别。例如，房地产（此类资产的投资途径，举例而言，可以使用房地产投资信托指数基金）就可能包括在整个投资组合之内，大宗商品基金以及防通胀国债也是如此。风险较低的资产不妨通过保证金交易持有。只要添加的资产类别有着相对低（或至少不很高）的相关系数，构建投资组合的效果往往便是降低了整个投资组合的波动性。此外，不同资产类别对不同经济情况很可能会做出不同反应。这正是桥水公司将其风险平价基金称为全天候基金的原因所在。

注意，这种投资技术并不依赖对投资组合进行主动管理。投资组合的组成部分可以跟踪指数，进行被动管理。这种投资技术不依赖根据投资组合经理的择时直觉而在不同类别资产间转换持仓的做法。而且，即便其他风险测量值，譬如对行情下行的敏感度，被视为比整个投资组合波动性更加适当的风险测量值，风险平价技术也适用。需要做到的是，对资产配置进行调整，使得投资组合的所有组成部分对投资组合风险具有同等贡献度。

11.5.5　可能会出现什么纰漏

风险平价投资法在金融危机期间渐受欢迎，因为风险平价投资组合往往表现优于传统上按市值确定权重并大量配置股票的投资组合。不同的风险平价投资法会使用不同的确定权重的做法，也使用不同的资产，但都倾向于给固定收益证券（债券）配置高于标准投资组合的权重。虽然风险平价投资法不只是押注于加杠杆债券，但需要认真考虑投资计划中这种杠杆所涉及的风险。

自20世纪80年代初一直到2020年，债券产生了出类拔萃的风险调整后收益。这使采用风险平价投资法的投资者得以使用杠杆买入债券，获得高于在股票上可以得到的净收益。但是，在20世纪80年代初，美国国债的收益率达两位数。2020年，10年期美国国债收益率不足1%。如果10年期美国国债收益率上升至更为正常的水平，债券价格会下跌，进一步降低债券的收益率。虽然利率在很多经济预测者所预测的经济环境中可能保持在低位，但债券产生的收益率不太可能接近其在1982～2020年期间产生的高收益率。

对于投资者，杠杆是一种具有潜在危险的工具。一个不加杠杆的投资者，可以继续持有价格已下跌的债券，并希望最终价格会反弹或者债券以回归面值的价格到期。加杠杆的投资者在价格急剧下跌的趋势中，可能会被迫清盘手中债券头寸，将一时浮亏变为永久亏损。因此，尽管债券收益在正常经济环境中可能波动性较低，但是较低的波动性可能会剧烈上升，展现出显著的负偏态。还可能出现的情况是，风险平价投资组合中其他资产类别未能产生足够高的风险溢价，在与经济环境的相关性上，不具有与其过去相同的相关系数。表11-5显示出桥水公司全天候（12%策略）基金史上的真实投资成果。这只基金未产生较先锋平衡型指数基金更高的收益率，夏普比率也更低。最初的风险平价投资组合，其最新真实收益并未达到理论上预期的良好结果。

表11-5　真实收益与风险（2006年7月～2021年7月）

	桥水全天候 12%策略基金	先锋500上将 指数基金	先锋整体股市 上将指数基金	先锋平衡型 上将指数基金
年收益率（%）	6.73	11.14	11.14	8.69
标准差（%）	11.00	15.11	15.62	9.45
夏普比率	0.52	0.71	0.69	0.83

　　风险平价投资组合显然并非在所有经济形势下都是最佳投资组合。尽管如此，杠杆是应放入投资者工具箱的投资技术。在我看来，风险平价不应视为只是对持有固定收益证券加杠杆的押注。在有些经济形势下，对于持有广泛多样化投资组合（包括国际证券），并希望利用杠杆以增加整个投资组合收益和风险的投资者，这种投资技术应当被评判为一种恰当的技术。

　　高净值投资者若寻求在投资组合中拥有一部分收益更高的资产，有能力接受利用杠杆带来的风险，应当考虑在其他投资之外，添加一个风险平价投资组合。将投资组合集中在收益更高的投资之上，还是利用杠杆增加收益，两相比较，后一种策略可以做到更为有效。

11.6　ESG投资

　　21世纪20年代初期，ESG投资成为积极管理型投资中最为流行的类型。所谓ESG投资，就是投资组合管理人会清晰地思考所持投资组合内上市公司给环境和社会带来的影响，并且清晰地思考每家公司的管理层和董事会是否遵循最佳公司治理惯例。有些赞同ESG投资的人认为，将这些伦理性思考纳入投资组合的构建，不仅会有益于社会，还能提高投资收益。这种投资运动有一句咒语式箴言，人们常常认为它源自本杰明·富兰克林，就是："人行善事，便有善果。"世界上规模最大的资产管理人贝莱德集团，其2021年管理的资产近10万亿美元，它就明确表示，"可持续发展型投资"能够提升投资收益。据分析机构彭博行业研究（Bloomberg Intelligence）的预测，到2025年，因持ESG投资理念而投出的资金规模将超过50万亿美元（占全球所有管理型基金资产估计值的三分之一以上）。

尽管无人能够指摘此种运动背后的高尚动机，但在实践中，极难确定ESG投资组合中持有的公司是否会具有资金管理人期望的社会影响。据说，评级机构通过为上市公司提供ESG综合评分，能够满足这一需求。评级机构类型多样，有Sustainalytics之类的ESG专业化评估公司，也有MSCI之类的大型指数提供商，它们在确定资本如何配置方面，具有越来越大的影响力。不过，不同评估机构提供的评估分值差异巨大，具有显著的不一致性。麻省理工学院做过一项研究，发现评估机构之间的相关系数平均仅为0.61，其中有些机构两两之间相关系数低至0.42。若将这些数字放入评估界进行全景考察，则发现标普和穆迪的信用评级之间的相关系数超过0.99。

即便是考察同一类品质，比如碳排放强度，ESG评级机构亦不一致。在电力行业内部，造成最多碳足迹的一家企业是埃克西尔能源公司（Xcel Energy）。有些评级机构给埃克西尔的评级很低，因为该公司火力发电份额占比很大。但是，埃克西尔是美国首家做出承诺的公用事业公司，承诺到2050年实现无碳生产，并且它是一家建设风力发电设施的领头羊公司。因为造成碳足迹，我们就应该拒绝投资吗？或者，因为公司做出可信赖的投资而最终可能导致碳排放降低，我们就要赞同公司吗？

就有些公司而言，碳足迹并非一个重要考量因素，对于这样的公司，ESG评级有着显著差异。路孚特（Refinitiv）给苹果公司的评分很高，为73/100，而标普全球（S&P Global）给出的评分只有23/100，接近22家同行业公司的最低分。甚至在ESG评估要素完全相同的公司治理上，给出的评分也不接近。Sustainalytics 认为苹果公司是最符合最佳治理标准的公司之一，而 MSCI 则认为苹果公司的治理评分在同类公司中为倒数第二。

如果碳足迹和公司治理是将一些公司排除在 ESG 投资组合之外的重要考量因素，那么什么类型的公司才能获得投资者偏爱？考察一番规模最大的 ESG 基金和交易所交易基金所持有的头部仓位，我们发现谷歌母公司（Alphabet）和脸书母公司（Meta Platforms），以及维萨信用卡公司和万事达信用卡公司，占有突出的地位。这些公司都受到了应有的公众争议。有些公司已被发现侵犯个人隐私，有些公司收取高得离谱的利息，而所有 ESG 投资者都投资于这样的公司，他们的社会良知是否都减弱了呢？

ESG 投资的流行，已导致众多公司习惯做出"漂绿"的虚假环保宣传。有些公司即便未给环境带来什么益处，却会自我营销，宣称自己是环境友好型公司。一家航空公司声称，在横贯大陆的航线上，其平均碳排放低于竞争对手公司，哪怕实际情形正相反。这些公司为了证明自己所称正确，用每位旅客的碳排放量作为衡量数据。而在这一统计数据上，这些公司之所以看起来很好，是因为它们使用更多座位紧凑的较大型飞机。有些说法非常荒谬，仿佛告诉人们，如果我们将现在的温度计量由华氏温标改为摄氏温标，便不会存在全球变暖的状况。

诸多提供 ESG 投资的基金公司声称，以社会责任为导向的 ESG 投资可以提高投资收益。在一些特定时期，有些具有 ESG 具体投资授权的基金的确表现胜出一筹。2020 年，随着新冠疫情期间油价暴跌，科技股价格飙升，未持有石油类公司股票的基金表现优秀。然而，2021 年，石油类公司股票却跻身市场表现最优的股票之列。没有任何令人信服的研究表明，ESG 投资会提供一贯胜出一筹的长期投资收益。这样的基金较以大型指数为基础的指数基金缺乏多样化投资，可能风险更大。它们的费率也更高，因此往往会降低投资收益。ESG 基金管理人声称会提高你的收益之时，更大的可能是，其更高的管理费会得到补充。

萨姆·亚当斯（Sam Adams）和拉里·斯韦德罗，对 ESG 投资收益做过最为全面的调查。他们发现，虽然不同的研究得出显著不同的结论，但有毫不含糊的证据表明，可持续发展型投资会提升长期投资收益。他们表示，短期和长期投资之间的收益差距可以解释为何出现不同的实证结果。符合 ESG 理念的投资需求增长，可以造成股价上升，从而能提升可持续发展型基金的投资收益。不过话又说回来，所谓的"绿色环保"股会在更高市盈率和更低长期必要收益率水平的价位上进行交易。因此，任何短期收益的实现，均以损失长期收益为代价。那些希望进行可持续发展型投资的投资者，应当有合理预期，包括接受更低的长期收益。

聚焦于 ESG 投资可能会影响公司行为。如果 ESG 型公司享有更高的股价和更低的资本成本，那么它们会受到鼓励而提高 ESG 评级。因此，聚焦于可持续发展型投资可能会导致公司以更为积极的方式进行经营。投资者对 ESG 的关注可能产生积极影响，鼓励公司采取能产生积极社会效益的行动，比如减少温室气体排放。不过，并没有明显的证据表明，不利于非可持续发展型公司的投资行为，比如减少投资，影响了这类公司筹集资本的能力。若得出结论认为，越来越多的资金投于可持续发展型公司，将足以使国家实现环境目标，恐怕也是一个错误结论。降低经济体碳排放强度最为有效的方法，是改变污染环境的经济激励。通过征收碳税或许能够达到目的。或者，政府可以拍卖掉有一定数量限制的可交易的污染许可证。企业如果面临特别高的减少污染的成本，可以减少排放，以避免付出从官方获取许可证的成本，或者避免购买许可证。对于质疑政府出售污染排放权是否合乎道义的人，有一个很好的回答：出售排放权优于赠送排放权。

显然，投资者中存在着一种强烈需求，即确保其投资与其伦理原则相一致。除了实现财务目标，还有潜在的来自投资的情感收益。人们想要将其投资策略与社会价值观保持一致。如果人们在提高投资收益的同时，又能推动其投资的公司改善社会效益，那么这毫无疑问会有利于人们意愿的实现。但是，那些在广告中宣传自己既能帮你拯救世界，同时又能提高你的投资收益的以大型指数为基础的投资产品，并没有兑现承诺。管理资产最多的 4 只 ESG 交易所交易基金，其交易代码是 ESGU、USSG、SUSL 和 DSL。只有 DSL 有长期业绩记录。在截至 2022 年的 10 年间，这只基金的业绩逊于代码为 VTSAX 的以大型指数为基础的指数基金。这几只基金所持仓位是否全都具有名副其实的 ESG 优点，也很不清楚。此外，这样的基金相比于纯粹的指数基金，多样化程度较低，管理费率更高，长跑下来，业绩可能大为逊色。在试图做到"人行善事，便有善果"的过程中，你可能两样目标都不能实现。

那么，如果你想要至少将一部分资金按你赞同的 ESG 理念做出可靠的投资，你应当如何做呢？我依然认为，个人投资组合的核心部分应当由成本低廉、具有广泛多样性的指数基金构成。然后，你不妨添加一笔资金配置于可再生能源基金，或另外某只对你而言非常重要的与特定主题相符合的基金。但是，要认真看一看你所购基金中包含的具体股票，以确保那些股票确实与你的特定伦理目标相符。尽职调查最为重要。而且，不要误以为，绿色环保型投资会产生打败市场的收益。善果是不易获得的。

11.7　最后评价

毫无疑问，投资者应当了解构建投资组合的新方法。高净值投资者不妨可以考虑将多因素"聪明的 β "基金或风险平价投资组合，添入其整个投资组合。因素投资法可以潜在地增加收益，代价是承担与标准的广泛多样化投资的指数基金稍有不同的一组风险。投资者若有能力接受杠杆投资中固有的额外风险，不妨审慎考虑将风险平价投资组合添入整个投资组合之中。所有投资者可能都希望在投资组合中加入一只或数只致力于"环境可持续发展型"投资的基金。不过，这些投资产品都只应在这样一个前提条件下予以考虑：成本低廉，并且其可能不利的税款影响能与整个投资组合中的其他部分相抵消。此外，我仍然相信，以大型指数为跟踪对象的整体股市指数基金应当成为每个人投资组合的核心部分。对于预期这样的基金产品会产生怎样的收益，其中可能会踩到什么样的坑，投资者也需要抱有完全现实的态度。没有任何一只基金可以替代以大型指数为基础、多样化程度很高的指数化核心投资。当然，有些投资者开始在为退休做计划，构建一个股票投资组合，对他们而言，标准的以市值确定股票权重的指数基金是他们最初应当做出的适当投资。

第四部分

随机漫步者及其他投资者实务指南

A RANDOM WALK DOWN
Wall Street

第12章

随机漫步者及其他投资者健身手册

拿钱投资时，你想获得多少收益，应该取决于你想吃得好还是睡得香。

——J. 肯菲尔德·莫利(J. Kenfield Morley)

《我的若干信念》(*Some Things I Believe*)

本书第四部分是为你在华尔街进行随机漫步而提供的实务指南。在本章，我将就投资问题提出总体建议，这些建议应该对所有投资者都有助益，即便是不相信证券市场高度有效的投资者也能从中受益。在第13章，我将试着解释股票和债券收益近期出现的波动，并且告诉你怎样才能估测股票和债券的未来收益率。在第14章，我将提供生命周期投资指南，阐明你所处的人生阶段对于确定最可能实现理财目标的投资组合会产生怎样的重要影响。

在第15章，我将概述几种具体的投资策略，献给这样的股票投资者：他们至少在某种程度上相信有效市场假说，或者他们确信即便确实存在真正有效的投资技巧，他们也不太可能寻觅得到。不过，要是你明智的话，你只会在进行了周密的准备之后，才开始迈开步子随机漫步。股票价格固然会随机变动，可你却不应当随意行动。仔细思考一下本章随后将提出的总体建议，作为一套热身练习，这些建议会使你做出明智的理财决策，并提高税后投资收益。

12.1　练习1：收集漫步必需品

很多人认为，要想过上舒适的退休生活，要想拥有收益丰厚的投资组合，你就得知道应该买入哪些不同凡响的个股和共同基金。很遗憾的是，这样的想法实在没什么价值。生活的严酷真相是，驱动资产增长的最重要因素是你会储蓄多少钱，而储蓄需要严格要求自己、约束自己。没有定期的储蓄计划，你投资的钱赚5%、10%，甚至15%，都不重要。要实现财务安全，你所能做的最为重要的事就是开始定期储蓄，而且要尽早着手储蓄。要过上舒适的退休生活，唯一可靠的办法就是慢慢地、稳稳当当地积累储蓄金。然而，很少有人会按照这一基本规则行事，一般美国家庭的储蓄都严重不足。

现在就开始储蓄极其重要。你推迟投资一年，要实现最终的退休目标，难度便增加一分。要相信时间的力量，不要相信你能选择时间。一家银行的橱窗上一句告示语说得好：一点一点地积累，你在此就能稳妥地积累下一份强有力的储备，但只有开始行动，你才会达到目标。

缓慢（但确定）致富的秘密在于复利会创造奇迹。阿尔伯特·爱因斯坦曾将复利描述为"有史以来最伟大的数学发现"。简单地说，这意味着你不仅在原始本金的投资上会获得收益，你将累积的收益进行再投资也会让你获得收益。

杰里米·西格尔（Jeremy Siegel）撰写过一本极好的投资书，名叫《股市长线法宝》[⊖]。他计算从1802年一直到2021年各种金融资产的收益

　　⊖　本书中译版已由机械工业出版社出版。

率，结果表明复利具有令人难以置信的力量。如果 1802 年将 1 美元投资在股票上，那么到 2021 年底，这区区 1 美元差不多就会增值到 5 400 万美元。这一结果把根据消费者价格指数（CPI）衡量的通胀率远远抛在了身后。

如果你想得到快速致富的投资策略，那这本书不适合你。提供一朝暴富的投资策略，留给那些招摇撞骗的江湖术士去做吧。要是相信他们，你只会快速致穷。要致富，你得慢慢来，而且现在就得行动起来。

如果你在年轻的时候没有进行储蓄，到了 50 多岁时发现自己没有任何积蓄，没有任何退休金计划，信用卡债务倒是负担沉重，该如何是好呢？为了有个舒适的退休生活，做起计划来就困难得多了。不过，无论何时做计划，都为时不晚。要想把损失的时间补回来，别无他法，现在就得改变生活方式，节衣缩食，开始严格执行储蓄计划。另外，除了继续工作、推迟几年退休，你可能也别无选择。所幸的是，利用税收有优势的退休金计划，追赶起来会更容易些，下文将会谈及这些退休金计划。

因此，让时间来支持你吧。早早开始储蓄，定期储蓄。生活开支不要太大，过得去就行，已经存放在一边的钱不要碰。如果你的自制力不够，那就记住：唯一比死去更糟糕的事，就是人还活着，为养老而储蓄的钱没了。如果平均预期寿命可以相信，在今天，婴儿潮时期出生的人 ⊖ 大约就有 100 万人将至少能活到 100 岁。

12.2 练习2：不要在急需用钱时发现囊中空空，用现金储备和保险来保护自己

记住一条墨菲定律：凡事可能出岔子，就必定会出岔子。另外也

⊖　第二次世界大战之后，1946～1964 年，美国新生人口急剧增长，这一时期被称为婴儿潮时期。——译者注

别忘了奥图尔（O'Toole）对这条定律所做的注解：墨菲是一个乐观主义者。不好的事情确实会发生在好人身上。生活是一个有风险的命题，每个人一生中都会出现意想不到的需要花钱的事。正当你的家庭必须花费巨额医疗费用时，家里的锅炉往往会在此时炸得粉碎。就在你儿子把家里那辆车撞碎之后，你碰巧失业了。谁又能知道，在新冠疫情期间，即使是"稳定"的工作也可能丢了？所以，为了应付生活中出现的灾难性事件，每个家庭都需要有现金储备，也需要有足够的保险。

12.2.1　现金储备

我知道许多经纪人会告诉你不要抱着现金不放，这样会错失投资机会。"现金就是废物"总是他们的口头禅。但是，每个人都需要在安全性和流动性好的投资上保持一些储备，以便支付不期而至的医疗账单，或者在失业时期得到一些经济上的缓冲。假设你因工作有医疗和残疾保险而得到保障，那么你不妨建立一笔能够支付 3 个月生活费用的储备金。年龄越大，储备的现金应该越多，但你若从事一个热门职业并且/或者持有大量可投资资产，那么储备的现金不妨少点。此外，未来任何一笔大额支出（例如你女儿读大学的学费）都应该用短期投资（例如银行定期存单）来提供资金保障，这些短期投资的到期日需要与使用资金的日期相匹配。

12.2.2　保险

大多数人都需要保险。负有家庭责任和义务的人要是不买保险，那就太粗心大意、太"玩忽职守"了。我们每次坐进自己的汽车，或每次穿过一条车水马龙的大街时，都冒着死亡的危险。一次飓风袭击或一场火灾可能会毁掉我们的家，毁掉我们的财产。人们都需要自我保护，以应对不可预知的事情。

就个人而言，房屋保险和汽车保险必不可少。一般情况下，由雇主投保的医疗和残疾险也是不可或缺的。人寿保险可以保护家庭免受一个或数个赚钱养家的人死亡而带来的影响，当然也是必须要买的。如果你是单身，没有被抚养人，人寿保险就不必买了。但如果你有家庭，有几个年幼的指望你的收入抚养的孩子，你确实需要购买人寿保险，而且需要多买。

有两大类人寿保险产品可供人们选择：一类是高保费保单，这类保单将保险和投资账户结合在一起；另一类是低保费的定期保险，这类保险只提供死亡理赔，不积累现金价值。

高保费保单的确具有一些优点，而且常常被人吹捧，说其具有节税的好处。进入储蓄计划中的那部分保费所获收益是累计免税的，这对那些已最大限度利用延期缴税退休储蓄计划的个人来说，可能是非常有利的。另外，对那些不愿定期储蓄的个人来说，他们可能会发现定期缴付保费会形成必要的纪律约束，好让他们确保若自己死亡，家人可以得到某一数额的补偿，同时，他们还会发现，因这类保单具有投资功能，所以他们可以积累现金价值。但是，这种类型的保单还是对销售保单、收取高额销售费用的保险代理人最为有利。早期保费的主要用途是支付销售佣金和其他一般管理费用，而不是积累现金价值。因此，你付出的钱并未全部发挥作用。所以，对多数人而言，我更支持他们采用"自助"的方法：购买定期保险以获得保障；高保费保单与定期保险之间的保费差额，可投资于一个延期缴税的退休金计划。下面的建议会提供一种投资计划，这种投资计划比"终身寿险"（whole life）保单或"可变寿险"保单（variable life）⊖优越得多。

⊖　可变寿险保单约定，投保人死亡时，受益人可获得某一最低限额的赔付，另外还将获得一笔由单独投资账户所持证券的市场价值确定的给付款。与终身寿险一样属于高保费保险。——译者注

我的建议是购买可续保的定期保险，你可以不断续保而无须接受体检。所谓的递减型定期保险是指续保时保费逐级减少的定期保险，它应该是最适合多数家庭的保险产品，因为随着时间的流逝（孩子逐渐长大，家庭财力也日益增强），人们对保险保障的需求通常会逐渐降低。可是你应该明白，当你年届 60 岁、70 岁或更大岁数时，定期保险的保费会大幅递增。如果到这个岁数仍然需要保险，你会发现定期保险的保费已经高得令你望而却步了。不过届时，主要风险不是你过早去世，而是你活得太长，超过了你的资产所能供养你的时间。通过购买定期保险，并把你自己储蓄的钱用来投资，你将会更加有效地增加能供养你的资产。

要货比三家，寻找对你最为有利的保险费率。要利用电话报价服务或者互联网确保找到最划算的费率。比如说，你可以上 term4sale 的网站去看看，输入你的邮政编码之后，就能看到很多不同价格的备选保单。你不必使用保险代理人，从保险代理人处购买的保单会贵得多，因为保险公司需要收取额外的保费，以支付保险代理人的销售佣金。通过"自助"，你可以达成一笔好得多的购买保险的交易。

不要购买在 A. M. Best[⊖] 评级体系中低于 A 级的保险公司的保险产品。评级低于 A 级的保险公司收取的保费较低，但较低的保费并不足以补偿你所承担的风险，因为你投保的公司可能陷入财务困境，从而无力赔付保险金。别拿你的生活当赌注，押在财务实力不佳的保险公司身上。

你可以在 ambest 的网站上查到 A. M. Best 公司给保险公司所做的评级。保险公司向它支付评级费用。维思研究公司（Weiss Research）提供的评级更客观、严格些，这家公司由消费者赞助。

⊖ A. M. Best 公司是全球最权威、历史最悠久的保险评级机构。——译者注

12.2.3 递延可变年金

我恐怕不会购买可变年金产品，尤其是不会购买保险推销员提供的这种产品，因为成本特别高。递延可变年金（deferred variable annuitiy）本质上是一种具有保险功能的投资产品（典型的可变年金是一种共同基金）。就保险功能而言，这种合同约定，如果你死亡，并且你所投资产的价值已降到你当初投入的金额以下，保险公司将全额退回你的投资。这种保单非常贵，因为你总是要为保险功能支付保费和很高的销售佣金。除非你投资的共同基金在股市下跌期间价值急剧下滑，并且你在购买可变年金之后不久便撒手人寰，否则，这种保险的价值很可能非常小。要实现财务安全，请记住高于一切的规矩：保持简单。避免购买任何综合性的金融产品，也要避开那些极力想把这类产品推销给你的如饥似渴的代理人。你考虑购买可变年金的唯一理由只能是你超级富有，并且已充分利用了其他所有延期缴税的储蓄计划。纵然你有这样的理由，也应该直接从成本低廉的公司购买可变年金，比如先锋集团。

12.3 练习3：要有竞争力，让现金储备收益率跟上通胀步伐

我已经指出，为了应付即将支付的费用，比如大学学费、突发的意外事件，甚至是为了心理安慰，持有一些随时可变现的资产是非常必要的。这样一来，你便有了两难选择。你要知道，如果把钱存放在储蓄银行，一年获得的利息比如说是1%，而通货膨胀率如果超过了2%，那么你的实际购买力就会遭到侵蚀。事实上，情况甚至会更糟，因为你得到的利息还需缴纳常规收入税。而且，在21世纪10年代和20年代早期，短期利率异常低下。那么，小额储蓄者该何去何从呢？有几种短期投资工具很可能有助于提供最佳收益率，尽管在利率很低

时，没有任何很好的投资可供选择。

12.3.1　货币市场共同基金（或称货币基金）

货币市场共同基金（money-market mutual fund）是满足投资者"停泊"现金储备需求的最佳投资工具。货币基金具有安全性和相对丰厚的收益率，还可针对资金余额签发支票，通常支票金额至少为250美元，并且在支票清算之前一直有利息收益。在21世纪头十年，这类基金的利率一般在1%～5%。不过，在21世纪10年代和20年代早期，很多时候利率非常低，货币基金的收益率接近于零。并非所有货币基金都"生而平等"，有些基金的费率（运营和管理这些基金所需成本）比其他基金高出很多。一般情况下，对你来说，费率更低就意味着收益率更高。在本书附录，我列出了一些费用相对较低的货币市场共同基金。

12.3.2　银行定期存单

为任何已知的未来开支而储备的现金都应该投资于安全的金融工具，这类工具的到期日应该与资金未来需要使用的日期相匹配。比如说，假定你已留下一笔钱，为你的孩子支付学费账单，这些学费需在将来一年、两年和三年的年底支付出去。在这种情况下，一个恰当的投资计划，可能就是购买三份银行定期存单（bank certificates of deposits），期限分别为一年、两年和三年。银行定期存单甚至比货币市场共同基金还要安全，通常会提供较高的收益率，并且对那些至少可以将流动资金锁定6个月的投资者来说，也是一种极好的投资工具。

银行定期存单确实也有些不足之处。它不便轻易地转换成现金，一般情况下，如果要提前取款，还会被征收罚金。再者，银行定期存单的利息收益需要缴纳州和地方收入税。下面将讨论的短期国债（美国政府短期借贷票据）是免交州和地方收入税的。

银行定期存单的利率差异很大。你要使用互联网去找最有吸引力的利率，直接登录 bankrate 的网站，就可以找到全美各地最高的利率。该网站列出的所有银行和信用社的存款，都由联邦存款保险公司（FDIC）提供保险。列出的每家机构都注明了地址和电话号码，你可以打电话确认存款是否投保，并且可以获知目前提供的收益率是多少。

12.3.3　网上银行

喜欢互联网广阔世界的投资者可能会希望利用在线金融机构，这类机构既没有分支行，也没有出纳员，并且所有业务都是通过电子交易进行的，从而得以降低运营费用。多亏这类机构的一般管理费用很低，它们提供的利率才能显著地高于典型的储蓄账户和货币市场共同基金。另外，与货币市场共同基金不同，那些作为联邦存款保险公司会员的网上银行，都能保证你存放的资金安全无忧。若想找到一家网上银行，上搜索引擎，键入"网上银行"几个字就行了。你在 bankrate 的网站上，为寻找收益率最高的银行而进行利率搜寻时，会看到很多网上银行的名称突然弹出来。网上银行贴出的银行定期存单利率通常是市场上最高的。

12.3.4　短期国债

短期国债（treasury bills）的通俗叫法是 T-bills，它是大家能找到的最安全的金融工具，被普遍视为现金等价物。短期国债由美国政府发行并以政府信用提供担保，拍卖发行时期限有 4 周、3 个月、6 个月和 1 年。短期国债出售时，面额最低为 1 000 美元，并以 1 000 美元为增购级距。与货币市场共同基金和银行定期存单比较起来，短期国债有一个很大优势：利息收入免交州税和地方税。另外，短期国债的收益率常常比货币市场共同基金更高。想了解直接购买短期国债的信息，可登录美国财政部直通网。

12.3.5 免税货币市场基金

如果你发现自己很幸运，处于联邦收入税最高等级，那么你会发现免税货币市场基金（tax-exempt money-market funds）是你投资现金储备的最佳工具。这类基金投资于州和地方政府实体发行的期限短的证券，产生的收益豁免联邦税；如果这类基金的投资只限于州实体发行的证券，收益还可以免交州税。免税货币市场基金也提供免费签发金额在 250 美元以上的支票。这类基金的收益比应税基金要低，不过，处于最高税收等级的个人会发现，从这类基金获得的收益比一般货币市场共同基金提供的税后收益更有吸引力。多数综合性共同基金公司也会提供精选的免交州税的货币市场共同基金。如果你所居住州的州收入税很高，那么这类基金的税后收益是非常有吸引力的。

12.4　练习4：学会避税

我建议你好好利用每个机会使自己的储蓄得到税收抵扣，让自己的储蓄和投资能在免税的情况下不断增长。对多数人而言，如果投资是为了获得退休保障，那就没有任何理由为这些投资的收益支付税款。除了那些超级富有的人之外，几乎所有的投资者都可以通过一些方法积聚起一笔可观的净值财富，这些方法可确保山姆大叔 ⊖ 无法从你这儿抽走任何钱。下面的内容将告诉你如何合法避税。

12.4.1 个人退休金账户

我们先说说形式最为简单的一种退休金计划，就是不复杂的个人退休金账户（individual retirement account, IRA）。2022 年，你可以每

⊖　山姆大叔是美国政府或美国人的绰号，书中指前者。——译者注

年拿出 6 000 美元投资于某种金融工具，比如说共同基金，并且对于中等收入人群来说，这 6 000 美元都可以从税收中抵扣（收入相对较高的个人不能获得最初的税收抵扣，但他们仍然能获得下面描述的所有其他税收优惠）。如果你处在 28% 的税收等级，这笔进入个人退休金计划的款项实际上只花去了你 4 320 美元，因为税收抵扣为你节省了 1 680 美元的税款，你可以将这视为政府给你的储蓄账户做了补贴。现在，假设你的投资每年获得 7% 的收益率，并且你每年都在这一账户中放入 6 000 美元，一直坚持 45 年。存放在个人退休金账户中的资金所获得的收益是不被征任何税款的。通过个人退休金账户储蓄的投资者，将会获得 180 余万美元的最终价值，而投资同样数额的投资者，如果没有个人退休金账户的税收优惠（所有投资收益每年都以 28% 的税率课税），总共只能获得 100 万美元多一点。即使你从个人退休金账户中提款，并为此支付了 28% 的税款（退休后，你可能会处于更低的税收等级），你最终得到的钱也会多不少。

对于早期忽视储蓄而现在又必须赶上的个人来说，年届五十以上者投资限额为 7 000 美元。

12.4.2　罗斯个人退休金账户

投资者也可以选择另一种形式的个人退休金账户，这种账户称为罗斯个人退休金账户（Roth IRA）。传统的个人退休金账户以即刻抵扣税收的形式（只要你的收入够低，你就有资格获得税额扣减）为你提供"今天的果酱"。一旦你建立了这样的账户，放进去的资金及其收益，只有在退休提取时才被征收税款。而罗斯个人退休金账户提供的是"明天的果酱"——你不会一开始就获得税额扣减，但从这种账户里提出的款项（包括投资收益）是完全免税的。此外，你可以向罗斯个人退休金账户滚存资金，也就是说，你可以把传统的个人退休金账户转换成罗斯个人退休金账户。你需要为所有滚存过来的资金缴纳收入税，但在此之后，未来的投资收益和退休时提出的款项都不再缴税。而且，对罗斯个人退休金账户来说，没有终身最低提款额度要求 $^\ominus$，并且 75 岁之后还可以继续往账户里存钱。因此，大量的资金可以免交税款，可以积累下来为后代谋福利。

确定哪种个人退休金账户最适合你，以及是否需要转换，可能是非常棘手的问题。幸好，金融服务业可以提供软件，让你分析转换账户对你是否有意义。许多共同基金公司和经纪公司都有专门的罗斯个人退休金账户分析软件，使用起来相当容易。如果你接近退休，并且退休后你的税收等级可能更低，那么你可能就不应该转换，尤其是这种转换会把你推到更高税收等级的情况下。然而，如果你离退休还早得很，并且现在的税收等级较低，那么持有罗斯个人退休金账户，将来很可能会给你带来好结果。如果你的收入太高，不容许你在传统的个人退休金账户上获得税额抵扣，但同时又够低，使你有资格建立罗斯个人退休金账户，那么毫无疑问，罗斯个人退休金账户非常适合你，因为你放进该账户中的资金无论如何都已经交过税了。

12.4.3　养老金计划

雇主会提供各种养老金计划。另外，自雇人士可以为自己建立养老金计划。

401（k）和403（b）养老金计划

核实一下你的雇主是否拥有 401（k）之类的利润分享型养老金计划，大部分公司雇主都拥有这种计划；对于从事教育工作的人士，查

$\ominus$ 　传统的个人退休金计划则有终身最低提款额度要求，个人年届 75.5 岁之后，必须按照一定比例每年从该账户中提出资金，提款时需纳税。——译者注

一查雇用你的教育机构是否拥有 403（b）这样的养老金计划，多数教育机构都会提供这种计划。这些计划是绝佳的储蓄和投资工具，因为它从你的工资中拿出的钱，你连看也没看到就放进了这种计划之中。而且，很多雇主会按雇员存入资金的某一比例给雇员支付养老金，这样一来，你储蓄的每一块钱的价值都大大增加了。从 2022 年起，每年从工资中可拿出多达 20 500 美元的钱放进这种计划，这笔金额不被视为应税收入。对于年过 50 的人来说（其中有些人可能需要多加储蓄），从 2022 年开始，每年可从工资中拿出 27 000 美元放进养老金计划。

自雇养老金计划

就自雇人士而言，国会已为之立法创造了自雇个人养老金计划（SEP IRA）。所有自我雇用的个人——从会计师到雅芳推销员、从理发师到房地产经纪人、从医生到油漆匠都允许建立这样的养老金计划，他们每年可以拿出多达 25% 的收入放进计划之中，从 2022 年开始每年放入资金的上限为 61 000 美元。如果你在正式工作之外还有兼职，你可以为兼职工作所获收入建立一份自雇个人养老金计划。放进自雇计划中的钱从应税收入中扣除，并且这些钱所获收益也只有在提取时才缴纳税款。这一计划是自我导向型的，也就是说，如何投资全由你自己选择。

目前，无数纳税人正在白白错过这个身边真正好的储蓄机会。我建议你通过这些避税措施尽可能多地储蓄。除了必须花费的生活费用，你要把所有的储蓄都物尽其用，这样你就可以最大限度地利用养老金计划允许的限额投入资金。

12.4.4　为大学教育而储蓄：简单易行的529计划

529 大学储蓄账户允许父母和（外）祖父母将这种账户作为礼物

赠送给孩子，以便日后用来支付大学教育费用。"529"是因税法中有关设立这种账户的条款而得名。放进这种账户的资金可以投资于股票和债券，只要从账户中提出的款项用于合乎要求的高等教育支出，账户中的投资收益都将免征联邦税。此外，从2022年起，529计划允许单个捐赠人放进账户的金额多达80 000美元，而且免交赠予税，遗产税的抵扣金额也不减少。对于父母或（外）祖父母夫妇来说，可赠送的金额就翻倍到160 000美元。如果你有子女或孙辈今后计划要上大学，并且你拿得出钱来放进529计划，那么想也不用想，就该决定建立这种计划。

那么，是否有什么隐患要避开呢？当然有。竭力向你推销这些计划的销售员多数都会拿到很高的佣金，而这些佣金会侵蚀投资收益。因此，如果你是个有见识的消费者，你会联系先锋集团这样的公司，从它们那里寻找以资产净值出售而管理费用又低的529计划。尽管能避税总是一件美事，但建立费用高昂的529计划，到头来可能还是让你吃亏上当。另外，也要注意，529计划是由各个州批准设立的，有些州允许你获得税收抵扣，放进该计划的资金至少有一部分所获得的收益可以抵扣州收入税。因此，如果你住在这样一个州，那你会想有这个州的529计划。如果居住的州不允许抵扣州收入税，那就选择一个费用低的州建立这种计划，比如犹他州。再者，如果你不把529计划中的资金用于符合要求的教育费用支出（包括职业生涯中期的再培训，以及退休后的教育），那么资金提出时，不仅要缴纳收入税，还得支付10%的罚金。

要记住，各大学在确定学生是否需要财务资助时，可能会考虑529计划中的资金。因此，如果父母认为他们的孩子上大学时他们有资格申请财务资助，那么父母把资金保留在自己的名下，自己的财务境况可能会更好，或者把资金保留在（外）祖父母的名下，那可能就更好了。当然，如果你反正也达不到申请财务资助的要求，那就千方百计地建立一个费用低的 529 计划 ⊖。

12.5　练习5：确保漫步鞋合脚，认清自己的投资目标

确定清晰的投资目标是整个投资过程中不可或缺的一部分，但有太多的人跳过了这一步骤，结果招致灾难性损失。从一开始，你就必须确定你愿意承受何种程度的风险，哪些种类的投资工具最适合你的税收等级。证券市场好比一个大餐馆，里面有各种菜肴，适合不同的口味和需要。就像没有任何一种食品能成为所有人的最爱，同样没有任何一种投资工具对所有投资者而言都是最好的。

我们谁都想在一夜之间让自己的资本翻番，但又有多少人看到自己一半的资本以同样的速度烟消云散后，还能受得了呢？以前，J.P. 摩根的一位朋友为自己持有的股票忧心忡忡，以致夜不能寐。这位朋友问摩根：“我该怎样对待手中的股票呢？”摩根回答他说：“卖掉一些，直到你能入睡为止。”摩根可不是在开玩笑。每个投资者都必须在自己吃得好与睡得香之间找到自己愿意接受的平衡点。如何确定这种平衡点，全由你自己掌握。要想实现高投资回报，只能以承担高风险为代价。找到你的睡眠点，是你必须采取的最重要的投资步骤之一。

为了帮助你提高投资方面的思想意识，我为你准备了表 12-1，这是根据投资风险和预期收益率而制定的睡眠状况测量表。在该表的上端是几种机械枯燥的短期投资工具，如银行存款和货币市场共同基金。如果你的睡眠点在此处，那么你会对练习 3 提供的有关这几类投资工具的信息感兴趣。

按照不同投资工具的安全性来考量，接下来最安全的就是防通胀

⊖　在 savingforcollege 网站上可以查到关于 529 计划的全面信息。这 8 万美元捐赠金额选择使用期限为 5 年。

国债（treasury inflation-protection securities,TIPS）。这类债券的利率可能较低（或者在 21 世纪 20 年代初为负值）但有保障，利率每年随着消费者价格指数的上升而上升。因为这类债券是长期债券，所以其市场价格会随实际利率（债券的约定利率减去通货膨胀率）的变动而波动。但是，如果持有至到期，维持实际购买力是可以保证的。在练习 7 中，我将讨论加入一小部分这类债券到你的投资组合中会有什么样的好处。

公司债券的风险比防通胀国债多少要高一些，所以，如果你选择这种形式的投资，一些不好的梦会侵入你的睡眠。如果你在到期前卖出公司债券，那么你获得的收益率将取决于卖出时的市场利率水平。若市场利率上升，你持有的公司债券的市场价格将会下跌，直到其收益率与约定利率更高的新发债券具有同等的竞争力。因此，你的资本损失可能很大，足以抵消一整年的利息，甚至更多。然而，若市场利率下降，你所持公司债券的市场价格就会上涨。如果你在到期之前出售公司债券，你实际获得的年收益率可能会有相当大的波动；这也正是公司债券比短期投资工具更具风险的原因所在，短期投资工具的本金几乎没有任何波动风险。一般说来，债券的到期日越远，风险也就越大，收益率也随之越高 ⊖。在练习 7 中，你会发现一些如何购买债券的有用信息。

谁也不能确定无疑地说股票会带来多高的收益率。但股票市场像一个大赌场，只是玩家操纵获胜的机会居多。尽管股票价格有时确实

⊖ 情况也并非总是如此。例如，在有些时期，短期证券的收益率实际上高于长期债券。这里的问题在于投资者不能指望以这样高的收益率持续不断地将自己的短期资金进行再投资，并且后来短期收益率也大幅下跌了。因此，投资者可以合理地预期，连续投资短期证券将不会产生与投资长期债券一样高的收益率。换句话说，即使短期收益率会暂时高于长期收益率，冒着持有长期债券的风险，还是有回报的。

会直线下跌，如刚进入 21 世纪时以及 2007 年和新冠疫情刚开始的 2020 年初，就曾出现过灾难性下跌，但在整个 20 世纪，股票的总体收益率每年大约为 9%，这包括股利收益和资本利得带来的收益。根据 2022 年初已上涨的股价，我相信，由美国国内股票组成的股票组合将会有 4%~6.5% 的长期收益率，稍低于 20 世纪年均收益率水平。其他发达国家证券市场上大型公司的股票，很可能也会带来与之相当的收益率。但未来的实际年收益率，可能或者说很可能与这一目标产生很大的偏离——在股市萧条的年份，你的损失可能会高达 25% 以上。在年景萧索的时候，你能忍受一个个无眠之夜吗？

表12-1　主要投资工具的睡眠状况测量表

睡眠状况	资产类别	2022年税前预期收益率（%）	实现预期收益率的必须投资期限	风险水平
半昏睡状态	银行存款账户	0~2	无具体投资期限要求；很多储蓄机构利息从存款日开始计算至提款日	无损失本金风险；10万美元以内存款由联邦政府机构提供担保；不过，如发生高通胀，几乎可以肯定会有损失
晚上睡眠深沉	货币市场共同基金	0~2	无具体投资期限要求；多数货币市场共同基金提供签发支票的权利	风险很小，因为多数货币市场共同基金投资于政府债券以及银行存单；通常没有担保；利率随预期通胀率浮动
	银行定期存单	0~2.5	为了获得较高利率，整个期间资金必须保留在存款账户中	提前取款会遭到罚款；利率根据预期通胀率调整，会随时间变动

（续）

睡眠状况	资产类别	2022年税前预期收益率（%）	实现预期收益率的必须投资期限	风险水平
晚上睡眠深沉	防通胀国债	0～-1+通胀率	属于长期债券，期限为5年或以上；基本利率随到期日变动	若到期日前出售，价格可能会变动，但长期持有者确实会获得出色的防通胀效果
偶尔做一两次梦，有些梦可能令人不快	高品质公司债券（最佳公用事业类公司发行的债券）	2～4.25	为确保获得约定利率，投资必须持有至到期（期限为5～30年）；（债券也需要提防提前赎回）任何时候都可以卖出债券，但市场价格会随利率水平变动	若持有至到期，风险很小；若到期日之前出售，预期可能实现的收益率波动幅度介于中等与很高之间；"垃圾债券"有希望产生更高收益率，但风险大得多
睡前会几度辗转反侧，睡醒前会做些栩栩如生的梦	由美国或其他发达国家蓝筹股票构成的多样化投资组合	4～6.5	无具体投资期限要求，任何时候都可以卖出股票；实现平均预期收益率的假设前提是投资期限得相当长，且平均预期收益率只能视为根据当前经济形势所做的一个粗略指引	风险在中等与很大之间；任何一年，实际收益率都可能为负值；事实表明，多样化投资组合有时会损失25%以上的价值；与某些观点相反，从长期来看，是很好的对付通胀的防范手段
	房地产	与股票大致相同	如果通过房地产投资信托（REITs）来购买，则总体而言，与股票大致相同	与股票相同，但房地产投资信托对投资组合的多样化很有益处，同时是很好的对付通胀的防范手段

（续）

睡眠状况	资产类别	2022年税前预期收益率（％）	实现预期收益率的必须投资期限	风险水平
噩梦并非不常有，但长期来看可以休息得很好	由规模较小的增长型公司股票构成的风险相对较大的多样化投资组合	5～7	无具体投资期限要求，任何时候都可以卖出股票；实现平均预期收益率的假设前提是投资期限得相当长，并且平均预期收益率只能视为根据当前的经济形势所做的一个粗略指引	风险很大；任何一年，实际收益率都可能为负值；事实表明，由高风险股票构成的多样化投资组合有时会损失50％以上价值；是对付通胀的上佳防范手段
会做些栩栩如生的梦，偶尔会做噩梦	由新兴市场股票构成的多样化投资组合	6～9	至少计划持有10年；预期收益率无法精确量化	一年升幅或跌幅达50％～75％并非不常见
阵发性失眠	黄金	无法预测	只要能找到"更傻的傻瓜"，在任何一波投机性热潮中都可能获得很高收益率	风险很大；一般被视为对付"世界末日"和防范恶性通胀的工具；不过，在平衡多样化投资组合时可能会发挥有益作用

那么，在四声道立体声中编织色彩缤纷的梦又如何呢？你可能想选择一个由风险大些的股票（股价波动性更大的股票）组成的投资组合，就像投资规模较小公司的激进型共同基金所持有的股票组合一样。这些股票都是较新技术领域里较年轻的公司发行的，有希望获得较高的增长率。这类股票的表现很可能波动性更大，在市场不好时，一年就能轻易地损失一半的市值。但在 21 世纪，你持有这些股票的年均收益率可能达到 5%～7%。规模较小的股票构成的投资组合一直以来

收益率比市场平均水平稍高一点。如果你在熊市期间也能安然入睡，并且有定力一直捂住手中的股票，或许激进型股票组合正合你的胃口。很多新兴市场快速发展，由其股票构成的投资组合可能会带来更高收益率，市场波动也可能更大。

对很多个人投资者来说，商业房地产一直是力所不能及的投资工具。不过，来自房地产的回报却一直相当丰厚，与股票的回报差不多。我将在练习6中给出理由说明，有实力购买自住房屋的个人应该购买自住房屋。我还会说明，在今天，个人投资商业房地产比以前容易多了。我认为房地产投资信托在多样化投资组合中理应占有一席之地。

我知道，在表12-1中我对黄金投资持有轻视态度，同时我也略去了艺术品、风险资本、对冲基金、大宗商品、加密货币，以及其他更不寻常的投资品。其中很多投资品已有很好的表现，因此，在平衡由非实物资产构成的多样化投资组合时，它们可能会发挥有益的作用。因为这些投资品的风险很大，由此带来的波动性极大，所以无法预测它们的收益率，练习8会对此做出更加详细的评价。

几乎可以肯定地说，在很大程度上影响你睡眠的是投资损失会以什么样的方式影响你的财务安全。正因为如此，"有病在身的孀妇"常常被视为不能承担很大风险的人。这样的孀妇，既没有平均预期寿命，也无力在投资组合之外赚取收入，以弥补可能的损失。资本和收入的任何损失都会立即影响到她的生活水准。与"有病在身的孀妇"境况相反者，则是"积极进取的年轻商业女性"。她既有平均预期寿命，在面临财务损失的时候，又有能力赚钱维持生活水准。你在"生命周期"中所处的阶段极为重要，所以我撰写第14章探讨这一决定你能承受多大风险的重要因素。

此外，你的心理素质会影响你能够承担多大程度的风险。一位投资顾问建议，你可以思考一下在玩强手棋时，你以前属于什么类型的玩家（或现在仍然属于哪种类型的玩家）。你是个爱冒险的人吗？你在木板路和停车地建过宾馆吗？如果是的话，那么其他玩家就很少侵入你的房地产，倘若他们真的这么做了，你会像老鹰逮小鸡一样一举赢得整盘棋。还是，你更喜欢垄断圣詹姆斯地、田纳西大道、纽约大道的柑橘生意，从中获得更稳定但中等的收入吗？对于这些问题所给出的回答，可能会使你更深入地了解自己在投资方面的心理素质。认识自己至关重要。也许，该问一问自己的最重要问题是，在股市暴跌期间，你当时有什么样的感觉。如果你愁得身体都病了，甚至抛光所有股票，而不是将多样化的投资计划坚持到底，那么在投资组合中高比例持有股票便不适合你。

第二个关键步骤是仔细看一下你的投资收益中有多少交给了山姆大叔，你需要多少当期收入。查一下去年的收入税报税表（1040 表格）以及你去年报告的应税收入。对于边际税率（为收入中最后 1 美元纳税的税率）高的个人，购买市政债券（免税）会有极大的税收优势。如果你处于高税收等级，不怎么需要当前收入，你会更愿意投资免税债券以及股利收益低但有望获得长期资本利得的股票（在资本利得实现之前，你不必缴税；若股票作为遗产的一部分，你甚至永远不必纳税）。然而，如果你处于低税收等级，对当期收入的需求较高，那么你应该更喜欢应税债券以及股利支付多的股票，这样你就不必为了满足收入需要，定期卖出股票从而导致支付交易费用了。这项练习中的两个步骤——发现你能承担的风险水平、认清你的税收等级和对当前收入的需要似乎显而易见，很容易明白。然而，令人难以置信的是，竟有那么多的人误入歧途，未能把自己购买的证券类型与自己的风险承受度、对当前收入和税收的需要匹配起来。

投资者由于弄错了优先次序，经常遭受痛苦的折磨。你不能既要寻求本金的安全，又纵身跳入风险最大的一些股票投资之中。你也不能既让自己的收入免于按高边际税率纳税，又把投资于应税公司债券的收益率锁定在6%，不管这些多么诱人，你都不可能同时做到。不过，在投资顾问公司的年鉴中，却写满了投资者所持证券与其投资目标不相符的种种故事。

12.6　练习6：从自己家里开始漫步，租房会使投资肌肉松弛

还记得斯嘉丽·奥哈拉（Scarlett O'Hara）[⊖]吗？美国南北战争结束的时候，她已身无分文，但依然拥有心爱的种植园——塔拉。无论钱会发生什么样的变化，好地方的好房子总能保值。只要世界人口继续增长，购买房地产就可以作为最可依赖的对付通货膨胀的防范手段。

住宅房地产的长期收益率计算起来很棘手，但一直是颇为丰厚的。的确，2007年和2008年，美国在独立屋类房产上出现了价格泡沫。然而，到21世纪第二个十年的时候，房价已恢复到"正常水平"。2021年，由于很多人决定离开拥挤的城市，独立屋类房产又出现一定的泡沫，但新的房屋供给开始强劲上升。你应当认识到，与股市相比，房地产市场没那么有效。在股市中，每只股票都有数以百计很懂行的机构投资者在研究其价值；而在房地产市场，只有屈指可数的几个可能购房的人会评估某一特定房产的价值，因此，单个房产的定价并非总是恰如其分。在通货膨胀率加速上升的时期，房地产的收益率看上去比股票的收益率更高，但在通货紧缩时期，房地产的表现便比不上股票。总而言之，事实已证明，房地产是一种很好的投资工具，既能提供丰厚的回报，又能极好地防范通货膨胀。

对多数人而言，要投资房地产，自然是投资于独立屋住房或者共

⊖　小说《飘》中的女主人公。——译者注

有公寓。你总得住在某个地方，而且与租房比较起来，购买房产具有一些税收优势。2021年，若新购房屋抵押贷款达到75万美元，则其利息可以从税款中扣减，尽管房产税需达到1万美元。而且，已婚夫妇自有房屋出售后实现的增值部分，享有达50万美元的免税待遇。此外，拥有房屋也是强迫你储蓄的一个好办法，并且房屋会让你获得巨大的情感满足。

你可能也希望通过房地产投资信托拥有商业房地产。从公寓房到写字楼和综合性商业大厦的商业房地产，都被打包进了房地产投资信托组合之中，交由专业房地产运营公司去管理。房地产投资信托本身很像其他股票，在各大证券交易所挂牌交易，而且交投活跃。这为个人将商业房地产加入自己的投资组合提供了绝好的机会。

如果你想把自己的投资组合移向坚实的土地之上，那我强烈建议你将一些资金投资于房地产投资信托。房地产投资信托何以在你的投资计划中发挥作用，有很多理由可以解释。首先，房地产所有权已产生了与股票不相上下的收益率。同样重要的是，在提供投资多样化益处方面，房地产是一种理想的工具，这在第8章已做过阐述。因为房地产的收益与其他资产之间的相关性比较小，所以在你的投资组合中加入一部分房地产会降低投资组合的整体风险。此外，房地产一直是可靠的对付通货膨胀的防范手段。

遗憾的是，从数以百计流通的房地产投资信托中进行筛选是一件令人望而生畏的事情。而且，单单持有一家房地产投资信托，也不大可能提供房地产类型和区域分布的多样化。投资者要是买错了房地产投资信托，可能会摔个大跟头。不过，现在投资者面前已有一批房地产共同基金快速发展起来，这些基金非常乐意为投资者做这方面的工作。这些基金会从现有的房地产投资信托中进行挑选，建立多样化的房地产投资信托投资组合，从而可以确保房地产类型和地域分布的广泛多样性。另外，无论何时，只要投资者愿意，他们都可以变现手中持有的房地产投资信托基金的份额。还有费用低廉的房地产投资信托指数基金（列示在附录中），我相信这些基金将为投资者继续带来最好的净收益率。

12.7　练习7：考察在债券领域的漫步

让我们直面现实吧。从第二次世界大战到 20 世纪 80 年代早期，对于投放资金来说，债券是个糟糕的地方。这期间，通货膨胀毫不留情地侵蚀了债券的实际价值。比如说，20 世纪 70 年代早期，有些投资者以 18.75 美元购买美国储蓄债券，5 年之后，当他们以 25 美元的价钱变现时，他们非常沮丧地发现自己已损失了实际购买力。让人心烦的是，5 年前投资于债券的 18.75 美元，本来还可以给汽车油箱加满两次油，而债券到期获得 25 美元时，却只能加满一次油了。事实上，投资者的实际收益率是负数，因为通货膨胀侵蚀购买力的速度快于利率收益的复利增长速度。怪不得，很多投资者会用那难以启齿的四个字母组成的下流话骂债券了。

因为债券约定的利率不足以抵消通货膨胀的影响，所以一直到 20 世纪 80 年代早期，债券都是表现很差的投资品。但债券价格做出了调整，给投资者带来了极好的收益率。此外，事实证明，债券是让投资实现多样化的极好的投资品，因为从 1980 年一直到 2021 年，债券与股票之间的相关性一直很低或者为负。在我看来，有四种债券你可能特别想要考虑购买：① 零息债券（在事先确定的时间内，允许你锁定高收益率）；② 以资产净值出售的债券型共同基金（允许你购买投资于债券组合的基金份额）；③ 免税债券和债券基金（适合有幸身居高税收等级的个人购买）；④ 美国防通胀债券，但是这些债券的投资吸引力随着市场状况的变化而变化。而且，考虑到 21 世纪 20 年代初期利率水平很低，投资者涉入债券市场时必须非常谨慎。

12.7.1 零息债券可能产生大量未来收益

这类债券之所以被称为零息债券或简称为零债（zeros），是因为它们与一般的付息债券不同，持有人不会定期收到利息。这类债券都是依面值以较大的折扣（比如，1美元面值折扣后为75美分）购买的，它们的价格随着年份推移会逐渐涨到面值或者说平价的水平。如果一直持有至到期，持有人会获得债券约定的面值全额。这类债券有不同的期限可供选择，短则几个月，长则20余年。对于在将来特定日期需要支出的款项来说，这类债券是极好的存放之所。

零息债券最主要的吸引人之处在于，购买者不会面临再投资风险。零息国库债券向投资者保证，其资金可以按照到期收益率连续进行再投资。

零息债券的主要劣势，在于美国国税局（Internal Revenue Service）要求应税投资者每年需将债券购买价格与平价之间的差额根据一定比例作为收入申报。不过，有些投资者在延迟纳税的退休金计划中持有这类债券，对于他们来说，没有这种收入申报要求。

有两点值得注意：有些经纪人会在小额投资者购买小面值的零息债券时，收取相当高的佣金；此外，你应该知道只有将债券持有至到期，才能确保将债券按面值兑换成现金。同时，在债券持有期间，债券的市场价格可能会随着市场利率的变动而大幅波动。

12.7.2 以资产净值出售的债券基金是适合个人投资者的投资工具

开放式债券型（共同）基金，不但有零息债券的某些长期优势，而且买卖起来也更加方便，费用更少。我在附录中列举的那些债券型基金全都投资于长期债券。虽然不能保证你能以恒定的收益率将你的利息收入再投资，但这些基金确实能够提供长期稳定的收入，并且特别适合那些计划靠利息收入过日子的投资者。

因为债券市场往往至少像股票市场一样有效，所以我推荐你购买费用低廉的债券指数基金。债券指数基金和债券交易所交易基金买入并持有种类繁多的债券，其表现通常会优于主动管理型债券基金。无论如何，你都不应该购买收取佣金且需缴纳手续费的债券型基金。如果能免费获得什么东西，而你却要花钱，那就没有任何意义了。

附录列举了这样几种类型的基金：专门投资于公司债券的基金；专门投资于 GNMA 抵押贷款支持债券 [⊖] 的基金；专门投资于免税债券（下面就会对此加以讨论）的基金；以及一些风险更大的高收益债券型基金。这些基金适合为追求较高预期收益而乐意承担额外风险的投资者。

12.7.3 免税债券对税收等级高的投资者大有裨益

如果你身处很高的税收等级，应税货币基金、零息债券和应税债券型基金，可能只适合放在你的退休金计划之中。除此之外，你需要投资于州和地方政府发行的免税债券，以及各类政府机构发行的免税债券，这些机构是指港口管理局或公路收费部门，等等。这类债券的利息在联邦报税表中不作为应税收入计算，而且，你居住的州所发行的债券，总会免征州收入税。

2021 年，高品质长期公司债券的收益率大约是 3%，品质相当的免税债券的收益率大约为 2.5%。假设既包括联邦收入税也包括州收

⊖ GNMA，即政府国民抵押贷款协会，它发行的抵押贷款支持债券，是指将众多小额房地产抵押债权划分成不同的组合而发行的债券，这些债券由美国政府担保按时支付本息，信用评级为 AAA 级。——译者注

入税，你的税收等级（你收入中最后 1 美元应纳税的税率）大约为
36%。如表 12-2 所示，免税债券的税后收入比应税债券多出 58 美元，
因此对于税收等级与你相同的人来说，免税债券显然是更好的投资工
具。即使你的税收等级更低，免税债券可能仍然值得购买，这取决于
你购买免税债券时，市场上能获得的确切收益率是多少。当然，在
2021 年，这两类债券均未产生真正的收益，因为通胀率高于 2.5%。

表12-2 免税债券与应税债券的比较（面值1万美元，单位：美元）

债券类型	利息支付	应纳税额（适用税率36%）	税后收入
收益率为2.5%的免税债券	250	0	250
收益率为3%的应税债券	300	108	192

如果你直接购买债券（而不是通过共同基金间接购买），我建议
你购买新发行的债券，而不要购买已流通的债券。新鲜出炉的债券，
其收益率通常要比已流通的熟券稍微划算一些，而且购买新券时，你
避免了支付交易费用。另外，我认为你应该将投资风险保持在合理的
限度内，办法是只购买穆迪和标准普尔评级公司评出的至少 A 级的
债券。也可以考虑所谓的 AMT 债券（alternative minimum tax bonds），
这类债券需缴纳最低限额的可选择（收入）税，因而对于已将很大一
部分收入进行了避税的个人并不具备吸引力。但是，如果你无须缴纳
最低限额可选择税，那么你可以从持有 AMT 债券中获得一些额外收益。

债券有个令人生厌的特性，那就是"抛出正面我赢，抛出反面你
输"。如果市场利率水平上升，你所持债券的价格就会下跌；如果市场
利率水平下降，债券发行人又经常会将债券从你手中"召回"（提前
偿付），然后以更低的利率发行新券。为了保护自己，你要确保所持
长期债券具有为期 10 年的赎回保障条款，这可以防止发行人"召回"
债券，再以更低的利率发行新券。

要想购买一些表现好的免税债券基金，可以查阅附录。不过，如

果你有相当数量的资金投资于免税债券，我看不出你有什么理由要通过基金来购买免税债券，还要支付相关的管理费用。如果你将债券投资严格限定在高品质债券上，那你就没什么必要进行多样化操作，并且你也会获得更多利息。然而，如果你只有几千美元可供投资，基金就能提供较好的流动性和投资多样性。也有一些基金把自己的投资范围限定在某个州发行的债券上，购买这些基金既能让你免交联邦收入税，又能让你免交州收入税。

12.7.4 畅销的防通胀国债：通货膨胀指数化债券

我们知道不期而至的通货膨胀会给债券持有人以沉重打击。通货膨胀往往导致利率上升，而随着利率上升，债券价格会下跌。此外，还有一点不好，通货膨胀会使债券利息和债券本金支付时的实际价值减少。现在，投资者有一种可以抵御通货膨胀的盾牌了，那就是防通胀国债。如果持有至到期，防通胀国债可以免受通货膨胀的侵蚀，确保投资者所持投资组合的原有购买力不变。在 21 世纪 10 年代，长期防通胀国债会支付 1% 左右的基本利息。但与老式国债相比，这类债券的利息支付基础是随着消费者价格指数上升而上升的本金数量。假设物价水平明年上涨 3%，面值为 1 000 美元的债券会涨到 1 030 美元，每半年支付一次的利息也会上涨。当防通胀国债到期时，投资者拿到手的本金会等于根据通货膨胀率进行调整的面值。由此可知，防通胀国债提供了有保障的实际收益率，本金的偿付金额也能保持实际购买力不变。

现在，还没有别的金融工具能为投资者提供如此可靠的防范通胀的手段。防通胀国债还能为投资组合的多样化带来很大好处。当通货膨胀加速上升时，防通胀国债会提供较高的名义收益率，而股票和债券的价格可能会下跌。因此，防通胀国债与其他资产之间的相关性很低，是一种特别有效的使投资多样化的工具。这类债券为那些神经紧张的投资者提供了一份非常有效的"保单"。

不过，从税收角度看，防通胀国债确实也有令人不快的一面，这一点影响了其可利用性。防通胀国债的票息支付以及反映通货膨胀的本金增加额都得纳税。问题在于财政部只在债券到期时，才支付本金增加额。如果通货膨胀率足够高，那么小额的票息支付可能都不足以缴纳税款，且随着通货膨胀率的上升，这种不平衡会更趋恶化。因此，对应税投资者来说，防通胀国债也远远算不上理想的投资工具，只有在有税收优惠的退休金计划中，这类债券才能得到最佳利用。随着通胀于 21 世纪 20 年代初开始加速上升，防通胀国债的基本收益率变为负值。在 2021 年接近年底时，10 年期防通胀国债以基本利率减去一个百分点的收益率交易，而通货膨胀率已升至大约 6%。

12.7.5　美国财政部 I 型储蓄债券：个人最佳防通胀投资选择

现在有一个个人投资者可以购买的极佳防通胀投资品种，它可以取代标准的防通胀债券，即美国财政部 I 型储蓄债券（U.S. Treasury I Savings Bonds）。这类债券在整个存续期支付某一固定利率，再加上每年调整两次的年化 CPI 通胀率。这种债券 2022 年初支付的总利息率为 7.12%，大大高于其他安全的国债品种。利息支付延迟至债券到期，也可以提前兑现，免收州和市政收入税。如果你将赎回此类债券所得资金用于大学教育费用，利息也免收联邦收入税。这类债券期限为 30 年，但你可以在持有 1 年之后提前赎回兑现（须支付一笔小额罚款）。持有 5 年之后，无须支付赎回罚款。每个持有社会保障卡者每年限购 1 万美元。因此，一对夫妇可以购买 2 万美元此类债券。而且，通过使用收入税退税，还可以另外购买 5 000 美元。投资者可在美国财政部网站购买，这是山姆大叔为风险厌恶者提供的最好买卖。

12.7.6　你应该沉迷于债券市场吗

投资风险与投资回报相伴相生，这句格言在债券市场无效吗？根本不是这样。多数时期，所谓的"垃圾"债券（信用品质较低、收益率较高的债券）相比于美国国债，已为投资者提供了高出3个百分点的净收益率。因此，即使有1%的评级较低的债券在利息和本金支付上违约了，从而使这部分投资全都打了水漂，由低品质债券构成的投资组合提供的净收益率，仍会高于美国国债。很多投资顾问因此都建议持有由高收益债券构成的多样化程度很高的投资组合，他们认为这是明智的投资选择。

不过，也有另一种说法，建议投资者对垃圾债券"坚决说不"。多数垃圾债券是一波宏大的公司兼并、收购和杠杆收购（主要通过债务融资）浪潮的产物。对垃圾债券投反对票的人指出，信用品质较低的债券只有在经济繁荣时期，才有可能给付全额利息。若经济出现衰退，那可要当心了。

那么，思虑周全的投资者该怎么办呢？这个问题的答案在某种程度上取决于你承担很大的投资风险时，夜间的睡眠状况如何。由高收益债券或垃圾债券构成的投资组合，不适合失眠症患者。即使投资分散了，这些投资中也蕴涵着很大的风险。此外，对于那些把债券利息作为主要收入来源的投资者，这样的组合也不适合。当然，对于未将所持资产进行充分多样化的投资者来说，这样的组合也同样不适合。不过，至少从历史数据来看，垃圾债券提供的总收益溢价，足以补偿实际发生过的违约风险。

12.7.7　外国债券

世界上有很多国家的债券收益率高于美国。有些新兴市场国家的情况尤其如此。普遍存在的看法是通常不推荐新兴市场债券，说是新兴市场债券风险高而品质低。但是和发达国家相比，很多新兴市场经济体的债务占 GDP 比例都比较低，政府财政收支平衡也做得更好。新兴市场经济体的经济增长速度也更快。因此，包含新兴市场债券在内的收益较高的外国债券组合，可以成为能承受风险的投资者固定收益投资组合中非常有益的一部分。

12.8 练习8：临深履薄般穿过黄金、收藏品及其他投资品的原野

在本书以前数版中，对于黄金是否应该纳入高度多样化的投资组合，我持有不同的态度。20 世纪 80 年代开始的时候，随着黄金价格涨到每盎司 ⊖800 美元的高位，我非常不看好黄金。20 年之后，新千年伊始，黄金售价为每盎司 200 多美元，我的态度变得积极些。今天，黄金售价为每盎司 1 800 多美元，创下了历史高点，我发现自己很难对黄金热情起来。但是，在你的投资组合中，或许黄金还可以承担一定的角色。来自黄金的收益与来自非实物资产的收益之间的相关性往往非常小。因此，即使少量持有黄金（比如说，占投资组合的 5%）对投资者降低投资组合的整体波动性也会有所帮助。而且，万一通货膨胀卷土重来，黄金可能会产生不错的收益。但是，就审慎投资而言，黄金最多只能作为增加投资组合多样性的一种工具，只能发挥有限的作用。

其他收藏品又如何呢？比如说，钻石经常被形容为每个人最好的朋友。但对个人投资者来说，投资钻石的风险极大，缺点也极多。你一定要记住购买钻石会涉及大量佣金成本。而且对个人而言，钻石的品质判断起来也是异乎寻常困难。我可以肯定地说，你从希望

⊖ 1 盎司 =28.349 5 克。

卖掉钻石的人那儿接听到的电话会大大超过想买钻石的人打来的电话。

目前，另外一个流行的投资策略便是投资收藏品。成千上万的推销员正在四处兜售各种藏品，从雷诺阿 ⊖（Renoir）的画作到地毯，从蒂芙尼（Tiffany）灯具到稀有邮票，从装饰派艺术品到晕机时使用的秽物袋，举不胜举。eBay 使收藏品的买卖交易效率高了很多。我认为如果你因喜欢什么东西而购买它，那无可厚非——人们确实有些离奇的品位，但我的建议是：你应该因为喜爱那些东西才去买，不要因你期待它们会增值而去买。别忘了赝品和仿品随处可见。一个由藏品构成的投资组合常常还需要很多保险费用，需要无穷无尽的维护费用——你一直在花钱，而不是在收获股利或利息。要想通过收藏挣钱，你还需要有非常独特的见解和品位。在我看来，认为自己在收藏利润的人实际上多数是在收藏麻烦。

即使你足够幸运，买到一件被证明是重要杰作的艺术品，它可能仍然不是一项明智的投资。2017 年，达·芬奇的画作《救世主》在佳士得拍卖会上以超过 4.5 亿美元的价格成交。《华尔街日报》金融专栏作家杰森·茨威格估计，这幅画作在 16 世纪早期的售价约为 50 万美元。今天能说自己拥有一幅达·芬奇的画作，可能是无比珍贵的。但作为一项金融投资，它从 1519 年到 2018 年的年收益率只有区区 1.35%。

还有一个投资工具近来很流行，叫作商品期货合约。你不但可以购买黄金，还可以购买交割各种商品的合约，这些商品有粮食、金属，也有外汇。商品期货市场风云变幻，行情变化很快，专业投资者有时可能会获得巨大收益，但对有些涉入其中的人来说，他们都不知道自

⊖　法国印象派画家。——译者注

己在干什么，可能轻易就会遭受重大损失。我给非专业投资者的建议是：不要逆势而为。

我也建议投资者不要考虑对冲基金、私募股权基金和风险投资基金。这些类型的基金可能是基金经理赚大钱的工具，因为他们会把大量的管理费和20%的利润提成揣进自己的腰包，但个人投资者通常是难以从中获利的。这些类型基金的平均业绩非常令人失望。没错，最好的基金确实做得不错，但除非你是机构投资者，已确立了明显的优待地位，否则，能投资最佳基金的机会，实事求是地说是零。别想这些奇异的东西了——它们不属于你。

如果你觉得对冲基金有诱感力，动了心想投资其中，那么要记得沃伦·巴菲特设下的那个有名的赌局。2007年底，巴菲特向应赌者提供100万美元的赌局："我敢打赌，你挑选不出五只一揽子对冲基金，其业绩表现会在接下来十年胜过标普500股票指数。"赢家可以选择自己最喜爱的慈善机构接收赌赢的钱。对冲基金Protege Partners公司接受挑战，挑选了五只投资于对冲基金投资组合的基金。到2017年最后一天结束时，标普500指数基金每年获得7.1%的收益率，而一揽子对冲基金的年收益率为2.2%。真正的赢家是巴菲特最喜爱的慈善组织格尔斯公司（Girls Inc.），该组织为5~18岁女孩提供课后看护和暑期活动。输家是投资于高成本对冲基金投资组合的那些人。最后，我会避开加密货币、非同质化代币，以及其他已吸引社交媒体注意的东西。这些东西都是为赌博者而存在的。它们不属于为退休生活管理资金的投资组合。

12.9 练习9：记住，佣金成本并不是随机漫步的，有些更为低廉

现在，很多经纪券商在为你执行股票买卖指令时，收取的佣金费

用为零，若你愿意在网上交易，尤其会如此。网上交易可以通过笔记本电脑和智能手机轻松做到。但我想提醒你，每天进进出出买卖股票的投资者很少有人能赚到钱。不要受低佣金费率的诱惑，以免让自己变成无数不成功的短线交易者中的一员。

谈到佣金成本这个话题，你应该警惕华尔街上的一种创新做法——"包管账户"（wrap account）。只需支付一笔单一费用，你的经纪人就可以获得一位专业资金管理人的服务，这位资金管理人会为你挑选一个由股票、债券或许还有房地产构成的投资组合。经纪佣金和顾问费都被"打包"进了这笔单一的总费用之中。包管账户的成本极高，年费可能会达到每年3%，如果这位资金管理人使用共同基金或房地产投资信托，可能还会收取执行费和基金费。有了这些费用，你实际上是不可能战胜市场的。对此，我的建议是：回避包管账户。

另外，要记住购买共同基金时成本很重要。收取费用最低的基金往往会给投资者带来最好的净收益率。共同基金业就是这样一种行当，在此，你得到的实际上是你未付出的。当然，典型的低成本基金是指数基金，这类基金在税收方面往往也是有吸引力的。

关于投资，有很多你无法控制的因素。股市和债市是涨是跌，你都无能为力。但你可以控制你的投资成本。而且，你可以组织好自己的投资以便让税收最小化。在设计明智的投资策略时，控制自己所能控制的因素应该起到核心作用。

12.10　练习10：避开塌陷区和绊脚石，让你的投资步伐多样化

在上文所述的热身练习中，我们已讨论了大量投资工具。在漫步华尔街的过程中，最为重要的部分是把我们带到百老汇大街的转角

处——思考有关股票的明智投资策略。关于这段漫步的指南包含在最后三章中，因为我认为股票应该是构成多数投资组合的"转角基石"。尽管如此，在最后一项热身练习中，我们还是要回顾一下现代投资组合理论的重要观点——多样化投资具有种种优势。

"谋士多，人便安居。"这样的道理也可用在投资上。多样化投资可以降低风险，并且实现符合投资目标的理想的长期平均收益率的可能性也大得多。因此，在每一个投资类别中，你都应该持有多种具体品种；尽管股票应该成为你的投资组合的一个重要部分，但股票不应该是唯一的投资工具。想想前安然公司雇员泪眼盈盈的面庞吧，他们除了在退休金计划中持有安然股票之外，未持有任何其他证券。安然倒台之后，他们不仅失去了工作，还失去了退休储蓄金。无论投资目标是什么，聪明的投资者都会进行多样化安排的。

回顾一下第 10 章谈到的塌陷区和绊脚石，这一章列举了行为金融学提供给投资者的各种教训。涉及投资问题时，我们常常是自己的最大敌人。了解我们如何在自己的心理面前不堪一击，可以帮助我们避开一些常见的陷阱，免得我们在漫步华尔街的路上跌落下去。

12.11　最后：体格检查

现在，你已完成了热身练习，让我们稍事休息，最后做一下体格检查。经济学家研究出的那些估值理论和专业投资者的业绩记录都导向了唯一的结论：没有必然成功的通向财富之路，亦无轻易可行的坦途。要实现高收益，只有承担高风险（或许还得接受较低的投资流动性）。

你能容忍的风险水平在一定程度上取决于你想拥有什么样的睡眠状况。第 13 章将探讨股票和债券的风险与收益，并帮助你确定从不同的金融工具中应该期待什么样的收益水平。不过，你能承担的风险水平，还会显著地受到这样几个因素的影响：你的年龄以及你的非投资性收入的来源和可靠程度。第14章"生命周期投资指南"将更加清晰地告诉你如何确定股票、债券、房地产以及短期投资在你的投资组合中所占的比例。最后一章将呈现几种具体的股市投资策略，这些策略能使业余投资者获得与最为成熟老到的专业投资者一样好，甚至更好的投资业绩。

第13章

金融竞赛的障碍：理解、预测股票和债券收益

正确了解过去的人往往不会对现在持有悲观的看法。

——托马斯·B.麦考利（Thomas B.Macaulay）

《英格兰史》（*History of England*）

在本章里，你将学习如何成为一名"金融赌注登记经纪人"。在阅读完本章内容之后，你虽然还是不能预测下个月或来年的市场走势——无人能做到这一点，但你将能够改善构建赚钱的投资组合的"赔率"。尽管股票和债券的价格水平是决定财富净值的最重要的因素，其波动毫无疑问不在你的控制范围之内，但是，我提供的总体分析方法可以为你效劳，帮助你切合实际地预测长期收益率，使你的投资计划适应自己的理财需要。

13.1 什么因素决定了股票和债券的收益

从长期的角度看，股票提供的收益取决于两个关键因素：购买时

的股利收益率、盈利和股利的未来增长率。原则上，对于永久持有股票的投资者来说，股票的价值等于未来股利流的"现值"或者说"折现值"。回忆一下，"折现"这一概念反映的是这样一种事实：明天收到的1美元，不如今天在手的1美元价值大。股票投资者购买企业的所有权份额，目的是希望获得不断增长的股利流。即使一家公司现在支付很少的股利，把大部分（甚至全部）盈利留存下来用于公司的再投资，投资者也会在心里假定，这样的再投资将在未来产生增长更为迅速的股利流，或者产生更多的公司将来可用以购回自身股票的盈利。

股利流（或者公司通过股票回购返还给股东的资金）的折现值，可以运用下面这个非常简单的计算长期收益率的公式得出。这个计算公式不但适用于计算个股的长期收益率，也适用于计算市场整体的长期收益率。

股票长期收益率 = 初始股利收益率 + 增长率

比如说，从1926年一直到2018年，股票提供的年均收益率大约为10%。1926年1月1日，市场整体的股利收益率大约为5%。盈利和股利的长期增长率也大约为5%。因此，将初始股利收益率与增长率相加就得出了实际收益率的近似值。

从更短时期的角度看，比如1年甚至几年，在决定收益率时，还有一个因素也起到了至关重要的作用。这个因素就是估值关系的变化，具体说来，就是股价对股利的倍数或股价对盈利的倍数（市盈率）的变化（股价对股利的倍数，其增加或减少往往与使用更普遍的市盈率同向变动）。

股价对股利的倍数和市盈率在不同年份间变动幅度很大。比如说，在非常乐观的时期，如2000年3月初，股票市盈率远远超过了30倍，股价对股利的倍数超过了80。在非常悲观的时期，如1982年，股票市盈率只有8倍，股价对股利的倍数是17。股价对股利的倍数和市盈率也会受利率水平的影响。当利率水平低的时候，为了与债券争夺投资者手中的储蓄，股票往往以低股利收益率和高市盈率出售；当利率水平高的时候，为了更具竞争力，股票收益率会上升，股票往往会以低市盈率出售。1968～1982年，股票收益率远远低于长期平均水平，每年大约只有5.5%。在这一时期开始的时候，股票以3%的股利收益率出售，盈利和股利增长率每年为6%，这一增长率比长期平均水平略高一点。倘若市盈率（以及股利收益率）保持不变，那么每年6%的股利增长率转换成6%的资本增值率，股票本可以产生9%的年收益率。但实际上，股利增长率的大幅上升（市盈率大幅下降），使年均收益率降低了3.5%左右。

对股票投资者来说，21世纪头十年是一段极其凄惨的时期。千禧年时代成了感到幻灭的时代。2000年4月开始的时候，网络股泡沫正处于高峰时期，标普500指数的股利收益率已跌到1.2%（市盈率倍数高于30）。在这段时期，股利增长实际上非常强劲，每年平均达5.8%。倘若估值关系没有变化，股票会产生7%的收益率（1.2%的股利收益率与5.8%的股利增长率之和）。但在这十年里，市盈率倍数出现暴跌，股利收益率上升。估值关系的变化使收益率斫去了13.5个百分点。因此，股票没有带来7%的收益率——每年倒是平均损失了6.5%，使得很多分析师提及这些年时，都说是"失落的十年"。

很多分析师质疑，现在股利是否还像过去那样，在决定股票收益率时具有相关性。他们指出，上市公司现在日益倾向于通过股票回购而非增加股利的方式，将增长的盈利分配给股东。对于这种公司行为，有人给出了两种观点：一种认为出于服务股东的目的，另一种认为出于使管理层得利的目的。税法的规定使股东获得了利益。已实现的长期资本利得所适用的税率，常常只是股利所适用的最高收入税率的一小部分。回购股票的公司往往因减少了流通股票的数量，而增加了每股盈利，每股盈利的上升又使股价上涨。因此，股票回购往往会带来资本利得。再者，资本利得税可以延迟到股票卖出时缴纳；如果股票后来被遗赠，资本利得税甚至可以全部避免。所以，为股东利益着想的公司管理层会更愿意回购股票，而非增加股利。

从不好的方面看，管理层更多的是出于对自身利益的考虑，才让公司回购股票。管理层很大一部分收入来自股票期权，只有当盈利和股价上升的时候，股票期权才有价值。股票回购是一条使盈利、股价和期权价值上升的简单途径。增值的股票会使管理层持有的股票期权的价值增加，从而使管理层得利；而增加的股利只会进了当前股东的口袋。20世纪40～70年代，盈利和股利以大致相同的比率增长。不过，在20世纪的最后几十年里，盈利的增长速度比股利更快。在很长时期里，盈利和股利的增长率很可能不相上下，所以，为了阅读方便，我选择从盈利增长的角度来进行分析。

与股票的长期收益率比较起来，债券的长期收益率更容易计算。从长期看，债券投资者获得的收益率大约等于债券购买时的到期收益率 ⊖。就零息债券（非定期支付利息，只是到期支付某一固定金额的债券）而言，假定未出现违约风险并被持有至到期，购买时的到期收益率就是投资者将获得的收益率。对于付息债券（定期支付利息的债券）来说，债券存续期内获得的收益率可能有些变动，这取决于票息是否会被再投资，以及以什么样的利率再投资。不过，债券的初始收益率 ⊖，为持有债券至到期的投资者将获得的收益率提供了一个非常有用的估计值。

⊖ 到期收益率是指以特定价格购买债券并持有至到期所能获得的收益率，是使未来债券面值和票息现金流现值等于债券购入价格的折现率，它能最准确地衡量债券的收益水平，是使用最广泛的债券收益率指标。——译者注。

⊖ 债券的初始收益率即债券购买时的到期收益率。——译者注如果债券未持有至到期，那么其收益率便不易把握。在这种情况下，市场利率（债券收益率）[○] 的变化，就成为一个决定债券在持有期内所获净收益率的重要因素。当市场利率上升时，债券价格会下跌，以便现存债券与当前正以更高利率发行的新券保持同等的竞争力。当市场利率下跌时，债券价格便会上升。总之，应牢记在心的一个道理是，对于未将债券持有至到期的投资者来说，损失的程度取决于市场利率上升的幅度，而得益的程度则取决于市场利率下跌的幅度。

在任何一场金融收益的障碍赛中，通货膨胀都是"一匹黑马"。在债券市场，通货膨胀率的上升毫无疑问会带来损失。要明白这一点，我们先假设不存在通货膨胀，债券以 5% 的收益率在交易，这会给投资者提供 5% 的实际收益率（剔除通货膨胀影响的收益率）。现在又假定通货膨胀率由 0 上升到 5%。如果投资者仍然要求 5% 的实际收益率，那么债券利率必须上涨到 10%。只有这样，投资者才会在剔除通货膨胀影响之后，得到 5% 的收益率。但这意味着债券价格下跌，先前以 5% 的收益率购买长期债券的投资者将会遭受很大的资本损失。除了本书第 12 章推荐的防通胀国债持有者之外，通货膨胀是其他所有债券投资者的死敌。

原则上，股票应该是对付通货膨胀的防范工具，通货膨胀率的上升应该不会让股票持有者受到损失。至少从理论上说，如果通货膨胀率上升一个百分点，所有东西的价格，包括工厂、设备、存货的价值，也应该上涨一个百分点。最终，盈利和股利的增长率也应该随通货膨胀率的上升而上升。因此，即使所有的要求收益率都随通货膨胀率上升，股利收益率（或市盈率）也不会被要求有所改变。之所以如此，

○ 此处的债券收益率，是指投资者手中持有的债券未到期即卖出时，债券在其价格根据当时市场利率进行调整之后得出的到期收益率，与市场利率大致相等。——译者注

是因为盈利和股利的预期增长率应该会与预期通货膨胀率一同上升。那么，在实际经济生活当中，情况是否果真如此呢？我们将在下面的内容中加以考察。

13.2 金融市场收益率的四个时代

现在，让我们来研究一下股市和债市近期历史上的四个时代，看看我们能否根据上面讨论的收益率决定因素来解释投资者的境况。1947～2009年，股市收益有四次大幅波动，债券收益率的四个时代正巧与之相一致。表13-1显示了四个时代的划分以及股票和债券投资者获得的年均收益率。21世纪10年代以及进入21世纪20年代的长期牛市将在后面分析。

表13-1 从时代视角看美国股票和债券收益率（年均收益率，%）

资产类别	时代1 1947年1月～ 1968年12月 舒适安逸的 时代	时代2 1969年1月～ 1981年12月 焦虑不安的 时代	时代3 1982年1月～ 2000年3月 精神焕发的 时代	时代4 2000年4月～ 2009年3月 感到幻灭的 时代
股票 （标普500指数）	14.0	5.6	18.3	−6.5
债券 （优质长期公司债券）	1.8	3.8	13.6	6.4
年均通货膨胀率	2.3	7.8	3.3	2.4

我把时代1称为舒适安逸的时代，这个时代涵盖了第二次世界大战后的那些经济增长年份。在这个时代里，抵消通货膨胀影响之后，股票持有者的收益率仍然极高，而债券持有者得到的收益率则非常低，显著低于平均通货膨胀率。我把时代2称为焦虑不安的时代，在这个时代里，婴儿潮时期出生的数以百万计的十几岁青少年表现出了广泛的叛逆行为，越南战争造成了经济和政治上的不稳定，多次石油和食

品价格上涨造成冲击，并引发了通货膨胀，所有这些因素交织在一起，给投资者营造了一种不宜投资的恶劣氛围。谁也未能免受其害，股票和债券投资者的境遇都非常不好。我把时代 3 称为精神焕发的时代，婴儿潮时期出生的人老成持重了，和平占据了支配地位，无通货膨胀的经济繁荣闪亮登场。对于股票和债券投资者来说，这是一个黄金时代，他们收获了前所未有的丰厚利润。我把时代 4 称为感到幻灭的时代，在这个时代里，新千年的巨大期许并未在股票收益中体现出来。但是，这个时代的确为进入 21 世纪 20 年代股票收益增长创造了条件。

有了四大时间段的划分，让我们看一看收益率决定因素在这几个时期的演化发展，尤其要看一看，可能是什么因素引起了估值关系和市场利率的变化。回想一下，股票收益率的几个决定因素：① 股票被购买时的初始股利收益率；② 盈利增长率；③ 从市盈率（或股价对股利的倍数）角度看，股票估值发生的变化。另外，债券收益率的决定因素是：① 债券被购买时的初始到期收益率；② 市场利率（债券收益率）的变化，以及由此导致的未持有债券至到期的投资者手中债券价格的变化。

13.3　舒适安逸的时代

消费者以狂热消费来庆祝第二次世界大战的结束。战时，他们生活中没有汽车，没有电冰箱，没有其他数不胜数的商品，大战一结束，他们毫无节制地搬出短期储蓄来消费，创造了伴有些许通货膨胀的迷你经济繁荣。不过，20 世纪 30 年代的大萧条还是令人难以忘怀的。当需求开始减弱的时候，经济学家（那些悲观的学者）心怀担忧，渐渐确信经济深度衰退或者经济萧条近在咫尺。后来人们广泛使用的衰退与萧条两个概念，其区别是由哈里·杜鲁门总统当时说的一句话界定的，他说："你失去工作的时候是衰退，我失去工作的时候才叫萧条。"

股票市场的投资者注意到经济学家们的悲观情绪，显然也忧心忡忡起来。1947年刚开始的时候，股利收益率异常高，达到了5%，而市盈率则徘徊在12倍左右，远远低于长期平均水平。

然而结果是经济并未像很多人惧怕的那样陷入萧条之中。从20世纪50年代一直到60年代，尽管有几个阶段出现过轻微衰退，但经济还是以相当高的增长率向前发展。20世纪60年代初，肯尼迪总统提出了一项减税计划，1964年他去世之后，该计划立法通过。减税带来了刺激，同时政府也为战争增加了支出，于是经济强劲发展，就业达到很高水平。总体而言，直到这个时代结束时，通货膨胀才成为一个问题。投资者的信心逐渐增加，到1968年时，市盈率上升到18倍以上，标准普尔股票指数的股利收益率已回落到3%。这的确为股票投资者创造了舒适安逸的经济环境：初始股利收益率很高；盈利和股利都以6.5%～7%的速度增长，相当强劲；股票估值提高，进一步增加了资本利得。表13-2显示了1947～1968年股票和债券收益率的不同构成部分。

表13-2　1947年1月～1968年12月股票和债券收益率（%）

股票初始股利收益率	5.0
盈利增长率	6.6
估值变化（市盈率增长）	2.4
年均收益率	14.0
债券初始收益率	2.7
利率上升造成的影响	−0.9
年均收益率	1.8

很不幸，债券投资者的日子远远比不上股票投资者。首先，1947年，债券初始收益率非常低，因此，债券收益率注定会很低，即使投资者将债券持有至到期也是如此。第二次世界大战期间，美国将长期

政府债券的利率钉在不超过 2.5% 的水平。实施这项政策的目的在于使美国可以用低利率为战争筹集便宜资金，这项政策持续到战争结束之后的 1951 年，直到此时，利率才被允许上浮。因此，债券投资者在此期间遭受了双重损失。不但在这一时期开始的时候利率被人为压低，而且当利率被允许上浮时，债券持有人又遭受了资本损失。结果，在此期间，债券持有人获得的名义收益率低于 2%，而剔除通货膨胀影响之后，实际收益率则为负数。

13.4　焦虑不安的时代

从 20 世纪 60 年代末一直到 20 世纪 80 年代初，不断加剧的通货膨胀不期而至，成了影响证券市场的主要因素。20 世纪 60 年代中期，人们基本上注意不到通货膨胀的存在——通货膨胀率只比 1% 高一点。不过，20 世纪 60 年代末，当在越南越陷越深时，美国遭遇了经典的、老式的"需求拉动型"通货膨胀——太多的货币追逐太少的商品，通货膨胀率猛然上升至大约 4%～4.5% 的水平。

然后，在 1973～1974 年，经济受到了石油和粮食价格上涨的冲击。这是墨菲定律发挥作用的一个经典情形——凡事可能出岔子，就必定会出岔子。石油输出国组织（OPEC）策划制造了石油人为短缺的形势，而大自然通过北美粮食歉收、苏联和撒哈拉沙漠以南非洲的灾难性收成，带来了食品的真正短缺。甚至当秘鲁凤尾鱼（凤尾鱼是蛋白质的一个重要来源）的捕获量也神秘消失了时，看上去奥图尔对墨菲定律的注解也应验了（记住，奥图尔说的是"墨菲是一个乐观主义者"）。通货膨胀率又上升到了 6.5%。再往后，在 1978 年和 1979 年，各种政策错误的综合作用导致某些经济部门出现了相当大的超额需求，再加上石油价格又有 125% 的涨幅，这使通货膨胀率再度蹿升，工资成本亦随之增加。到 20 世纪 80 年代初时，通货膨胀率超过了 10%，人们深怀恐惧，担心经济已失去控制。

最后，美联储在时任主席保罗·沃尔克（Paul Volcker）的领导下采取了果断行动。美联储开始实施极端紧缩的货币政策，意在勒住经济野马，杀灭通货膨胀病毒。通货膨胀的确开始合着节拍平静下来，但与此同时，经济也几乎瘫痪了。我们遭遇了20世纪30年代以来最剧烈的经济滑坡，失业率也大幅飙升。到1981年底时，美国经济不但饱受两位数的通货膨胀率之苦，而且还要忍受两位数失业率的煎熬。

表13-3显示了通货膨胀和经济不稳定对金融市场造成的严重影响。股票持有者和债券持有者的名义收益率都很低，考虑7.8%的通货膨胀率之后，实际收益率实际上是负数。然而，如黄金、收藏品和房地产之类的实物资产，却提供了非常丰厚的两位数收益率。

表13-3　1969年1月～1981年12月股票和债券收益率（%）

股票初始股利收益率	3.1
盈利增长率	8.0
估值变化（市盈率增长）	−5.5
年均收益率	5.6
债券初始收益率	5.9
利率上升造成的影响	−2.1
年均收益率	3.8

因为通货膨胀来得出乎意料，并且债券收益率未将意外通货膨胀的可能性考虑进去，所以，债券投资者遭受了灾难性损失。例如，1968年，期限为30年的长期债券提供的到期收益率大约为6%。这一收益率可以抵御时下3%的通货膨胀率，因而可以提供剔除通货膨胀后3%的预期实际收益率。遗憾的是，1969～1981年，实际通货膨胀率几乎达到8%，完全抹去了正的实际收益率。这还是不幸故事中的好消息，不好的消息是债券投资者遭受了资本损失。20世纪70年代，

通货膨胀率高达两位数，还有谁会愿意购买收益率为 6% 的债券？谁也不愿意！如果你不得不卖掉所持债券，你只能亏本卖出，好让新的买主能获得与更高的通货膨胀率相匹配的收益率。随着债券的风险溢价因债券的波动性增加而上升，债券的到期收益率涨得更高了 ⊖。更有甚者，税收体系给债券投资者以最无情的打击。即使债券投资者获得的税前收益率 ⊖ 经常为负数，他们的债券票息却还要按一般收入税率纳税。

债券未能保护投资者，使其免受一段时期意外通货膨胀的侵袭，一般说来，这没什么好奇怪的。但在这个时代，股票表现很差却不能不令人吃惊。因为股票代表对真实资产的索取权，而真实资产应该会随着价格水平的上升而升值，所以按照这种逻辑，股票价格应该也已上涨了。这种情形就像那个小男孩的故事一样。当他第一次去艺术博物馆参观，被告知一幅著名的抽象派画作上画的应该是一匹马时，他机敏地问道："是吗，如果它应该是一匹马，那为什么却不是呢？"如果股票应该是抵御通货膨胀的工具，那当时怎么就不是呢？

对此已有很多不同的解释，涉及的都是股利和盈利下降这些方面，仔细分析，就会发现这些解释失去说服力了。其中一个常见的说法是，通货膨胀致使公司利润大幅缩水，尤其是当财报数字经过通货膨胀调整之后，公司利润更会减少。给出这种解释的人把通货膨胀描述成了一种财务中子弹，它使公司的外壳完好无损，却摧毁了公司的利润命脉。很多人认为资本主义引擎正在失去控制，因此事实可能会证明在华尔街上漫步——无论是以随机的方式还是别的方式都是极其危

⊖　当债券到期收益率涨得更高时，投资者手中所持债券的价格跌得更多。——译者注

⊖　已实现的税前收益率等于债券卖出价（假定持有至到期则为债券面值）加已收票息（或许还加上已收票息的再投资收益）减去债券买入价再除以债券买入价。——译者注

险的。

然而事实是，并没有证据显示，公司利润像20世纪80年代初金融界某些人士所认为的那样，一直在"沿着被残酷且不可遏制的通货膨胀涂上油脂的柱子迅速下滑"。如表13-3所示，在1969～1981年这一期间，利润加速增长，盈利增长率上升到8%的水平，轻松超过了通货膨胀率。股利也毫不示弱，增长率达到了接近通货膨胀率的水平。

影迷应该记得电影《卡萨布兰卡》片尾那段令人称奇的情景。亨弗莱·鲍嘉（Humphrey Bogart）手中握着一支尚在冒烟的枪，站在一位名叫史特劳塞的纳粹空军少校的尸体旁。法国殖民地警察局长克劳德·雷恩斯（Claude Rains）[⊖]把视线从鲍嘉身上转向那支冒烟的枪，再转向已死去的少校，最后转向自己的助手，说："少校史特劳塞被射杀，围捕可疑的嫌犯。"我们也已围捕了嫌疑惯犯，但还得集中精力搞清楚究竟是谁谋杀了股票市场。

20世纪70年代股票收益率如此之低，主要原因还是投资者对股利和盈利的估价——他们甘愿为1美元的股利和盈利支付的美元数量大幅下滑了。股票未能给投资者提供抵挡通货膨胀的保护，原因不在于盈利和股利未能随着通货膨胀率的上升而增长，而是在于市盈率在此期间简直就是崩溃了。

1969～1981年，标准普尔指数的市盈率几乎被削掉了2/3。正是市盈率的大幅下降，才导致了20世纪70年代投资者获得的收益率如此之差，阻碍了股票价格反映多数公司在盈利和股利增长上所取得的真实进步。有些金融学家得出结论认为，20世纪70年代和80年代初的市场根本就不理性，以致市盈率跌得太惨了。

当然，20世纪80年代初，股票投资者的悲观情绪很可能已使他

⊖　克劳德·雷恩斯在影片中饰演警察局长雷诺，亨弗莱·鲍嘉饰演夜总会老板里克。——译者注

们变得不理性，正如他们的乐观情绪在 20 世纪 60 年代中期可能使他们不理性一样。尽管我认为市场并非总是完全理性，但是如果一定要我在股票市场与经济学界同行之间下注的话，我每次还是要赌股票市场赢。我的看法是，当投资者致使股价对股利的倍数以及市盈率急剧下跌的时候，他们并非不理性——他们只是吓着了。20 世纪 60 年代中期，通货膨胀很轻微，几乎注意不到，同时投资者也确信经济学家已找到了治愈严重衰退的良方——即使是温和的经济下滑也能"通过微调"加以消除。20 世纪 60 年代，谁也没想象过经济可能经历两位数的失业或两位数的通货膨胀，更甭提有谁会想象到这两者竟能同时出现。显然，我们发现经济状况远没有以前想象中的那么稳定。股权证券（或许我可以说是股权不安全证券）因而被认为更具风险，从而应该获得更高的风险补偿 [⊖]。

　　一般说来，证券市场会通过降低市盈率和股价对股利的倍数来提供更高的风险溢价，进而产生与风险更大的新环境相适应的更高未来收益。不过，矛盾的是，同样的调整从 20 世纪 60 年代末一直到 20 世纪 70 年代使投资者产生了非常糟糕的收益率，而在 20 世纪 80 年代初却带来了颇具吸引力的价格水平，对此，我在本书以前数版中已做过论述。经验清楚地告诉我们，如果你想对某个十年内的收益率变化情况做出解释，那么估值关系的变化会起到一个至关重要的作用。在 1969～1981 年，盈利增长率的的确确补偿了这期间的通货膨胀，但股价对股利的倍数以及市盈率的下降——我相信这种下降反映了已感知到的风险上升了，正是谋杀股票市场的元凶。

⊖ 经济学家经常用风险溢价来陈述这一观点。所谓风险溢价，就是你可以预期从一项投资中获得的超额收益，这一收益高于完全可预测的短期投资带来的收益。根据这一观点，20 世纪 60 年代的风险溢价非常小，可能只有一两个百分点；而在 20 世纪 80 年代初，投资者若要持有股票和债券，要求的风险溢价可能扩大到了 4%～6% 的范围，我将对此做进一步论述。

13.5　精神焕发的时代

现在，让我们把目光投向第三个时代——从 1982 年一直到 2000 年初，这是金融资产收益率的黄金时代。这个时代刚开始的时候，债券和股票的价格都已随着经济环境的变化进行了充分调整，甚至可以说是过度调整。股票和债券的定价，不仅对可能出现的通货膨胀提供了充足的保护，还给予了投资者异常丰厚的实际收益率。

的确，1981 年末，债券市场已名誉扫地。《哔尔街日报》[⊖]在 1981 年的滑稽年刊中写道："所谓债券，就是为使其价格下跌而设计的一种固定利率金融工具。"这时，优质公司债券的到期收益率在 13% 左右，而基础通货膨胀率（按单位劳动力成本增长率来衡量）大约为 8%，因此，公司债券提供了约为 5% 的预期实际收益率，若按历史标准，这一收益率异常高（公司债券的长期实际收益率只有 2%）。无可否认，债券价格此前已变得波动性很大，因此，认为债券理应比以前提供更高一些风险溢价的看法是很合情理的。但是，恐慌、抑郁的机构投资者很可能对债券投资的风险考虑得太多。如同打最后一战的将军那样，投资者已不愿意再去碰债券了，因为过去 15 年的经历可谓灾难深重。如此一来，债券投资的初始条件便是投资者能够期望未来数年获得非常丰厚的收益。

那么，股票的情况又如何呢？我在前面已提过，要计算股票的预期长期收益率，可以将平均股利收益率与每股盈利的预期增长率相加。我在 1981 年进行的计算显示股票总体预期收益率在 13% 以上——这一比率大大超过了核心通货膨胀率，按照历史标准，也非常高。

⊖　《哔尔街日报》(*The Bawl Street Journal*)，由纽约债券俱乐部于 1917 年开始发行，以滑稽的风格和笔触模仿《华尔街日报》，讽刺包括华尔街人士、投资公司等在内的金融界。——译者注

同时，股票正以异常低的市盈率出售，股价对股利的倍数也低于平均水平，股价只是股票所代表资产的重置价值的一小部分。无怪乎在 20 世纪 80 年代，我们看到了如此多的公司并购案。每当在股市可以购买到比直接采购成本更低的资产时，公司总会倾向于购买其他公司的股权，以及回购自身的股票。因此，我当时指出，在 20 世纪 80 年代初，呈现在我们面前的是这样一种市场形势：非实物资产已根据通货膨胀以及与通货膨胀相关的更大不确定性进行了调整，或许已调整过头。表 13-4 显示了 1982～2000 年的收益率情况。

表13-4　1982年1月～2000年3月股票和债券收益率（%）

股票初始股利收益率	5.8
盈利增长率	6.8
估值变化（市盈率增长）	5.7
年均收益率	18.3
债券初始收益率	13.0
利率上升造成的影响	0.6
年均收益率	13.6

这的确是投资者精神焕发的时代，无论是股票还是债券都产生了异常高的收益率。尽管这一时期盈利和股利的名义增长率都不比令人沮丧的 20 世纪 70 年代高，但两个因素促使股票市场产生了异乎寻常的收益率。首先，接近 6% 的初始股利收益率就非常高。其次，市场心态也由悲观失望转为欣喜亢奋。市场市盈率上升了两倍多，从 8 倍上升到 30 倍，股利收益率下降到只有 1% 多一点。正是估值变化托起了股票收益率，使其由非同一般的水平上升到了绝对令人惊奇的高度。

同样，债券市场 13% 的初始收益率保证了债券长期持有者将实现高达两位数的收益率。我曾经说过，长期债券持有者眼前看到的到期收益率，就是他们将获得的收益率。另外，市场利率的下降，也进一步提升了债券的收益率。再者，因为通货膨胀率回落到 3% 的水平，债券的实际收益率（扣除通货膨胀后的收益率），比长期平均水平高得多。1982～2000 年初，是人们投资金融资产一生只能一遇的天赐良机。与此同时，诸如黄金和石油之类的实物资产则产生了负的收益率。

13.6 感到幻灭的时代

精神焕发的时代之后，便是有史以来股票市场有案可查最为糟糕的一个十年。人们广泛地认为这段时期是"失落的十年"或者"糟心的十年"。就多数股票投资者而言，他们宁愿忘记这段时间。网络股泡沫破裂后，紧跟着的是令人难以承受的大熊市。在这十年里，后来又膨胀了一场泡沫，泡沫的破裂使得全球股市地动山摇，因为房地产价格的急剧下跌摧毁了以房价不断上涨为支撑的错综复杂的抵押贷款支持证券的价值。投资者再次得到提醒，投资世界是一个风险很大的所在。估值关系随之发生了变化。

市盈率下跌了，股利收益率上升了。不过，有些投资者利用债券使自己的投资组合多样化，倒是得以减轻了痛苦，因为在这十年中，债券产生了正的收益率。表 13-5 显示了在投资者感到幻灭的时代里收益率的变化情况。

表13-5　2000年4月～2009年3月股票和债券收益率（％）

股票初始股利收益率	1.2
盈利增长率	5.8
估值变化（市盈率增长）	−13.5
年均收益率	**−6.5**
债券初始收益率	7.0
利率上升造成的影响	−0.6
年均收益率	**6.4**

13.7　2009～2022年的市场

到 2009 年市场低谷期，标普 500 指数的市盈率已降至不足周期性衰退盈利的 15 倍。股利收益率升至近 3%。股票估值关系的这些变化，为投资者在股市接下来的 10 年里获得正收益率创造了条件。随着盈利以两位数比率增长，股票价格上涨的幅度甚至更大，因为股利收益率下降和市盈率上升助长了股价上涨。到 2022 年 1 月，投资股票产生了 17.5% 的年均收益率，虽然 2020 年初新冠疫情扰乱了经济活动，造成股市一时下挫。同一时期，平均通胀率为 2.3%。因此，股票产生的真实收益率与其在第三个时代不相上下，我称第三个时代为精神焕发的时代。债券表现也相当不错。2009 年，美国短期国债的收益率为 3%～4%。2022 年 1 月，10 年期美国长期国债收益率不到 2%。因此，随着收益率下跌，债券提供了一些资本增值。债券产生的年均收益率大约为 4%，比通胀率大约高 2 个百分点。

13.8　未来收益的障碍

那么，未来如何呢？你如何判断未来数年金融资产的收益率呢？尽管我仍然确信谁也不能预测证券市场的短期变动趋势，但我的确相信对于投资者可以期望的金融资产长期收益率的变动范围，还是有可能做出估测的。但若预计在 21 世纪接下来的岁月里，股票投资者像 2009～2022 年那样获得丰厚的收益，恐怕也不切实际。

那么，长期收益率的合理预期值是多少呢？我过去使用的分析方法，现在仍然可以使用。我将说明自 2022 年初开始的长期收益率预测情况。读者可以使用与预测期相对应的适当数据，进行相似的测算。

先看一看债券市场。自 2022 年初起，对于长期债券持有者将获得的收益率，我们可以形成一个相当清晰的认识。优质公司债券投资者若将债券持有至到期，可以获得大约 3.5% 的收益率。10 年期美国国债投资者持有至到期的收益率接近 2.5%。假设每年的通货膨胀率不超过美联储的目标 2%，那么，公司债券将为投资者提供正的但相当有限的收益率。这些收益率与 20 世纪 60 年代以来的水平相比低了不少。如果通货膨胀率像 2021~2022 年那样加速上升，那么债券收益率将变为负值。而且，如果利率上涨，债券价格便会下跌，债券收益率甚至将更低。政府债券将提供零或负的真实收益。很难想象，债券投资者会获得 2022 年那样的收益率。

我们可以为 2022 年初起的股票预测出什么样的收益率呢？我们至少可以对股票收益率的前两个决定因素做出合理估计。我们知道标普 500 指数 2022 年的股利收益率在 1.3% 以下。假设盈利增长率在长期大约为 4.7%，这一增长率与历史增长率相一致，也与 2022 年华尔街券商所做的估计值相似。将这一初始股利收益率与盈利增长率相加，我们得到标普 500 指数的总体预期收益率每年为 6%，这比债券收益率高，但大大低于 1926 年以来的股票长期平均收益率，后者接近 10%。

当然，在短期内，股票收益率的主要决定因素是股票在市场上发生的估值变化，也就是市场上市盈率的变化。投资者应该问一问自己，2022 年的市场估值水平是否会现实地维持下去。2022 年初经过周期调整的市盈率超过 35 倍，显著高于历史长期平均值。而不足 1.3% 的股利收益率比 4.5% 的历史平均值要低得多。

无可否认，市场利率在 2022 年初相对较低。当市场利率低时，稍高一些的市盈率和较低的股利收益率便是合理的。但我们不能简单假设市场利率总会如此之低，而且通货膨胀总会如此温和。出乎意料之事常会发生。

股票市场有一个具有预期作用的模式，预示着在较长时期里股市收益率充其量能达到中等水平。如果预测范围够广的话，未来市场收益中多达 40% 的波动性，可以根据市场整体的初始市盈率倍数预测出来。

在计算市场整体市盈率倍数时，并不使用实际的每股收益，而是使用根据经济周期进行调整的盈利数字。因此，这样计算得到的市盈率常常被称为周期调整市盈率（CAPE）。罗伯特·希勒的网站上可以查到周期调整市盈率，而且其计算所用的盈利是过去 10 年间的平均盈利。（要得到过去 5 年的盈利数字，可以进行类似计算。）希勒测算 2022 年的周期调整市盈率平均值超过 35 倍，仅有 2000 年初的估值水平高于此值。对于预测未来 10 年的收益率，周期调整市盈率的表现相当不错，并且证实了此处所呈现的未来多年收益率预测数值位于不算高的个位数，前面已提及此预测值可能显著低于 6%。当然，如果你的投资期限不足 10 年，那么，谁也无法以任何准确度去预测你将会获得的收益率。

作为华尔街上的一个随机漫步者，我不相信谁能预测短期内股票价格的变动趋势，也怀疑谁因为能做到这一点财务境况或许才会更好些。这让我想起了精彩的老广播系列剧《我爱神秘之事》（*I Love a Mystery*）中我最喜欢的一个片段。这个诡异的故事讲的是一个贪婪成性的股市投资者。他希望获准提前 24 小时看到载有股票价格变动信息的报纸，只要看一次就行。借助神秘的魔力，他的愿望得到了满足，黄昏的时候，他收到了报道第二天的晚刊。他紧张狂乱地通宵忙碌着，计划第二天上午一早就买入股票，在下午很晚的时候再卖出股票，这样可以保证他在股市大赚一笔。后来，他读到报纸上的其他内容，兴高采烈之情一下子消失了，因为他偶然看到了自己死亡的讣告。第二天早上，他的仆人发现他已撒手人寰。

很幸运，我接触不到来自未来的报纸，所以我不能告诉你在未来某个特定时期股票和债券的价格将有怎样的表现。不过，我仍然坚信，这里提供的债券和股票的保守长期收益率估计值是为进入 21 世纪后几十年制订投资计划所能做出的最为合理的估计值。关键的一点是，不要戴着"后视镜"来投资，不要按照过去的收益率简单地预测未来。在未来一段时间内，我们很可能将处在收益率很低的市场环境里。

第14章

生命周期投资指南

> 人这一生有两种时候不应该投机，一种是承担不起的时候，另一种是承担得起的时候。
>
> ——马克·吐温
>
> 《赤道环游记》

把钥匙开一把锁，一个琴键定一个音。一个人必须根据其生命周期的不同阶段来制定不同的投资策略。一个34岁的人与一个64岁的人，为退休后生活进行储蓄投资，应该使用不同的金融工具来实现目标。34岁的人——刚开始迈入赚取薪金收入的高峰岁月，可以利用工资来弥补风险增加所招致的任何损失。相比之下，64岁的人（可能依靠投资收入来补充或替代薪金收入）需要约束风险。即使是同样的投资工具，对于不同的人也有着不同的意义，这取决于每个人的风险承受能力。尽管34岁的人与64岁的人都可能投资于银行定期存单，年轻者之所以这样做，可能是出于规避风险的态度，而年长者则可能是因为接受风险的能力已经下降。就可以承担何种程度的风险而言，处在前者的位置，一个人就拥有较多选择，而在后者的处境之下，一个人便没有多少选择的余地。

在一生的不同年龄段，你做出的最为重要的投资决策，可能是如何平衡资产类别，也就是说如何确定股票、债券、房地产、货币市场证券等资产类别在投资组合中的权重。罗杰·伊博森将毕生精力用于测量各种不同投资组合带来的收益，据他研究，在投资者获得的总收益中，有90%以上的收益取决于选择什么样的资产类别，以及这些资产类别在投资组合中所占比例。由投资者选择哪些具体股票或共同基金所决定的投资收益，不到总收益的10%。在本章，我会告诉你，无论你对风险持有何种厌恶态度，也就是说不管你在"吃得好抑或睡得香"测量表中处于什么位置，你的年龄、你的工作带来的收入以及生活中各种具体责任义务，都对你确定投资组合内资产构成方式起着重大作用。

14.1　资产配置五项原则

我们只有在心中铭记某些基本原则，才能为资产配置决策提供一个合乎理性的基础。在前面一些章节中，我们已隐隐约约触及一些资产配置原则，但在此清楚明确地提出来，对投资者应会大有帮助。这些关键原则包括以下几点。

①历史表明，风险与收益相关。

②投资股票和债券的风险，取决于持有投资品的期限长短；投资者持有期限越长，投资收益的波动性便会越小。

③定期等额平均成本投资法虽有争议，但可以作为降低股票和债券投资风险的一个有用方法。

④重新调整投资组合内资产类别的权重，可以降低风险，在某些情况下，还可以提高投资收益。

⑤必须将你对风险所持有的态度与你承担风险的能力区分开来。你承担得起的风险取决于你的总体财务状况，包括你的收入类型和收入来源，但不包括投资性收入。

14.1.1 风险与收益相关

要想增加投资回报，只能通过承担更大风险来实现。你可能听腻了这句话，但在投资管理方面，再也没有什么教训比这句话更加重要了。这条基本的理财法则已得到数个世纪历史数据的支持。表14-1中的数据说明了这一观点。

表14-1 1926～2020年基本资产类别年均收益率（%）

资产类别	年均收益率	风险指数（收益率年波动率）
小型公司股票	11.9	28.2
大型公司股票	10.3	18.7
长期政府债券	5.7	8.5
美国短期国债	3.3	3.1

资料来源：Ibbotson, Duff & Phelps SBBI。

显而易见，股票提供了非常丰厚的长期收益率。有人做过估计，假如乔治·华盛顿仅仅从他担任总统所得的第一笔工资中存下1美元，并将这1美元投资于股票，那么凭借这笔微不足道的投资，到2021年时，他的继承人中百万富翁的人数便多出50倍以上。罗杰·伊博森估计，自1790年以来，股票每年提供的复合收益率超过了8%（如表14-1所示，自1926年以来，股票收益率甚至还要高，大型公司股票每年带给投资者的回报超过10%）。但是，投资者是冒着很大的风险，才获得了这样的收益率；每十年中，大约有三年总收益率是负数。所以，当你追求更高收益率时，千万别忘了常言道："天下没有免费午餐。"更高的风险是你获取更丰厚的收益必须付出的代价。

14.1.2 你投资股票和债券的实际风险取决于你的投资持有期限

你的"定力",也就是你坚守投资的时间长短,在你为做出投资决策而实际承担的风险中起着至关重要的作用。因此,在确定如何配置资产时,你所处的生命周期阶段便成为一个关键因素。下面让我们看看,你的投资持有期长短为何在决定你的风险承受能力时如此重要。

我们在表 14-1 中看到,在长达 90 年的时间里,长期政府债券提供了平均为 5.7% 的年收益率。不过,风险指数显示,在任何一年里,实际收益率都可能远远偏离年均收益率。的确,在很多单个年份里,长期政府债券的实际收益率为负数。这段时间里债券平均收益率如此之高的原因在于,其间多数年份的利率水平显著高于今天。到 2022 年,30 年期美国政府债券的收益率已降至 3%。但是,你只有在此后 30 年里持有此债券,才会确保获得 3% 的收益率。如果你一年后发现不得不卖出债券,那么你的收益率可能是 0%,甚或,如果市场利率大幅上升,现有债券的价格便会下跌以适应新的更高市场利率,你便可能遭受很大的亏损。我想现在你能明白,为什么你的年龄以及能否坚守投资计划如此重要了,因为这会决定一切具体的投资计划所蕴含的风险大小。

那么,投资股票会怎样呢? 投资股票的风险也可能随着持有时间延长而降低吗? 答案是肯定的,但有条件。如果你采用长期持有同时将股利用于再投资的计划,并且无论市场涨跌,都坚持执行这一计划(即前面一些章节中讨论的买入持有策略),你便可以消除股票投资中很大一部分风险(但并非全部风险)。

图 14-1 所包含的信息抵得上千言万语,因此我只需对我的观点做一下简单解释。倘若你在 1950 年一直到 2020 年这一期间持有一个多样化的股票投资组合(比如标普 500 股票指数),那么平均而言,你

会获得一个相当高的收益率，大约每年为 10%。但是，对于一个夜晚难以入睡的投资者而言，收益率的波动范围确实太大了。一年当中，一个正常的股票组合带来的收益率可能超过 52%，而在另一年，这个组合的亏损率也可能达到 37%。很显然，在任何一年股票都不能保证投资者可以获得足够好的收益率。如果你手上的资金只能投资一年，那么 1 年期美国国债或由美国政府担保的 1 年期银行定期存单就是你最好的投资选择。

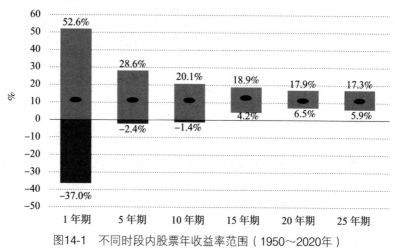

图14-1 不同时段内股票年收益率范围（1950~2020年）

注：图中实心椭圆点代表各种时段产生的年均收益率。

但是，请注意图 14-1 上的变化，如果你在 25 年里揣住股票投资，那会怎样呢？虽然实现的收益率有些波动，这取决于投资在哪些具体的 25 年时段，但收益率的波动不大。平均来说，在图 14-1 所涉及的全部 25 年时段内，股票投资都产生了 10% 以上的收益率。即使你碰巧在收益率最糟糕的自 1950 年起的 25 年时段内进行投资，预期长期收益率也只是下降了大约 4 个百分点。正是因为存在这一基本事实，从生命周期角度思考投资才显得如此重要。你能够坚守投资品的时段

越长，股票在你的投资组合中占有的份额应当越高。一般说来，只有
当你能够在相对较长的时段内持有股票，你才有理由确信你能获得股
票可以提供的高收益率 ⊖。

在二三十年的投资时段内，总体而言，如表 14-2 所示，股票显然
是赢家。这些数据进一步支持了我的建议：年纪较轻的人相比于年龄
较大的人，应该在投资组合中持有更大比例的股票。

表14-2 股票战胜债券的概率
（自1802年以来股票收益超过债券收益的时段百分比）（%）

投资时段	股票表现优于债券的时段百分比
1年期	60.2
2年期	64.7
5年期	69.5
10年期	79.7
20年期	91.3
30年期	99.4

我在此并非想说，在长期持有的时段中，股票没有风险。毫无疑
问，你持有股票的时间长，投资组合最终价值的变动性就会上升。此
外，我们知道投资者也曾经历过十年间股票总体收益接近于零的情形。
但是，有些投资者的持有期能以 20 年以上的时间来衡量，股票提供
的收益率便很可能高于安全的债券，甚至高于由政府担保的储蓄账户；
对于其中把股利用于再投资的投资者，甚至通过定期等额平均成本投

⊖ 从技术上讲，延长持有期可以降低风险这一研究发现，是建立在第 11 章
描述的"均值回归现象"（mean-reversion phenomenon）的基础之上的。有
兴趣的读者可以查阅保罗·萨缪尔森发表于《投资组合管理》（*Journal of
Portfolio Management*）杂志 1989 年秋刊上的一篇文章《理性投资组合管
理的经济学判断》（The Judgment of Economics Science on Rational Portfolio
Management）。

资法增加所持投资的投资者而言，股票更有可能带来很好的收益。

最后，之所以随着年龄增长，投资者应渐趋保守，最重要的原因或许在于，在未来的岁月里他们赚取劳动收入的年限越来越短。因此，倘若股票市场遭遇一段收益率为负的时期，他们便不能指望薪金收入让自己的生活维持下去。股票市场的行情反转可能会直接影响个人的生活水准，而债券提供的较稳定的，哪怕是较小的收益率，却代表了更加谨慎的投资立场。所以，在年长者的投资组合中，股票所占的比例应该更小。

14.1.3 定期等额平均成本投资法可以降低股票和债券的投资风险

如果你像多数人一样，随着储蓄逐年增加，渐渐建立起自己的投资组合，那么你实际上就是在利用定期等额平均成本投资法。这种方法虽然尚有争议，但的确可以帮你免于冒险，使你不至在错误的时间，将所有资金投资于股市或债市。

这个名称虽然听起来很花哨，但不要为此感到心慌。其实，定期等额平均成本投资法不过就是在长期里按相同的间隔期，比如每个月或每个季度，将固定金额的资金用于投资，比如购买共同基金份额。定期把等额资金投资于股票，可以减少（但无法避免）股票投资的风险，因为这可以确保你不会在股票价格暂时过高时买入整个股票组合。

在表 14-3 中，我们假设每年投资 1 000 美元。在第一种市场情形下，投资计划开始实施之后，市场便立即出现了下跌，然后市场急剧上涨，最后又再次下跌，到第 5 年时正好跌回刚开始时的价位。在第二种情形下，市场不断上涨，最后价位涨到升幅为 40% 的高度。虽然两种情形下都投资了 5 000 美元，但在波动型市场中，投资者最终获得了 6 048 美元，收益为 1 048 美元，非常可观，即使股市最终又回到了最初的起点。在第二种情形中，虽然市场每年都在上涨，最终涨幅达40%，但投资者的最终价值只有5 915美元。

表14-3 定期等额平均成本投资法示例

投资期间	波动型市场			上升型市场		
	投资额（美元）	指数基金价格（美元）	所购份额数（份）	投资额（美元）	指数基金价格（美元）	所购份额数（份）
第1年	1 000	100	10	1 000	100	10
第2年	1 000	60	16.67	1 000	110	9.09
第3年	1 000	60	16.67	1 000	120	8.33
第4年	1 000	140	7.14	1 000	130	7.69
第5年	1 000	100	10	1 000	140	7.14
投资总额（美元）	5 000			5 000		
所购份额总数（份）			60.48			42.25
平均每份投资成本（美元）	82.67（5 000÷60.48）			118.34（5 000÷42.25）		
最终价值（美元）	6 048（60.48×1 000）			5 915（42.25×140）		

对于这种投资方法，沃伦·巴菲特清晰明了地给出其存在的基本依据。在一篇公开发表的文章中，他这样写道：

有一个小测试。如果你计划终身吃汉堡包，并且你不是一个肉牛养殖商，那么你会希望牛肉价格更高还是更低？同样的道理，如果你打算买一辆车，而你又不是汽车制造商，那么你喜欢汽车价格较高还是较低？显然，这些问题都不言而喻。

但是，现在进行期末考试。如果在接下来5年里，你预期是一个净储蓄者，那么在此期间，你希望股票市场价格更高还是更低？很多投资者都回答错了。即便在未来多年里他们都是股票净买入者，当股价上涨时，他们欢欣鼓舞，当股价下跌时，他们抑郁消沉。实际上，他们之所以兴高采烈，是因为自己不久将要购买的"汉堡"价格上涨了。这种反应不明智。只有那些准备近期卖出股票的人，看到股价上涨，才应该高兴。未来可能买入股票的人，应该非常喜欢股价下跌才对。

定期等额平均成本投资法并非消除股票投资风险的万全之策。像在 2008 年这样的时候，你的 401（k）储蓄投资计划，不会因为使用了此种投资方法就可以避免出现价值暴跌，因为哪种计划也不能保护你免受惩罚性大熊市的影响。而且，即使在最暗无天日的时候，你也必须要有现金，也要有信心去继续做定期投资。无论财经消息多么吓人，也不管乐观情绪的迹象多么难以看到，你都不要中断这种投资方法的"自动导航"功能。因为你若中断了，便会丧失一种好处，这种好处就是在市场急剧下跌，基金份额以很低的价格抛售时，你至少可以买入一些份额。定期等额平均成本投资法会让你捡到便宜，因为你的基金份额的平均价格会低于你购买时的均价。为何如此？因为在份额价格低时，你会买到更多的份额，而在份额价格高时，你买到的份额数量便会较少。

有些投资顾问不是定期等额平均成本投资法的爱好者，因为如果市场径直往上涨，这种投资策略并非最优选择（倘若在这个为期 5 年的时段一开始，你便把 5 000 美元全都投进去，那么你的财务境遇会更好）。但是，它的确提供了一份相当好的"保单"，可以使你免受未来股市行情糟糕时带来的冲击。此外，这种策略确实会让随不当行动而来的悔恨之情减至最低，比如说，如果你非常不幸，在 2000 年 3

月或 2007 年 10 月这样的市场最高点时，把所有资金都投入了股市，你之后必然会懊悔不迭。为了进一步说明定期等额平均成本投资法的益处所在，我们丢开假想的情形，来看一个真实的例子。表 14-4 显示了 1978 年 1 月 1 日首期投入 500 美元，随后每月投入 100 美元购买先锋 500 指数基金份额所获得的投资结果。共有不足 53 200 美元的资金投入该项计划，最终价值超过 1 460 000 美元。

表14-4　用定期等额平均成本投资法投资先锋500指数基金示例

截止日期：12月31日	累计投资总成本（美元）	所购份额总价值（美元）
1978	1 600	1 699
1979	2 800	3 274
1980	4 000	5 755
1981	5 200	6 630
1982	6 400	9 487
1983	7 600	12 783
1984	8 800	14 864
1985	10 000	20 905
1986	11 200	25 935
1987	12 400	28 221
1988	13 600	34 079
1989	14 800	46 126
1990	16 000	45 803
1991	17 200	61 010
1992	18 400	66 817
1993	19 600	74 687
1994	20 800	76 779
1995	22 000	106 944
1996	23 200	132 768

（续）

截止日期：12月31日	累计投资总成本（美元）	所购份额总价值（美元）
1997	24 400	178 217
1998	25 600	230 619
1999	26 800	280 565
2000	28 000	256 271
2001	29 200	226 622
2002	30 400	177 503
2003	31 600	229 524
2004	32 800	255 479
2005	34 000	268 933
2006	35 200	312 318
2007	36 400	330 350
2008	37 600	208 941
2009	38 800	265 756
2010	40 000	306 756
2011	41 200	313 981
2012	42 400	364 932
2013	43 600	483 743
2014	44 800	550 388
2015	46 000	558 467
2016	47 200	625 764
2017	48 400	762 690
2018	49 600	729 295
2019	60 800	959 096
2020	62 000	1 135 535
2021	53 200	1 460 868

资料来源：先锋集团。

当然，谁也不能肯定以后 45 年还会提供与过去一样的收益。但表 14-4 的确说明，持续不断地遵循定期等额平均成本投资法，有可能使投资者获得巨大的潜在收益。不过也要记住，股票价格存在着长期上升的趋势，所以如果你需要投资一大笔钱，比如攒下一份遗产，这种方法未必适合。

如果有可能，要保留一小笔储备金（先投资于货币基金）；若市场急剧下跌，便可以用这笔资金趁机额外买入一些基金份额。我这样说，压根儿不是在建议你预测市场变化。不过，在市场暴跌之后，通常是买入的好时机。就像希望和贪婪的心态有时可以通过自我反馈而产生投机性泡沫一样，悲观和绝望的情绪也会导致市场恐慌。最严重的市场恐慌与最病态的投机性暴涨一样，都是没有根据的。就股市整体而言，牛顿万有引力定律一直以来总是以相反的方式演绎着：下跌后必然会涨回来（虽然这未必适用于个股）。

14.1.4　重新调整资产类别权重可以降低风险，还可能提高投资收益

有一种非常简单的投资策略，被称为重新调整投资组合内资产类别权重。使用这种策略可以降低风险，在某些情况下，甚至可以提高投资收益。简而言之，这种策略就是对已投资于不同资产类别（如股票、债券等）的资产比例加以调整，使之重新达到与你的年龄以及你对风险的态度和承受能力相适应的比例。假设你认定自己的投资组合应该由 60% 的股票和 40% 的债券构成，并且在投资计划执行初期，你将资金按这样的比例在两类资产中进行分配。但一年之后，你发现自己持有的股票价格已大幅上涨，而所持债券价格却下跌了，投资组合从而变成了股票占 70%、债券占 30% 的情况。70∶30 这样的构成比例与最适合你风险承受力的构成比例相比是一个风险更大的配置比例。

为了使配置比例重新回到 60∶40，重新调整资产类别权重这一策略便要求你卖出一些股票（或股票型共同基金），同时买入一些债券。

　　表 14-5 显示了在截至 2017 年 12 月的 22 年[⊖] 的时间里，重新调整资产类别权重策略所取得的投资效果。每年（一年调整不超过一次）资产配置比例都重新回到 60∶40 的状态。资金投资于成本低廉的指数基金。如表 14-5 所示，通过运用重新调整资产类别权重策略，该投资组合市场价值的波动率显著降低了。此外，这一策略也提升了该投资组合的年均收益率。倘若不进行重新调整，该投资组合经过 22 年之后的年均收益率便是 7.71%。重新调整资产类别权重策略将年均收益率提高到了 7.83%，同时波动性也更小了。

表14-5　重新调整资产类别权重的重要性（1996年1月～2017年12月）（%）

	年均收益率	风险（波动率）^①
60%的罗素3000股票和40%的巴克莱总体债券^② 每年重新调整	7.83	10.40
60%的罗素3000股票和40%的巴克莱总体债券^② 从不重新调整	7.71	11.63

　　注：在此22年间，每年重新调整一次资产权重，使得投资组合的波动性变得更小，也带来了更高的收益率。
　　① 收益率标准差。
　　② 股票由一只罗素3000整体股市指数基金代表，债券由一只巴克莱整体债市指数基金代表。（不考虑纳税。）

　　究竟有何种"炼金术"使每年底采用这一策略的投资者得以提高自己的收益率呢？我们回想一下这段时间股票市场出现了怎样的行情。到 1999 年末，股票市场经历了一次史无前例的泡沫行情，股票价格已大幅飙升。投资者重新调整资产配置时，并不知道市场不久便会见顶，但的确注意到投资组合中的股票权重因股价飞涨已经远远超过了 60% 的目标比例。因此，投资者卖出足量股票（并买入足量债券），

　　⊖ 原书为 20 年，疑有误。——译者注

以便资产配置比例恢复到最初的水平。然后，在 2002 年末，正当股票市场处于熊市底部时（此时债券市场已产生了很大的正收益率），投资者发现股票所占份额已大大低于 60% 的比例，而债券所占份额已大大高于 40%。于是，根据重新调整资产类别权重策略，投资者卖出一些债券，买入一些股票。同样，在 2008 年底，股市已大幅下跌，债市已上涨，投资者又卖出一些债券，买入一些股票。我们都希望有个小精灵能可靠地告诉我们如何"低买高卖"，而对资产权重进行系统性调整的策略，不啻拥有一个那样可信的精灵。

14.1.5 将你对风险所持有的态度与你承担风险的能力区分开来

我在本章开头便提到，适合你的投资品种在很大程度上取决于你的非投资性收入来源。通常情况下，你在投资之外的赚钱能力以及由此产生的风险承受能力与你的年龄密切相关。我举三个例子可以帮助你理解这一观点。

米尔德莱德·G. 是一位 64 岁新寡女士。由于关节炎日益恶化，她不得不放弃了注册护士的工作。在伊利诺伊州霍姆伍德市，她有一间不太大的房子，抵押贷款尚未付清。抵押贷款以相对较低的利率获得，但她每月的还款金额还是颇大的一笔支出。除了社会保障署按月支付的福利金之外，米尔德莱德的全部生活来源有两部分：一部分是作为受益人，她可以得到一份价值 25 万美元的保单所产生的收益；另一部分是价值 5 万美元的小公司股票组合，这是她已故丈夫积累下来的。

显而易见，米尔德莱德承担风险的能力严重受制于她的财务状况。她既没有平均预期寿命，也没有好体力去挣得投资组合之外的收入。而且，她还得为抵押贷款支付数额可观的固定款项。倘若投资组合出现亏损，她将无力弥补损失。米尔德莱德需要的投资组合应该由安全的投资品种构成，且可以产生足够的收入。债券、股利丰厚的股票和基金份额（比如房地产投资信托指数基金份额）是较为合适的投资品种。而风险较大的增长型小公司股票（经常不分配股利），无论其价格多么有吸引力，都不属于米尔德莱德投资组合中的应有之物。

蒂芬尼·B. 年仅 26 岁，是一位奋发向上的单身女性，她刚获得斯坦福大学商学院的工商管理硕士学位，参加了美国银行的培训计划。她从祖母的全部财产中刚继承了一笔 5 万美元的遗产。她的目标是建立一个颇具规模的投资组合，好让自己在以后的岁月里可以购买一栋房子，并拥有一笔退休后可使用的资金。

对于蒂芬尼这种情况，你可以大胆地推荐她构建一个激进型投资组合。她既有平均预期寿命，又有面对财务损失仍然可以维持生活水准的挣钱能力。虽然蒂芬尼的个性将决定她究竟愿意承担多大的风险，但是很显然，她的投资组合属于风险与收益对应范围中更加偏向高风险高收益的那一端。米尔德莱德持有的小型公司股票组合，对于一个无法工作的 64 岁孀妇来说，远远没有对于蒂芬尼来得更合适。

我在本书之前的版本中举了卡尔·P. 的例子，他 43 岁，是通用汽车公司位于密歇根州庞蒂亚克市一座工厂的一名工长，年收入 7 万多美元。他的妻子琼推销雅芳产品，年收入 1.25 万美元。卡尔夫妇有 4 个孩子，最小的 6 岁，最大的 15 岁。卡尔和琼希望看到每个孩子都能上大学。他们意识到，让孩子上私立大学很可能超出了自己的经济能力，但他们的确希望，让孩子在优秀的密歇根州立大学系统内接受教育能够行得通。幸运的是，卡尔一直在通过通用汽车公司的薪资储蓄计划进行定期储蓄，他选择购买通用汽车股票执行这一计划，他已积累了价值 21.9 万美元的通用汽车股票。卡尔还有一栋大小适中的房子，他已拥有了很大一部分房子的产权，只剩下少量抵押贷款尚未还清。此外，他没有其他资产。

我曾经指出卡尔和琼的投资组合很有问题。他们的收入和投资都绑在通用汽车身上。倘若出现某种负面情况，导致通用汽车股票价格急剧下跌，那么他们投资组合的价值，以及卡尔的生计，都要给毁了。果然，这故事的结局很悲惨。2009年，通用汽车宣布破产。卡尔既丢了工作，又折了自己的投资组合。这并不是一个孤立的例子。要记住，很多安然雇员就以自己的惨痛经历得到了教训——安然倒闭的时候，他们不仅丧失了工作，投资于安然股票的所有储蓄也都荡然无存了。在你的投资组合中，永远不要承担与你的主要收入来源相同的风险。

14.2　根据生命周期制订投资计划的三条一般准则

既然现在我已做好了铺垫，那么下面我将向你呈现生命周期投资指南。在本节，我们先看看几个一般准则，这对处于生命中各个不同阶段的多数个人都很适用。在下一节，我会把这几个准则加以总结，融入投资指南当中。当然，没有任何指南适合每个人的具体情况。任何比赛计划都需要做些变动，以适应具体的比赛环境。这一节审视三条一般准则，将有助于你根据自身的具体情况制订投资计划。

14.2.1　特定需要必须安排专用资产提供资金支持

始终要铭记在心：某一特定需要必须由专门用以满足这一需要的特定资产来提供资金。比如说，假设一对20多岁年轻夫妇正力图逐渐积累起一笔退休储蓄金。那么下一节阐述的生命周期投资指南中给出的建议，当然可以满足他们实现这一长期目标的愿望。但是我们再假设，这对夫妇预期一年后需要3万美元作为首付款来购买一个住房。这笔满足特定需要的3万美元应该投资于某种安全性好的证券，且这种证券应在这笔钱需要支出的时候到期，比如，1年期银行定期存单就可以满足要求。同样的道理，如果需要在未来3年、4年、5年、6

年里支付大学学费，那么所需资金就可以投资于与其支付期限相匹配的零息债券，或者几份到期日不同的银行定期存单。

14.2.2 认清自己的风险忍受度

我建议的总体投资指南需要做出最大个体调整的方面，与个人对风险所持有的态度相关。正是出于这个原因，成功地制订理财计划与其说是科学，不如说是艺术。总体投资指南极为有用，可以帮助个人确定在不同类别资产中，应该部署多大比例的资金。但是，所推荐的资产配置是否能真正为你发挥作用，关键还在于你在夜晚是否能安然入睡。风险容忍度是制订任何理财计划时必须考虑的一个重要方面，只有你自己才能评估你对风险持有什么样的态度。股票和长期债券投资中所蕴含的风险，会随着你逐渐积累和持有投资品的期限延长而得以降低，你从这个事实中多少可以获得一些慰藉。不过，当你的投资组合价值在短期内发生相当大的波动时，你必须具有接受这种波动的良好心态。2008年，股市几乎暴跌了50%，面对此情此景，你感觉如何？2020年2月至3月，一个月之内，市场下跌三分之一，包括单日暴跌13%，此时，你睡眠是否安稳？若因为有很大一部分资产投在股票上，你便惊慌失措，身体备感不适，那么显而易见，你应该削减投资组合中股票所占的比例。因此，在你能接受的资产配置中，主观因素也起着举足轻重的作用，你完全可以根据自己的风险厌恶程度对我在下一节提出的建议做出调整。

14.2.3 在固定账户中坚持不懈地储蓄，无论数目多小，必有好结果

在展示资产配置指南之前，还需了解最后一条一般准则。倘若眼下你根本没有任何资产可以配置，你该怎么办呢？许许多多财力有限

的人都认为，攒下一笔数目可观的退休储蓄金是不可能做到的。不要悲观绝望。实际情况是，只要你持之以恒地每周储蓄固定数额的钱，比如通过"薪资储蓄计划"或401（k）计划，你迟早能积累起一大笔钱。每周存下23美元行吗？要是为难的话，每周存下11.5美元行吗？如果你能做到，如果你还有很多年可以去工作，那么最终积攒下一大笔退休资金的目标，便可以轻而易举地实现。

表14-6显示了初始存入500美元，然后每月存入100美元的定期储蓄计划所带来的结果（假定全部投入一只先锋股票指数基金）。

表14-6 如何建立退休储蓄金：
初始投资500美元，之后每月投资100美元（单位：美元）

年份	累计投资	累计总值
第1年	1 600	1 669
第5年	6 400	9 487
第10年	12 400	28 221
第20年	24 400	178 217
第44年	53 200	1 460 686

如果你每月只能储蓄50美元——平均每天不足2美元，你把表中数字除以2就行了；如果你每月能储蓄200美元，就将表中的数字乘以2。你需要挑选一只以资产净值交易的指数共同基金来积累你的退休储蓄金。通过一家不收佣金的经纪商买入交易所交易基金，也适合需要。表中假设利息、股利和资本利得自动转为再投资。最后，一定要检查一下，搞清楚你的雇主是否为雇员提供与此相匹配的储蓄计划。显然，如果通过公司赞助的退休储蓄计划进行储蓄，那么你可以将自己的储蓄与公司替你出资的储蓄并在一起，同时还享有税收抵扣的好处，这样一来，你的退休储蓄金增长速度将快得多。

14.3 生命周期投资指南

图 14-2 概括了生命周期投资指南。在犹太教法典《塔木德》（*Talmud*）中，以撒拉比（Rabbi Isaac）曾经说过，一个人应该永远将自己的财富分成三个部分：1/3 用来购买土地，1/3 用来购买商品（经

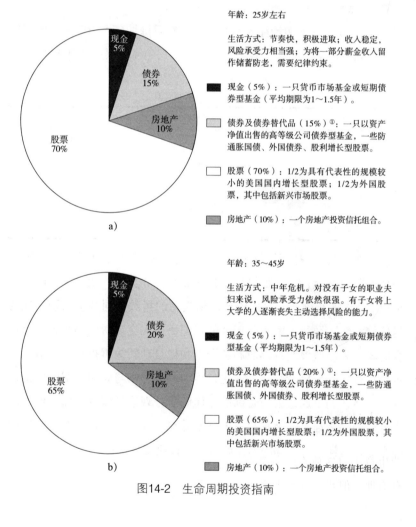

年龄：25岁左右

生活方式：节奏快，积极进取；收入稳定，风险承受力相当强；为将一部分薪金收入留作储蓄防老，需要纪律约束。

■ 现金（5%）：一只货币市场基金或短期债券型基金（平均期限为1~1.5年）。

▨ 债券及债券替代品（15%）[①]：一只以资产净值出售的高等级公司债券型基金，一些防通胀国债、外国债券、股利增长型股票。

□ 股票（70%）：1/2为具有代表性的规模较小的美国国内增长型股票；1/2为外国股票，其中包括新兴市场股票。

▨ 房地产（10%）：一个房地产投资信托组合。

年龄：35~45岁

生活方式：中年危机。对没有子女的职业夫妇来说，风险承受力依然很强。有子女将上大学的人逐渐丧失主动选择风险的能力。

■ 现金（5%）：一只货币市场基金或短期债券型基金（平均期限为1~1.5年）。

▨ 债券及债券替代品（20%）[①]：一只以资产净值出售的高等级公司债券型基金，一些防通胀国债、外国债券、股利增长型股票。

□ 股票（65%）：1/2为具有代表性的规模较小的美国国内增长型股票；1/2为外国股票，其中包括新兴市场股票。

▨ 房地产（10%）：一个房地产投资信托组合。

图14-2 生命周期投资指南

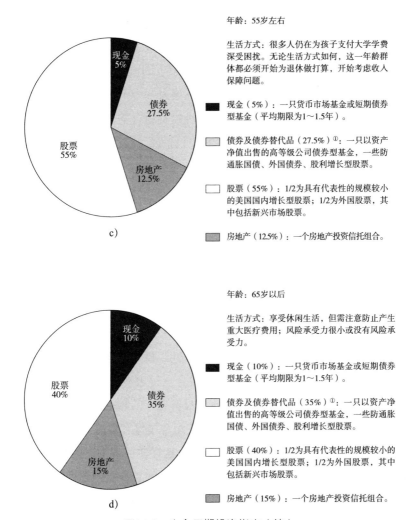

年龄：55岁左右

生活方式：很多人仍在为孩子支付大学学费深受困扰。无论生活方式如何，这一年龄群体都必须开始为退休做打算，开始考虑收入保障问题。

■ 现金（5%）：一只货币市场基金或短期债券型基金（平均期限为1~1.5年）。

□ 债券及债券替代品（27.5%）①：一只以资产净值出售的高等级公司债券型基金，一些防通胀国债、外国债券、股利增长型股票。

□ 股票（55%）：1/2为具有代表性的规模较小的美国国内增长型股票；1/2为外国股票，其中包括新兴市场股票。

□ 房地产（12.5%）：一个房地产投资信托组合。

c)

年龄：65岁以后

生活方式：享受休闲生活，但需注意防止产生重大医疗费用；风险承受力很小或没有风险承受力。

■ 现金（10%）：一只货币市场基金或短期债券型基金（平均期限为1~1.5年）。

□ 债券及债券替代品（35%）①：一只以资产净值出售的高等级公司债券型基金，一些防通胀国债、外国债券、股利增长型股票。

□ 股票（40%）：1/2为具有代表性的规模较小的美国国内增长型股票；1/2为外国股票，其中包括新兴市场股票。

□ 房地产（15%）：一个房地产投资信托组合。

d)

图14-2　生命周期投资指南（续）

① 债券及债券替代品：如果在有税收优惠的退休金计划之外持有债券，则应当使用免税债券。在利率超低时期，应增加债券替代品的份额。

营生意），1/3放在手头随时可用（做流动资金）。这样的资产配置颇有道理，但我们现在拥有更加完备的金融工具，对因人而异的资产配置所需考虑的因素也理解得更为透彻，所以我们可以改进这个历史久远的理财建议。生命周期投资指南背后的一般思想在上文已做了详细说明。对于 20 多岁的年轻人，我建议他们采用激进型投资组合。处在这个年龄段的人来日方长，可以安然渡过一个个投资周期的波峰和波谷，也有很多时间去工作挣钱。这种投资组合不仅持有权重很大的股票，还包含大比例的外国股票，其中包括风险较高的新兴市场股票。第 8 章已说过，国际多样化的一大优势便是可以降低风险。另外，即使全球市场变得越来越密切相关，国际多样化也能使投资者分享到世界其他地方经济增长带来的益处。

随着投资者年岁渐增，他们应开始削减风险较大的投资，同时增持债券以及在利率超低时期诸如股利增长型股票之类的债券替代品。资产配置中也要增加支付丰厚红利的房地产投资信托。年届 55 岁时，投资者应该考虑如何逐渐向退休过渡，并开始将投资组合转向收入导向型配置。投资组合中债券所占比例增加；所持股票更趋保守，更多地关注带来多少收入，更少地着眼增长性。投资者退休之后，我推荐他们在投资组合中高比例持有多种债券。过去有个普遍的经验法则说，投资组合中债券所占比例应该与投资者年龄相等。不过，即便投资者年近七旬，我还是建议他们在投资组合中保有 40% 的一般股票和 15% 的房地产权益（房地产投资信托），这样便可带来一些收入增长，抵御通货膨胀。的确，自从 20 世纪 80 年代我首次提出这些资产配置方案以来，人们的平均预期寿命已大为提高，因此，我也相应增加了股票所占比重。

就多数人而言，我建议投资者构建投资组合时，应使用涵盖范围广泛的整体股市指数基金，而不要选择个股。我这样建议是出于两个理由。首先，多数人都没有足够多的资本进行适当的多样化投资。其次，我注意到多数较年轻的人没有多少资产，他们得靠逐月投资渐渐积累起投资组合。这样一来，共同基金便成了非常好的选择。随着你的资产增加，你应该增持一只美国股市基金，同时增持一只包含快速发展的新兴经济体股票的整体国际股票（指数）基金。你不一定要购买我建议的指数基金，但一定要确保你购买的共同基金都是真正"以资产净值出售"的低成本基金。你也会注意到，我在投资指南中清楚明确地提到了房地产。我在前面的内容中曾说过，每个人都应力图拥有属于自己的房产。我认为每个人都应持有一定数量的房地产投资，你的股权投资中应有一部分以第12章描述的房地产投资信托指数基金的形式加以持有。至于你持有的债券投资，生命周期投资指南推荐你使用应税债券和债券替代品。不过，如果你身处最高税收等级，并且居住在像纽约这样的高税率州，同时你在退休金计划之外持有债券，那么，我建议你使用免税货币基金，也建议你使用债券型基金，这类债券型基金必须只投资于你所在州发行的债券，这样你既可以免交联邦税，又可以免交州税。

14.4 生命周期基金

随着自己渐渐变老，你想避免调整投资组合的麻烦吗？投资于不同资产类别的资产在组合中所占比例，因市场行情的涨跌而发生变动，你想费心费力每年重新调整一次资产比例吗？21世纪已有一种新型金融产品被开发出来，可以满足这种设定投资计划后便想将之抛诸脑后的投资者。这种产品被称为"生命周期基金"或"目标日期基金"，会自动重新调整你的资产权重，并且随着你的年龄增长，会使投资组合逐渐转向更加安全的配置比例。就个人退休金账户、401（k）计划以及其他非应税退休金计划来说，生命周期基金用处极大。生命周期基金若在应税账户中使用，可能会有不利的税收影响。

你先选定一个你预期将退休的日期，然后挑选一只特定的符合要求的生命周期基金。比如说，假设今年是 2025 年，你 40 岁，计划 70 岁退休。在这种情况下，你应该购买一只"目标到期日 2055 年"的生命周期基金。今后的投资可以放在这同一只基金当中。基金每年会重新进行一次资产权重调整，并且其中的股票投资会随着时间推移逐渐趋向保守。大型综合性共同基金公司，如先锋、富达（Fidelity）、美国世纪（American Century）、普信（T. Rowe Price）等，都提供生命周期基金产品。在这些公司的网站上，你可以查到它们提供的不同期限和不同资产配置的详细信息。有些投资者寻觅最简单易行的途径来管理自己的退休储蓄金，对他们而言，生命周期基金的"自动导航"性能具有一种"用户友好"的特色，使用起来非常方便。不过，在申请购买之前，别忘了了解手续费收取情况。收费低意味着你口袋里会拥有更多的钱，你可以享受更加舒适的退休生活。

14.5　退休之后的投资管理

现在婴儿潮一代中每天有 1 万多人达到 65 岁，这种情况将一直延续至 2030 年。根据美国人口普查局的预测，婴儿潮一代将有 100 余万人活到 100 岁以上。一般而言，一个 65 岁的人大约还有 20 年的平均预期寿命。所有退休人士中会有一半人活得比平均预期寿命更长久。然而，多数婴儿潮一代人士并未慎重考虑本书提出的一些建议，未能给自己的退休生活备下充足的储蓄。美国一直是个注重消费的国家，而不是注重储蓄的国家。鉴于联邦政府长期以来的预算状况，我们不能指望政府能帮助我们摆脱困境。

为退休生活而做的准备不够充分

根据美联储进行的一项消费金融调查，一般美国家庭在银行里都没什么钱，信用卡债务倒是不少。拥有某种退休金账户的美国人只占美国总人口的一半；在财富占有量最少的四分之一的美国人中，仅有 11% 的人拥有一份储蓄 / 退休金计划。虽然较年长的美国人（年龄在 55～64 岁）平均而言拥有 30.8 万美元的退休储蓄金，但这样的平均金额在退休后恐怕并不足以替代他们 15% 以上的家庭收入。这一局面非常不容乐观。对很多美国人来说，生命中的黄金岁月很可能极为暗淡无光。接近退休的婴儿潮一代，若希望避免依靠微薄的定量配给，在只能使用冷水的公寓里生活，仅有两个切合实际的选择：要么开始严肃认真地储蓄，要么"咸鱼翻身"，早点离开人间。亨尼·扬曼（Henny Youngman）[⊖]过去常常说："只要在下午 4 点之前死掉，我需要花多少钱就有多少钱。"

对于身处上文所描述境况的投资者，我没有任何省事的答案可以提供。你别无选择，你只能在应该退休的年龄再工作几年，而且还得控制生活开销，竭尽所能多存钱。不过，即使是你这样的处境，也有令人乐观的一面。多亏有了互联网，尤其是在新冠疫情期间，许许多多的非全职工作可以让你在家里完成。而且，退休后能继续工作对身心也有益处。有些工作可做的人更会感觉到自身的价值，更会感觉到与外界还一直保持着联系，同时也会更加健康。实际上，我倒是建议每个人都尽量推迟退休，并且推迟到足龄才开始领取社会保障福利金，以使今后每年领取的福利金达到最多。只有对于那些健康状况很差因而预期寿命很短的个人，我才会建议他们在能开始领取福利金的最早年龄便开始领取。

14.6 如何投资退休储蓄金

如果你先知先觉，已为退休后的生活做了储蓄，那么，你应该采

⊖ 亨尼·扬曼（1906—1998），从事单人说笑表演的喜剧演员，被誉为"俏皮话之王"。——译者注

取什么样的投资策略，才会有助于确保你的钱与你活得一样长久呢？有两个基本选择可供考虑。第一，你可以将自己的退休储蓄金全部或部分年金化。第二，你可以继续持有自己的投资组合，同时确定一个提用资金的比例，这一比例既能为舒适的退休生活提供保障，又能使你活着时储蓄不够用的风险最小化。那么，该如何在这两个备选策略中做出取舍呢？

年金

科幻小说作家西奥多·斯特金（Theodore Sturgeon）创造了斯特金定律，这条定律说："你所听到或读到的一切东西，有95%都是毫无用处的垃圾。"这条定律无疑也道出了投资世界的真实情形，不过，我由衷地相信你在本书中读到的内容属于另外的5%。至于有关年金的各种建议，我认为错误信息所占的百分比更接近于99%。态度友好的年金销售员会告诉你年金是解决退休后投资问题的唯一合理办法。但是，许多理财顾问又可能说："不要买年金，否则你的钱会打水漂。"对这两种截然相反的建议，投资者该如何看待呢？

我们首先厘清一下年金的概念，说说年金的两种基本类型。年金经常被称为"长寿保险"。所谓年金，就是与保险公司签订的一种合同；据此合同，投资者向保险公司支付一笔资金，以保证年金持有人在未来可以收到一系列定期支付的金额，该系列款项的支付持续期一直到年金持有人死亡时为止。比如说，2022年初支付100万美元保费购买的一份终身固定年金，将会给一位65岁的男性每年带来大约61 250美元的年均收入流。如果一对同为65岁的夫妇退休，并希望获得一份终身固定年金中有联合生存特色的年金（只要夫妇双方有一方健在，保险公司便继续给予支付），那么这100万美元提供的年均固定支付金额大约为51 500美元。

当然，如果存在通货膨胀，保险公司定期支付的金额便会逐渐损失一些购买力。正因为如此，很多人更喜欢购买"可变年金"。可变年金为将来支付金额的增加提供了可能性，而究竟这些金额是否增加，则取决于年金持有人选择何种类型的投资资产（典型情况下为共同基金）。如果年金持有人选择股票，那么，若股票市场行情好，则支付金额会上涨；若股票市场表现糟糕，则支付金额会下降。投资者还可以购买有保证支付期的可变年金。比如说，20年的保证支付期意味着即使你在购买年金之后立即亡故，你的继承人也将获得20年陆续支付的款项。当然，年金持有人得为这种支付保证付出一些代价，也就是说，年金持有人得接受每年支付的金额大幅度减少这一条件。对于70岁的男性年金持有人需接受减少的金额可能超过20%。由此看来，如果你真的担心自己有可能早早离开人世，身后又无任何遗产，那么更好的处理办法，可能就是将你用于购买年金的退休储蓄金比例加以缩减。

可变年金为应付通胀风险提供了一条可行的途径。另外一个可以对付通胀的工具是根据显性通胀率进行调整的年金。这样的保证，自然会大幅降低获得的初始支付金额。一对65岁的夫妇若希望获得一份有联合生存特色的这类年金，会发现拿100万美元购买年金，从共同基金公司获得的初始支付金额每年将只有4万美元。

与自己投资退休储蓄金的策略比较起来，年金具有一个很大优势。年金可以保证你活着的时候总会有钱供养你。如果你有福气，拥有非常健康的身体，能活到90多岁，那么保险公司便会承担风险，它支付给你的金额可能会远远超过你当初购买年金时付出的本金及其以后的投资收益。厌恶风险的投资者当然应该考虑，一退休便将经年累月积攒下来的一部分甚至全部储蓄，投入年金合同之中。

那么，年金有什么不足之处呢？年金有四个可能出现的缺点：年金与遗赠动机不相符;年金会使年金持有人的消费路径不易改变;年金可能会涉及高昂的交易费用;年金在税收上可能没有优势。

1. 希望留下一笔遗产。假设一位退休人士已储蓄了很大一笔钱,靠这笔储蓄投资产生的股利和利息便可以舒服地生活。虽然通过将储蓄年金化可以获得更多年收入,但年金持有人亡故时,将不会留下任何资金作为遗赠财产。很多人强烈希望能够在身后留下一些钱,赠予孩子、亲戚或慈善机构。而将所有储蓄进行年金化,与这样的遗赠动机不一致。

2. 消费灵活性。假设一对夫妇65岁退休时身体非常健康,他们购买了一份年金,年金合同规定只要他们两人有一人健在,他们每年便会获得某一固定金额的款项。这样一份"联合人寿"年金是身为夫妇的人用来筹划退休储蓄金的一个常见工具。但是,就在他们与保险公司签好合同之后,丈夫和妻子都患了不治之症,疾病极有可能让他们两位中任何一人活下去的时日减少到宝贵的几年。按照情理,这对夫妇可能想去周游世界,因为这是他们一直怀有的一个梦想。所以说,如果情况发生变化,将储蓄资金年金化便让他们无法灵活地改变自己的消费路径。

3. 年金成本可能很高。很多年金,尤其是保险推销员销售的年金,成本可能非常高。年金购买者不仅需向保险公司支付管理费和其他费用,还需向年金销售代理人支付销售佣金。因此,有些年金可能会成为绩效非常糟糕的投资。

4. 年金在税收上可能没有优势。虽然从延迟缴税的角度看,固定年金与债券相比拥有一些优势,但可变年金却将可获得税收优势的资本利得变成了需按较高税率纳税的一般收入。另外,将退休金账户中部分资产年金化,不会抵消按法律规定你必须从退休金账户中提领款项的最低金额。如果你将个人退休金账户中一半资产年金化，你仍然必须从另外一半资产中提取最低要求的金额。如果你打算至少将那另一半的资产全部花费掉，这便不成问题，但如果你无此打算，那么税收上便没有优势。

鉴于年金所具有的以上潜在缺点，聪明的投资者该如何是好呢？我给出的看法是：至少将部分储蓄投入年金。这通常很有意义。要确保你不会活得比你的收入能供养你的时间更长，这是唯一无风险的办法。一些信誉卓著的公司会提供低成本无销售佣金的年金。为了做出明智的年金投资决策，你应该在互联网上货比三家，考察不同的公司。

14.7 继续持有退休前的投资组合，如何过好退休生活

对于为退休生活已积攒下来的资产，很多退休人士更愿意至少对其中一部分能继续加以控制。我们假设这些资产已按图 14-2d 所示的资产配置进行了投资，也就是说，有一半多一点的资产投资于股权，其余资产投资于固定收益产品。现在，你准备从这些退休储蓄金中拿出一部分用于退休后的生活开支，那么，如果你想确保只要活着钱就不会花光，你可以花费多少呢？我在本书以前数版中曾建议你使用"4% 解决方案"[⊖]。鉴于利率已低至 2022 年那样的水平，3.5%（甚或 3%）解决方案，更有可能给予你一些保证，让能供养你的储蓄金不会活得比你更短。

根据"3.5% 解决方案"，你每年花费的钱不应该超过你已积攒下来的资产总值的 3.5%。按照这一比例消费，即使你活到 100 岁，你也不太可能把钱全花光。而且，你极有可能为自己的继承人留下一笔

⊖ 在本书第 9 版中，我推荐使用 4.5% 的解决方案，因为那时债券收益率比 21 世纪 20 年代初高出不少。

遗产，这笔遗产的购买力与你积攒下来的资产总值的购买力完全一样。根据 3.5% 这一规则，你将需要 514 286 美元的储蓄，才能让你在退休生活中每月获得 1 500 美元的收入，或每年获得 1.8 万美元的收入。

为什么非得是 3.5% 呢？在未来的岁月里，股票和债券投资组合的收益率极有可能超过 3.5%。不过，之所以要限定提款消费的比例，是出于两个原因。第一，你需要让每月支出随着时间的推移按通货膨胀率保持增长。第二，你需要确保自己能安然渡过股市难免会出现的几年萧条期，股市在某些时期可能会熊途漫漫。

我们先看一看 3.5% 这一数字从何而来。我们在第 13 章最后一节曾说过，预期股票市场每年可能会产生大约 6% 的长期收益率。一个多样化的债券投资组合可能会产生 4% 左右的收益率。因此，我们可以预测一个半由股票半由债券组成的平衡型投资组合每年可以产生大约 5% 的收益率。现在假设在较长时期里，通货膨胀率每年为 1.5%。这意味着为了保持购买力，投资中的全部资金每年将必须增长 1.5%。因此，在一般年度中，投资者将花费全部投资的 3.5%，而总储蓄金将以 1.5% 的比率增长。下一年消费金额也会以 1.5% 的比率增长，这样一来，退休人士仍然能够在市场上购买同样多的商品。若每年花费的比例低于投资组合的总收益率，退休人士既能保持整个投资资金的购买力，又能保持每年消费资金的购买力。一般的计算方法是：先估计投资资金的收益率，然后从中扣除通货膨胀率，所得结果便确定了可持续的消费水平。如果通货膨胀是每年 2%（美联储的目标），那么 3% 的消费比例恐怕会更合适。

将消费比例定在全部投资的预期收益率之下还有一个原因。股票和债券的实际收益率，年与年之间波动相当大。虽然股票收益率平均每年可能会达到 6%，但在某些年份，股票收益率会更高，而在另外一些年份，又可能是负数。假设你 65 岁退休，然后遭遇一次熊市，其严重程度与 2008 年和 2009 年一样，股市大约下跌了 50%。倘若你每年从投资组合中按 6% 的比例提出款项，你的储蓄可能不到 10 年就会枯竭。但是，如果你每年只提款 3.5%，即使你活到 100 岁，你也不太可能把钱用光。确定一个保守的消费比例，可以使你永远不会将钱花光的可能性最大化。所以，如果你尚未退休，你该认真想一想如何尽你所能地多储蓄，好让自己以后即使采用保守的提款比例进行消费，也能过上舒适的生活。

对于上面建议的如何处理退休消费的办法，需要提出三点意见做个补充。第一，为了使将来的提款相对平衡，不要按照每年年初投资资金所实现总价值的 3.5% 进行消费。既然市场会不断波动，你的消费支出在不同年度也必然会非常不均衡。我的建议是，开始时按照最初退休储蓄金的 3.5% 进行消费，然后让你提出消费的钱每年按 1.5% 的增长率增加。这样做会平衡你在退休生活中所能得到的收入。

第二，你会发现你所持债券的利息收入加上股票的股利收入，很可能低于你希望从投资资金中提出的 3.5% 这一比例。所以，你得决定先动用哪一部分资产。你应该卖出一部分相对于你设定的目标资产配置比例权重已过大的资产。假设股票市场大幅回升，当初 50∶50 的配置比例已发生倾斜，变成了股票占 60%、债券占 40%。尽管你可能因股票表现出色而感到欣喜，但你也应该为此感到担忧，因为投资组合的风险变得更大了。那么你就应从投资组合中股票那部分，提出你需要的额外资金。这样一来，你既调整了自己的资产配置，同时又获得了你需要消费的一些收入。即便你不需要从投资组合中提出资金用来消费，我还是建议将投资组合每年进行一次比例配置调整，以便整个组合的风险水平与你的风险承受能力相一致。

第三，你得制定一种策略，尽可能延长缴纳收入税的时间，同时又能从资产中提出款项。当你开始按照联邦税法的规定，从个人退休金账户和 401（k）账户中提取法定最低必取金额时，你需要先使用这些账户，然后再使用其他账户。在应税账户中，你已经为你的投资所产生的股利、利息和已实现资本利得缴纳收入税了。因此，你当然应该在下一步拿这些钱来消费（如果你还未到法定必须提款的 75.5 岁，你甚至应该先拿这些钱来消费）。接下来，花另外的延迟纳税的资产。如果你的资产有可能会留给你的继承人，那么要到最后再使用罗斯个人退休金账户中的资金。罗斯个人退休金账户没有法定最低提款限额的规定，你可以将其中的资产传给你的继承人，而无须缴纳收入税。

谁也不能保证，我在此提出的一些办法，肯定会让你只要活着就有钱消费。而且，根据你的健康状况以及其他收入和资产情况，你很可能想对我提出的这些办法做出这样那样的变更。如果你发现自己年届 80，每年提取 4% 用来消费，而投资组合还在不断增值，那么要么你深信医疗科技已发现了令人不老的长生药，要么你该考虑将钱袋松一松，多加消费了。

第15章

三种步伐漫步华尔街

年收入20英镑，年支出19英镑6便士，结果是幸福；

年收入20英镑，年支出20英镑6便士，结果是痛苦。

——查尔斯·狄更斯

《大卫·科波菲尔》

本章将阐述购买股票的几个规则，并就遵循第14章资产配置指南中可以使用的一些投资工具提出具体建议。到现在为止，你已做出合理明智的判断，知道如何处理税收、房产和保险，知道如何最大限度利用现金储备。你也审视过了自己的投资目标、自己所处的生命阶段、自己对风险的态度，已决定将多少自己的资金投资于股票市场。现在，我们该在三一教堂（Trinity Church）静默片刻，迅速做个祷告，然后果敢地大步向前迈去，同时需要倍加小心不要踩进两边的墓地[一]。我提供的规则可以帮助你避免犯下代价高昂的错误，避免支

[一] 在华尔街与百老汇街相交的地方有三一教堂，旁边有墓园，从教堂走出来，对面便是华尔街。——译者注

付不必要的交易费用，也会帮助你在无须冒太大风险的情况下，使自己的收益有所提升。我拿不出非同寻常的绝妙建议，但我确实知道你的资产收益率增加一两个百分点，可能就会产生迥然不同的结果，这便是：或幸福，或痛苦。

你会如何着手购买股票呢？或者说你打算怎样漫步华尔街呢？大致说来，有三种方法，我称之为"省心省力漫步法""亲力亲为漫步法"和"使用替身漫步法"。

运用第一种方法，你只需要购买各种涵盖范围广泛的指数基金，这些指数基金旨在追踪不同类型的股票，你买了这些基金就等于进行了多样化股票投资。这种方法还有个优点，就是操作起来绝对简单。即使你在随机漫步时嚼口香糖都觉得困难，你也能驾轻就熟地掌握这种方法。实际上，是市场拉着你一道向前迈步。对于多数投资者，尤其是那些更喜欢采用简单的低风险方法解决投资问题的投资者，我建议他们屈从于市场智慧，使用涉及国内和国际股市的指数基金构建整个投资组合。不过，对于所有投资者，我建议将投资组合的核心部分——特别是退休储蓄金那部分，投资于指数基金或交易所交易基金。

如果运用第二种方法，你就沿着华尔街慢跑，速度可能快些，但也可能不小心撞上什么东西；你自己挑选股票，或许在投资组合中会过量持有某些行业或国家的股票。我建议你，为舒适的退休生活提供保障而储蓄的正经资金要投在一个多样化的指数基金投资组合上。但是，如果你想要拿一些输得起的闲钱去冒冒险，如果你享受挑选股票的玩法，那么我已为你准备了一系列规则，可以帮助你稍微提高一点成功的可能性。

至于第三种方法，你可以坐在路边，选择专业投资经理替你在华尔街漫步。专业投资顾问公司能选择最适合你的财力和风险意愿的投资组合，而且能确保你获得广泛多样化投资的益处。遗憾的是，多数投资顾问公司收费高昂，并且常有利益冲突。幸好，有一种新型的低成本顾问公司现在可加以利用。这类顾问公司经常使用自动投资技术管理多样化指数基金投资组合，收取的费用可谓低到尘埃里。在本章稍后部分，我会提及这些顾问公司。

本书前几版曾介绍过一种我称为"马尔基尔漫步法"的策略。运用这一策略，就是购买封闭式基金，基金份额一定要按照这类基金所持股票价值的一定折扣比例购买。本书第1版问世的时候，这类基金对美国股票的折价率高达40%。现在，这种折价率已低得多，因为封闭式基金份额的定价更为有效了。不过，有吸引力的折扣价有时还可能会出现，精明务实的投资者可能会乘机加以利用。在附录中，我列举了几只封闭式基金，它们有时会以很有吸引力的折扣价出售。

15.1　省心省力漫步法：投资指数基金

标普500股票指数是一种综合指数，大约代表了美国所有上市股票3/4的价值，它在漫长的登山途中打败了多数专家。购买这一指数的所有成分股而构建一个投资组合，是一种轻松的拥有股票的方式。我早在1973年（本书第1版中）就指出，小额投资者迫切需要拥有采用这种投资策略的投资工具：

> 我们所需要的是一种以资产净值出售、管理费用尽可能低的共同基金，这种基金只是购买数以百计构成股市大型平均指数的成分股，不会试图为逮住"有望获胜的快马"而不停地调仓换股。每当人们注意到有哪只共同基金的表现劣于平均指数时，基金发言人就会迅速指出："你只能买到股票，可买不到平均指数。"现在该到了公众能买平均指数的时候了。

在我的书出版之后不久，"指数基金"这一概念便流行开来。当某种产品存在需求时，通常总会有人立志要把它生产出来。1976 年，让公众也能享受指数化投资好处的基金诞生了。这便是"先锋 500 指数信托"（Vanguard 500 Index Trust），它是一只持有标普 500 指数 500 只成分股的共同基金，每只股票的持仓比例与其在该指数中的权重完全一样。购买这只指数基金的投资者，每一位都按投资比例分享基金所获得的股票股利，按投资比例分享基金投资组合的资本利得，分担基金投资组合的资本损失。如今，多家综合性共同基金公司都有标普 500 指数基金产品，收取的费率低于所投资产的万分之五，远低于主动管理型共同基金。有些指数基金费率为零。现在，你可以既便利又便宜地买到"市场"了。你还可以购买在交易所交易的标普 500 指数基金，这类基金由道富银行全球顾问公司（State Street Global Advisors）、贝莱德集团和先锋集团等提供。

这种投资策略背后的逻辑就是有效市场假说的逻辑。不过，即使市场并非有效，指数化投资仍然是一种非常有用的投资策略。既然市场上所有股票一定会被人持有，那么结果必然是，平均而言，市场上所有投资者将会获得市场回报率。指数基金能以最低费用实现市场回报率。主动管理型共同基金每年大约平均收取近 1% 的费率。因此，主动管理型共同基金的平均业绩必然劣于整体市场的表现，差额就是从其总收益率中扣除的费率。即便市场无效，结果依然如此。

与共同基金和大型机构投资者的平均业绩比较起来，标普 500 指数的表现长期以来更胜一筹，这一结果已为本书前面一些章节描述的众多研究所证实。是的，也有一些例外。但是，以显著优势打败指数基金的共同基金，其数目屈指可数。

15.1.1 使用指数基金的优势总结

现在，我们来总结一下使用指数基金作为首要投资工具会有哪些优势。指数基金产生的收益率经常会超过主动管理型基金。指数基金之所以会带来如此超额的回报，基本原因就是其管理费和交易成本都不同于主动管理型基金。指数基金和交易所交易基金的管理费近乎为零。主动管理型基金收取的年费则接近 1 个百分点。此外，指数基金只在必要时才进行交易，而主动管理型基金的持仓周转率普遍接近100%。即便使用很一般的交易成本估测值，这样的持仓周转率无疑也会对收益造成额外的拖累。即使股票市场根本就不完全有效，主动管理型基金作为一个整体，其总收益率也无法好过市场。因此，平均说来，主动管理型基金必然表现劣于指数的幅度，正是这些费用和交易成本之和。令人遗憾的是，主动管理型基金作为一个整体，并不能像广播明星主持人加里森·凯勒设想的家乡沃比根湖的孩子们那样出色，在那里"所有的孩子都是中上之资"。

指数基金在税收方面也有利于投资者。它使投资者可以推迟资本利得的实现，或者，如果基金份额在日后作为遗赠财产，还可以使投资者完全避免纳税。只要股票价格继续存在长期上涨的趋势，将股票换来换去必然会涉及资本利得的实现，而资本利得是需要缴纳税款的。税收是理财决策中必须考虑的一个关键因素，因为较早地实现资本利得会使净收益大为缩水。指数基金不经常转换股票，因此往往能够避开资本利得税。

相对而言，指数基金的表现也更好预测。如果购买一只主动管理型基金，你根本无法确定它与同类基金相比会表现如何。而当你购买一只指数基金时，按照常理，你可以确信它将跟踪目标指数，因而可能轻易地就战胜了一般水平的主动管理型基金。此外，指数基金总是充分投资，极少留有现金。你不应当相信主动管理型基金经理的夸夸其谈，说什么自己操作的基金总会在正确的时机转换成现金。我们在前面的内容中已看到，择时操作并不能达到预期效果。另外，指数基金也更容易评估。现在市场上共有 5 000 余只股票型共同基金，我们没有任何可靠的办法预测究竟哪些基金可能在将来胜出一筹。若投资于指数基金，你便能确切知道将来能得到什么，整个投资过程也极为简单。

尽管诸多证据表明卓尔不群的投资管理并不存在，但我们假定投资者仍然相信确实存在这种投资管理。在这种情况下，依然有两个问题：首先，很显然这种管理技能非常稀缺；其次，在这种管理技能得到证实之前，人们似乎找不到有效的办法来发现它。正如我在第 7 章已指出，一个时期里最风光的基金在接下来一个时期里并非仍是最抢眼的基金。某个十年里表现最佳的那些基金在接下来的十年里并非表现最优。保罗·萨缪尔森用一个故事说明连创佳绩有多么不易。他说，假设已得到证实，每 20 位酒鬼中有一位能够渐渐学好，变成社会认可的适量饮酒者。经验丰富的临床大夫会回答说："即便真有这回事，看起来其行动也像是假的，因为你永远无法从 20 个人中识别出那一个人；在尝试学好的过程中，20 人中会有 5 人被毁。"萨缪尔森最后得出结论认为，投资者应该放弃在大海里捞针的做法。

在机构投资者之间，股票交易好比一场等长运动练习：很多能量被消耗掉，投资经理们的结果盈亏相抵，投资经理造成的交易成本却降低了绩效。正如犬类竞赛中灵缇似乎命中注定要输给机械兔一样，专业资金管理人似乎也必然会输给指数。怪不得很多机构投资者都已纷纷将资产中很大一部分投入指数基金。

你的想法是什么呢？当你购买指数基金时，你也就放弃了吹嘘的机会，你以后不能在高尔夫俱乐部夸耀说，自己选中了股市"快马"，从而狠狠地大赚了一笔。广泛多样化的投资排除了遭遇异常损失的可能性；同时从其定义看，也排除了获得出众收益率的可能性。因此很多华尔街批评家一提到利用指数基金进行投资，便称其收益为"保证会平庸的收益"。但是，历史经验确凿地表明：购买指数基金的投资者所得收益，很可能会超过一般基金经理，对基金经理而言，大量管理费用和投资组合高周转率往往会削减投资收益。很多人会发现，在股市游戏中，若每一轮都保证能打出标准杆，与市场打个平手，倒是一件非常有吸引力的事情。当然，投资于指数基金的策略，也并非排除了存在风险的可能性，如果市场往下走，你的组合保证也会亦步亦趋。

对于小额投资者来说，指数投资法还有另外一些吸引人之处。虽然你只有少量投资，但指数投资法能使你实现非常广泛的投资多样化。指数投资法还可以使你减少交易费用。指数基金为投资者做好一切有关工作，接收所持组合内股票派发的股利，并按季将你的所有收益用支票寄给你（顺便提一下，如果你愿意，这些收益可以再投资于同一基金）。简而言之，若想省心省力，支付最低费用就得到市场回报率，投资指数基金正是一个明智且有效的方法。此外，指数基金较主动管理型基金在税收方面远为有利于投资者。

15.1.2 定义更广的"指数化"

自从 1973 年本书初版问世以来，指数化投资策略一直是我推荐使用的策略，我首次建议使用这一策略的时候，甚至还在指数基金问世之前。使用最为普遍的指数是标普 500 股票指数，这一指数能很好地代表美国股市中的大型公司。可是现在，我虽然仍会建议投资者进行指数化投资，或者说进行所谓的"被动投资"，但对指数化界定过窄也存在着一些言之有据的批评。很多人错误地把指数化投资与只是买入标普 500 指数等同起来。利用标普 500 指数进行指数化投资，已不再是"城中唯一的游戏"了。标普 500 指数忽略了数千个经济活动中最富活力的小型公司。因此，我现在认为如果一位投资者只想购买一只美国国内股票指数基金，那么，对美国总体股市指数仿真度最高的，便是一只涵盖范围更广的指数，如罗素 3000 指数、威尔希尔整体市场指数（Wilshire Total Market Index）、CRSP 指数，或摩根士丹利资本国际公司推出的美国大型市场指数（MSCI U.S. Broad Market Index），而不是标普 500 指数。

90 年来，市场的历史已证实，总体而言，规模较小的股票，其表现往往会优于规模较大的股票。在长期，由规模较小的股票构成的投资组合每年带来的收益率大约为 12%，而由规模较大的股票构成的投资组合（如标普 500 指数成分股）产生的收益率大约为 10%。尽管规模较小的股票比大型蓝筹股更具风险，但关键在于，由小型公司股票构成的多样化程度很高的投资组合，可能会带来更高的收益率。基于这一理由，我现在赞成投资于涵盖范围广泛得多的指数，这种指数应更广泛地代表美国公司，其中应包括为数众多的可能尚处增长周期早期阶段的小型公司。

回想一下，标普 500 指数代表了美国所有股票 75%～80% 的流通市值。这样说来，数千家公司代表了所有美国股票市值余下的 20%～25%。在很多情况下，这些公司都是提供较高投资收益率（风险也更高）的新兴增长型公司。CRSP 整体市场指数囊括了所有公开交易的美国股票。除了规模最小（流动性也小得多）的股票，罗素 3000 指数和摩根士丹利资本国际指数包含了其他所有市场上的股票。现在，有不少共同基金就是以这些涵盖范围更广的指数为基础构建投资组合的。这样的指数基金通常都带有"整体股市投资组合"（Total Stock Market Portfolio）的称谓。整体股市指数基金提供的收益率比一般股票型共同基金更高。

指数化投资策略与慈善活动不同，不必"始于本国（终于本国）"。我在第 8 章曾论证过，投资者可以通过国际多样化投资来降低风险，可以通过将房地产之类的资产类别纳入投资组合来降低风险，还可以通过将部分资产投资于包括防通胀国债的债券来降低风险。这是现代投资组合理论的基本观点。所以说，投资者不应只是购买美国股市指数基金，而不持有其他证券。不过，这与指数化策略并不冲突，因为在目前的市场上，已有了效仿多种国际指数表现的基金，这些国际指数包括摩根士丹利资本国际欧澳远东（EAFE）指数和摩根士丹利资本国际新兴市场指数等。此外，还有一些持有房地产投资信托以及公司债券和政府债券的指数基金。

投资者常犯的一个最大错误是，在投资上未能进行足够的国际多样化。美国在世界经济中所占的比重大约只有三分之一。不可否认，一只美国整体股市指数基金的确会提供一些全球性多样化，因为很多美国跨国公司在国外有大量业务。但是，全球新兴市场经济体（如中国和印度），其经济增长一段时间以来一直比发达经济体都要快得多，而且预期将继续如此。因此，在我下面的推荐中，我建议每一个投资组合中都要将很大一部分比例投资于新兴市场。

与发达世界的国家相比，除中国之外的新兴市场国家的人口往往更为年轻。拥有年轻人口的经济体往往经济增长更快。2022 年新兴市场国家的估值水平比美国更有吸引力。我们已经指出，周期调整市盈率对于发达国家较长时期内的股票收益率，往往具有一定的预测能力，对于新兴市场来说也一样。2022 年，新兴市场周期调整市盈率不足美国的一半。当股票能以这样的估值水平买入时，未来长期收益率往往都很高。

在新兴市场，进行指数化投资也是一个极其高效的投资策略。即使新兴市场不太可能像发达国家市场那样有效，进入新兴市场并进行交易的代价还是很高的。新兴市场主动管理型基金的费率远高于发达国家市场。而且，在新兴市场，流动性更低，交易成本更高。因此，考虑了所有费用之后，指数化投资还是一个极好的投资策略。标普公司 2021 年发表报告说，在所有主动管理型新兴市场股票基金中，超过 92% 的基金在此前 20 年间输给了 S&P/IFCI EM 新兴市场指数。

15.1.3　一个具体的指数基金投资组合

表 15-1 列出了从指数基金中挑选出来的一些具体基金，投资者可用来构建自己的投资组合。该表中显示的资产配置百分比是建议 50 多岁的人采用的。其他人同样可以使用这些挑选出来的指数基金，只是需要根据各自的具体年龄段，调整一下这些基金的权重。你可能想根据你个人的风险承受能力和对风险的态度，对各项百分比做些变动。有些人希望获得更高回报而愿意接受更大风险，不妨增加股票的投资比例。有些人需要稳定的收入以维持生活开支，可以增持房地产投资信托和股利增长型股票，因为这些投资品能提供更多当期收入。

表15-1　建议55岁左右的人持有的指数基金投资组合

现金[①]（5%）
　　　　富达政府货币市场基金（交易代码：SPAXX）
　　　　或先锋联邦货币市场基金（交易代码：VMFXX）
债券及债券替代品[②]（27.5%）
（7.5%）　先锋美国长期公司债券ETF（交易代码：VCLT）
　　　　或iShares公司债券ETF（交易代码：LQD）
（7.5%）　先锋新兴市场政府债券基金（交易代码：VGAVX）
（12.5%）智慧树股利增长型基金（交易代码；DGRW）
　　　　或先锋股利增长型基金[②]（交易代码：VDIGX）
房地产投资信托（12.5%）
　　　　先锋房地产投资信托指数基金（交易代码：VGSLX）
　　　　或富达房地产投资信托指数基金（交易代码：FSRNX）
股票（55%）
（27%）　美国国内股票
　　　　嘉信整体股市指数基金（交易代码：SWTSX）
　　　　或先锋整体股市指数基金（交易代码：VTMGX）

（续）

（14%）	其他发达国家股票
	嘉信国际指数基金（交易代码：SWISX）
	或先锋发达市场指数基金（交易代码：VTMGX）
（14%）	新兴市场股票
	先锋新兴市场指数基金（交易代码：VEMBX）
	或富达斯巴达人新兴市场指数基金（交易代码：FPADX）

① 可用一只短期债券基金替代列出的任一货币市场基金。
② 尽管美国防通胀国债不适合于所推荐的指数基金投资组合，但投资者不妨考虑将美国债券投资组合的一部分或全部投资于其中。2022年，美国财政部 I 型储蓄债券是一个极好的防通胀品种。由于并非标准的指数基金，股利增长型基金和公司债券基金也属于例外。

此外，还要记住，我在这里有个假设：你持有的证券，即使不是全部，至少也要大部分是通过享有税收优势的退休金账户来持有的。当然，你购买的所有债券都应当通过此类账户持有。如果债券持有于退休金账户之外，你很有可能更愿意购买免税债券，而不是应税债券。而且，如果你在应税账户中持有股票，你不妨可以考虑股票亏损时使用的 TLH 抵税技巧（tax-loss harvesting），后文会涉及这一内容。最后，要注意，我是从众多综合性共同基金公司中为你挑选这一指数基金组合的。由于我本人与先锋集团的长期关系，我一定得向你提供一些非先锋集团管理的基金，以便你有所选择。列在表 15-1 中的基金所收费率都不算高，它们也都以资产净值出售。交易所交易基金可以用来替代共同基金。

15.1.4 交易所交易基金与税收

前文已提及被动型投资组合管理（也就是买入并持有指数基金）的优势之一在于，这种投资策略可以最大限度降低交易成本和税收。斯坦福大学的两位经济学家乔尔·迪克森（Joel Dickson）和约翰·肖文（John Shoven）已证明，税收是投资理财时必须考虑的一个关键因素。通过对 62 只拥有长期记录的样本共同基金进行分析，他们发现 1962 年投资的 1 美元，倘若不纳税，至 1992 年便可增值到 21.89 美元。然而，由高收入投资者投入共同基金的同样的 1 美元，在为已分配的股利和资本利得支付税款之后，只能增值到 9.87 美元。

指数共同基金可以在相当大程度上帮助投资者解决税收问题。指数共同基金很少调仓换股，因而它们往往避开了资本利得税。不过，即便是指数基金，有时也可能会实现一些需要由份额持有人纳税的资本利得。这些资本利得的实现通常也是迫不得已，要么是因为构成指数的某只成分股公司被人收购了，要么是因为共同基金被迫卖出证券。后一种情况的出现，是因为共同基金份额持有人权衡利弊之后，决定赎回自己的份额，从而使共同基金必须卖出证券以筹集现金。因此，对于使税收负担最小化，即使是常规的指数基金，也并非最完美的金融产品。

与常规的指数基金相比，交易所交易基金型指数基金（exchange-traded index funds），比如"蜘蛛基金"（一种标普 500 指数基金）和"蝰蛇基金"（一种整体股市指数基金），往往在避税方面更加高效，因为这类交易所交易基金能够利用"实物"赎回的优势。在投资者申请赎回基金份额时，实物赎回通过交付低成本的一揽子股票来进行。对交易所交易基金而言，这并非一种应税交易，因此这一过程并不实现必须分配的资本利得。而且，赎回基金份额的投资者，根据自己当初购买基金份额时交付的一揽子股票的成本来支付税款，而不是根据基金为应其赎回而交付的一揽子股票的成本来纳税。交易所交易基金收取的费用也最为低廉。现在已有很多种交易所交易基金既对应美国股票也对应外国股票。对于计划投放于指数基金的一次性投资资金，交易所交易基金是一种绝好的投资工具。

不过，投资交易所交易基金会涉及交易成本，包括可能收取的经

纪费用 [⊖] 和报买报卖价差。这种基金不适合以小额资金逐渐积累指数基金份额的投资者，以资产净值出售的常规指数共同基金对这类投资者更为适用。要能抵御诱惑，不要经常买卖交易所交易基金。我很赞同先锋集团创始人约翰·博格的观点，他说："投资者交易这类基金的时候，也就是他们自寻死路的时候。"如果你心痒难耐，跃跃欲试，那你最好效仿小姑娘玛菲特的做法，见到蜘蛛及其同胞便魂飞天外，逃得远远的 [⊜]。

在表 15-2 中，我列出了一些交易所交易基金，你可用来构建自己的投资组合。请注意，有些投资者希望购买股票的过程尽可能简单，而整体世界指数基金就可以通过一站式服务，提供全面的多样化国际投资。

表15-2 交易所交易基金

	交易代码	费率（%）
美国整体股市		
先锋整体股市基金	VTI	0.03
SPDR整体股市基金	SPTM	0.03
发达国家（欧澳远东）		
先锋欧洲太平洋基金	VEA	0.05
iShares Core MSCI其他发达国家市场基金	IDEV	0.07
SPDR除美国外发达世界基金	SPDW	0.04
新兴市场		
先锋新兴市场基金	VWO	0.10
SPDR新兴市场基金	SPEM	0.11

⊖ 很多折扣经纪商提供免收佣金的交易所交易基金的交易服务。在这种情况下，持有交易所交易基金并将股利自动再投资，可以像投资于共同基金那样发挥同样好的作用。

⊜ 这是童谣《小姑娘玛菲特》（*Little Miss Muffet*）里的情节。——译者注

（续）

	交易代码	费率（%）
iShares Core MSCI新兴市场基金	IEMG	0.11
除美国之外的整体世界		
先锋FTSE全世界指数基金	VEU	0.08
SPDR MSCI ACWI基金	CWI	0.30
iShares Core MSCI整体国际股票基金	IXUS	0.09
包括美国的整体世界		
先锋整体世界基金	VT	0.04
iShares MSCI ACWI基金	ACWI	0.32
美国债券市场 [①]		
先锋整体公司债券基金	VTC	0.05
iShares 投资级公司债券基金	LQD	0.14
嘉信美国总体债券基金	SCHZ	0.04

① 应税投资者应考虑附录中列出的封闭式市政债券基金。

如果你想拥有简单易行又经过时间检验的方法，以期获得更好的投资绩效，你在此就不要读下去了。我列出的指数基金或交易所交易基金会提供广泛的多样化投资，带来高效的税收结果，收取的费用也很低廉。即使你想购买个股，也要去做机构投资者在做的事情：根据建议的资产配置比例，将投资组合的核心部分投资于指数基金，然后用额外的资金去积极下注。有了指数基金核心投资，你再去赌一把，比起将整个投资组合都交由主动管理型基金管理，风险也会小得多。即便你犯一些错，也不致命。

15.2　亲力亲为漫步法：可资使用的选股规则

无论对于个人还是机构，为了管理如退休储蓄之类的严肃资金，指数化都是我推荐的投资策略。不过，我确实意识到，很多人可能以为，将整个投资组合都进行指数化安排，是一个非常枯燥乏味的投资策略。如果你的确想拿一些输得起的闲钱去冒险，你可能会使用自己的漫步法（以及才智）去挑选股票。对于坚持要亲自玩游戏的人来说，亲力亲为漫步法可能更有吸引力。

自从孩提时代以来，我便一直有着冒险的欲望，所以我很能理解许多投资者为何强烈希望依靠自己去挑选大赢家，而对有望获得仅与整体市场收益率持平的投资方法毫无兴趣。问题是，亲力亲为需要你付出很多努力，况且能始终胜出的人非常罕见。不过，对于那些把投资视为玩乐的人，这里有一个明智的投资策略，至少能让他们在玩乐时将风险降至最低。

在实施我的策略之前，你还需要知道从哪些渠道获取投资信息。大部分投资信息可以从公共图书馆获得。你应该密切关注几份日报的财经版面，尤其是《纽约时报》和《华尔街日报》。《巴伦周刊》之类的周刊也应在必读之列。像《彭博商业周刊》《财富》《福布斯》这样的财经杂志，对于了解投资理念和投资观点也颇有价值。大型投资咨询服务机构也是很好的信息来源。比如说，你应该接触标准普尔公司的《展望》（*Outlook*）、价值线公司的《价值线投资调查》（*Value Line Investment Survey*）以及《晨星》（*Morningstar*）。最后，在互联网上可以获取丰富信息，其中也包括证券分析师的推荐。

50年前，我在《漫步华尔街》第1版中就提出成功选股的四条规则。我发现这些规则今天依然适用。在前面一些章节中，我已论述过这些规则，现在以节略的形式列示如下。

规则1：所购股票限于盈利增长看起来至少能够连续五年超过平均水平的公司。

虽然选中增长率多年持续高于平均水平的股票非常不易，但这是投资要获得回报最需要做到的事情。公司持续不断的成长不仅会提高其盈利和股利，还可能提升市场愿意赋予其股票的市盈率。因此，若能买入盈利开始快速增长的股票，买家将会赢得双重潜在好处——盈利和市盈率都可能增长。

规则2：绝不能为一只股票支付超过其坚实基础价值所能合理解释的价格。

我深信你永远也无法判断一只股票的确切内在价值，但我确实又觉得你大致可以估量一只股票何时已达到了合理定价。整个市场的市盈率便是一个考量的出发点，你应该买入市盈率与整个市场的市盈率持平或高出不多的股票。要寻找尚未被市场认识，从而其价格未被推高的有增长前景的股票。如果增长果真变成了现实，你常常会得到双重回报——盈利和市盈率都可能上升。你要小心提防市盈率已很高、未来多年增长已在价格中折现的股票。如果盈利下降而非增长，你通常会遭遇双重烦恼——市盈率将随着盈利下降而下降。2000年初，最受追捧的高科技增长型股票的市盈率达到天文数字，倘若购买这些股票的投资者遵循这条规则挑选股票，他们也不至于遭受重创。

请注意，尽管这一规则与"买入低市盈率股票"的策略有相似之处，但我绝不是表示赞成低市盈率策略。根据我的规则，只要公司的未来盈利增长高出平均水平很多，买入市盈率稍高于市场平均水平的股票也是完全正确的。你不妨称这种策略为"经过调整的低市盈率"策略。有些人称之为"以合理价格买入增长"策略（GARP）。你应买入市盈率相对于其增长前景比较低的股票。如果你甚至能相当准确地选出增长率确确实实高于平均水平的公司，那你的回报必定能高于平均水平。

规则3：买入投资者可以在其预期增长的故事之上建立空中楼阁

的股票会有帮助。

我在第 2 章强调过，心理因素在股票定价中起着非常重要的作用。无论个人投资者还是机构投资者，他们都不是计算机，可以计算出恰当的市盈率，然后打印出买卖决策。他们都是感情动物——在做股市决策时，都会受贪婪、冒险本能、希望和恐惧的驱使。这正是成功投资需要兼备敏锐的智力和心理的原因。当然，市场也并非完全受主观因素影响。如果某公司的增长看来已确定多时，那么其股票几乎必定会吸引一批追随者。股票像人，某些人的个性会比其他一些人更具吸引力；而且，如果盈利增长的故事总是受不到广泛的欢迎，那么市盈率的提高可能就越来越慢。获取成功的关键在于你能提前几个月便立于其他投资者将抵达的地方。所以，我的建议是你得扪心自问，你手里股票的故事是否能引起大众的喜爱，能从这个故事中生发出富有感染力的梦想吗？投资者是否能在这个故事之上建立空中楼阁，真正坐落在某个坚实基础之上的空中楼阁？

规则 4：尽可能少交易。

我赞成华尔街上流行的一句格言："继续持有赚钱的股票，抛掉赔钱的股票。"我赞成这种观点，并非因为我相信技术分析。除了在实现资本利得时加重自己的税收负担之外，频繁换股只会让你一无所成。当然，我并不是说"永远别卖出已赚钱的股票"。当初促使你买入股票的环境可能会发生变化，尤其是当市场发展到出现类似郁金香球茎热的狂热时，你持有的很多已赚钱的增长型股票可能已定价太高，在你的投资组合中的权重也变得过大，1999～2000 年互联网泡沫期间，股票就出现了定价太高的情况。但要认清恰当的卖出时间的确非常困难，而且卖出股票还会涉及沉重的税收成本。我自己的投资理念使得我尽可能减少交易。不过，我对赔钱的股票毫不留情。除了极少数的例外情况，只要我持有的股票已造成了损失，我总会在每个日历年的年底之前将它们卖掉。之所以把卖出时间安排在这时候，是因为从税收角度考虑，亏损可以抵税（可达到一定数额），或者可以抵消可能已实现的资本利得。这样一来，让损失变成现实，可能会减少纳税额。如果我预期的盈利增长开始实现，同时我又确信自己手上的股票以后会有好结果，我可能会持有在赔钱的仓位。但我还是建议你在股票有亏损时不要忍耐太久，尤其是当果断行动能够带来立竿见影的税收益处时，更应该立即卖出亏损的股票。

有效市场理论告诫我们，即便遵循上面提出的这些合理的规则，你也不太可能获得优异的投资收益。非专业投资者自己辛辛苦苦地选股会碰到诸多障碍。上市公司公布的盈利报告并非总是可信。再说，一旦某个故事在常规媒体中报道出来，市场可能已经考虑到这一信息，将之反映在股价里了。挑选个股好比培育纯种箭猪，你反反复复地研究，终于下定了决心，还得小心翼翼地继续进行下去。归根结底，尽管我希望投资者根据我的建议选股，并取得成功，但我心里很清楚在选股游戏中获得优胜的人可能主要还是得益于幸运女神的眷顾。

尽管挑选个股有种种风险，但这是一种让人着迷的游戏。我相信我提出的选股规则在保护你远离市盈率高或毫无盈利的股票中蕴涵的过度的风险的同时，的确可以提高你获取收益的可能性。但是，如果你选择走这条路，要记住，众多其他投资者——包括专业投资者也在努力地玩着同样的游戏。而且，任何人想持续不断地战胜市场，机会都是微乎其微的。不过，对我们中的多数人来说，试图智胜市场是一个极为有趣的游戏，让人欲罢不能。即使你确信自己的表现绝不会优于平均水平，我敢肯定你们当中具有投机秉性的多数人仍然想至少拿出一部分投资资金继续玩这种挑选个股的游戏。我提供的选股规则可以在很大程度上控制你们所面临的风险。

如果你的确想自己挑选股票，我强烈建议你采用混合策略：将你投资组合的核心部分进行指数化投资，将能承担得起更大一些风险的那部分钱用于选股游戏。如果你退休储蓄金的主要部分做了广泛的指数化投资，同时你在股票、债券和房地产之间进行了多样化安排，那么你知道自己的基本退休储蓄金已相当安全，便可以安安心心地在某些个股上放手一搏了。

15.3 使用替身漫步法：聘请华尔街专业漫步者

你在进行投资漫步时，有一条更加容易的冒险途径：不去试图挑选单匹"有望获胜的快马"（股票），而是挑选最为优秀的"教练"（投资经理）。这些"教练"的出场身份是实施主动管理的共同基金经理，有成千上万的投资经理可供你择优选用。

在本书以前数版中，我提到好几位投资经理，他们享有长期成功管理投资组合的业绩记录，同时我还附上了个人传略，解释他们的投资风格。这几位跻身于为数极少的杰出投资经理之列，在较长时期里展现出战胜市场的能力。在目前的版本中，我放弃先前的做法，不再提及他们，原因有两点。

首先，除了沃伦·巴菲特之外，这些投资经理都已退休，不再从事主动管理型投资组合的工作，而巴菲特本人在 2022 年也已过 90 高龄。连巴菲特在截至 2022 年的 10 年里也落后于标普 500 指数，现在他强烈赞成指数化投资。其次，我越来越确信，共同基金经理以往的投资记录，对于预测其未来能否成功，根本就毫无价值。连续获得优异业绩的少数个例出现的频率绝不会比人们偶然预测到的更高。

我已对 50 余年间共同基金业绩的持续性展开研究，得出的结论是，投资者购买近期表现最优的基金，根本不能保证自己获得高于平均水平的投资收益。我检验过一种策略，按照这种策略，投资者在每年年初根据基金过去 12 个月、5 年或 10 年业绩记录对所有股票型基金进行业绩排名。并且，我假设投资者购买排名前十、前二十等基金。结果显示，购买过去表现最佳的共同基金，投资者并不能持续战胜市场。

我还检验了另一策略，这种策略就是购买获得知名财经杂志或顾问公司"最优"排名的那些基金。"在实验室里"对基金表现所做的检验都显示，你根本不能指望出类拔萃的投资业绩在将来可以长期持续下去，本书第二部分所阐述的学术界研究成果也说明了这一点。实际上，一个时期受到热捧的靓丽基金，在下一个时期变得形容枯槁，倒是经常发生的事情。

有没有什么办法选出业绩可能会超出平均水平的主动管理型共同基金呢？多年来，我对共同基金的投资业绩做了很多研究，试图找到原因以解释为何有些基金的表现优于其他基金。前面说过，过去的业绩无助于预测将来的业绩。有两个变量在预测基金未来表现方面最可靠，就是管理费率和仓位周转率。基金的管理费率和仓位周转率高会减少基金的收益，如果你买的基金是通过应税账户投资，税后收益尤其会受到影响。表现最好的主动管理型共同基金，其管理费率和仓位周转率都很适中。提供投资服务的基金公司收取的费用越低，给投资者留下的收益也就越大。正如先锋集团创始人约翰·博格所言，在共同基金这个行业，"你所得到的，是你没有付出去的"。

15.4　常规投资顾问和自动导航式投资顾问

如果你认真听从本书提供的投资建议，你真的不需要什么投资顾问。除非你有种种复杂的税收情况或法律问题，否则你应能自己完成所要求的多样化配置，并做到重新调整资产类别权重。你甚至有可能发现，处理好自己的投资计划是非常有乐趣的事情。

使用投资顾问的问题在于，他们往往收费很高，并经常有利益冲突的情况发生。很多投资顾问每年要按你资产值1%以上的比例收取顾问费才会提供服务，为你建立一个适当多样化的投资组合。PriceMetrix公司计算出行业平均费率刚好超过1%。但是，多数投资顾问收取的最低年费为1 000～1 500美元。这意味着小额投资者会被有效地关在投资建议的市场之外，或者意味着小额投资者不得不为其投资组合支付比1个百分点大得多的费率。此外，有些投资顾问可能涉及利益冲突，利用投资工具来为自己赚得额外佣金。结果，投资者便每每受操纵而被引向成本高昂的主动管理型投资组合，而不是低成本指数基金。如果你觉得非要请投资顾问不可，一定要确保是"仅收取顾问费"的投资顾问。这些投资顾问不会为获得报酬而分销投资产品，因此更可能做出完全符合你利益而非他们利益的决策。

完全自动导航式投资顾问提供自动导航投资建议，依靠互联网获取客户、为客户建立投资账户，不存在面对面会谈。存入资金、提取现金、转账、报告账户情况（当然有对投资管理本身情况的报告），完全通过互联网或移动设备进行电子化处理。首先我必须说清楚，我有潜在的利益冲突问题。我目前任职财富前沿公司（Wealthfront）首席投资官，这是一家提供完全自动导航式投资服务的顾问公司。我还在Rebalance公司投资委员会任职，这家顾问公司允许和投资顾问进行一些人工电话联系。

自动导航式服务会量体裁衣，将资金配置于多个资产类别当中，从而定制多样化投资组合，很适合个体客户的需要。自动导航式服务通过简化其所提供的投资管理渠道，能大幅减少顾问费，比如说，甚至将资金少至500美元的小额账户的顾问费降至2.5‰（25个基点）。这样的服务尤其吸引千禧一代和Z世代。他们习惯于通过网络订购所有服务。很多年轻人把不得不与投资顾问交谈，视为顾问服务的一个减分因素。他们往往从便利而不是交流的角度来界定服务。

开通顾问服务以网上面谈为开端。客户会被问及以下方面的问题：薪资水平、税务状况、资产和负债（如果有负债的话）。客户会被要求提供有关投资目标的信息，并回答一些问题以评估其承受风险的能力和承担市场波动的意愿。如果投资资金用作退休储蓄，或者，如果该笔资金有具体明确的用途，比如为购房积累首付款、为生病时提供资金保障，客户都要告知投资顾问。客户回答与态度相关的问题，越是不那么连贯一致，客户个人对风险的忍受度越是可能较低。整个风险承受力考察会结合客观和主观两方面的得分，并对更厌恶风险的部分给予较多分值。这种测试方法往往会抵消个体客户（尤其是男性客户）过度夸大其真实风险容忍度的倾向。

投资顾问会鼓励客户将其他储蓄、退休金和投资账户与自动导航式服务相连接。这使自动导航式服务得以提供与个体客户整个财务状况相符合的投资建议。将一名客户所有理财账户连接在一起，还会使自动导航式投资顾问得以提供理财规划，以及目标投资管理服务。个体客户的储蓄资金可能需要满足个体客户退休后的生活目标，自动导航式服务能够就这样的储蓄，提供随着时间推移金额应为多少的建议。接收投入理财计划中的资金，全都通过电子手段处理。

一个人理财账户以及过去投资行为的数据，更可能反映其实际消费习惯和对风险所持态度，因此这些数据与其告知常规理财顾问的情况相比，可能准确得多。根据所有这些信息，自动导航式服务会给出一个风险得分，此分值用于从可能出现且可有效把握机会的一系列投资组合中，挑选一个最优投资组合。如第8章所述，现代投资组合理论用于选择最优投资组合。

在投资管理上，与传统面对面接触的顾问相比，自动导航式投资顾问有几个方面做得更有效率。多数自动导航式投资组合完全由指数基金构成，不包含其他资产类别。只有成本最为低廉的指数基金才能用于投资组合，并且通过交易所交易基金来使用。自动导航式投资顾问能设置程序，确保客户的投资组合自动重新调整资产权重，让投资组合所持资产的风险水平与客户偏好保持一致。重新调整资产权重常常可以这样做到：要么将股利投入权重已变得过小的资产类别，要么将新存入现金配置进权重已变得过小的资产类别。自动导航式操作程序，能够很容易地确定重新调整权重何时合乎需要，又该如何实施。

自动导航式投资顾问所用指数基金已有税收优势，因为这些基金是被动管理型基金，不像主动管理型基金那样要实现资本利得。TLH抵税技巧可以显著提高投资者的税后收益。虽然传统的投资顾问会向富有投资者提供此项服务，但自动导航式投资顾问通过持续监控投资组合，可以远为高效地利用投资损失来抵税，并且能让此抵税技巧为人数多得多的客户所用。

TLH抵税技巧是税务管理皇冠上的明珠。操作时需要卖出正在亏钱的投资，同时代之以高度相关但不完全相同的投资。如此操作，可使你维持投资组合的风险收益特征，同时产生的亏损可用来减少你的当前税负。

虽然TLH抵税技巧只是让你的交税延迟，但由此省下的税金可以进行再投资，随着时间推移可以获得复利价值。因此，你晚交税几乎总是比早交税要让你财务境况更好。此外，你在减少的税基上最终要缴纳的长期资本利得税，其比率会低于你若利用短期资本损失抵税而从中获益的税率。再者，如果投资组合因作为将来向继承人遗赠的财产而持有，或者，如果投资组合用于慈善捐助，那么，可以永久避免缴税。

这一抵税技巧确实会涉及为将浮亏变为实亏而进行的调仓换股操作。但是，这种抵税策略完全符合传统的指数化投资。在下面例子中，我用标普500指数作为市场代表。（以罗素3000之类指数作为整体股市代表时，也可以使用同样的策略。）我们可以复制标普500指数的表现，办法是持有250只样本股票。这些股票入选既是为了复制该指数的行业和公司规模构成，又是为了将样本和整个指数之间的跟踪误差降至最低。

现在假设大型制药公司的股票市值已经下跌。你可以卖出默克制药，让浮亏变为实亏，并买入辉瑞制药以便让你继续跟踪指数。或者也可以假设，汽车股下跌，你可以卖出福特而买入通用。通过自动进行这一过程，你可以持续不断地寻找要实现的亏损。事实已表明，这一抵税技巧可以给投资者每年税后收益增添一笔非常可观的金额。

卖出浮亏仓位而产生的实亏可以抵消投资组合其他部分实现的资本利得。举个例子，假设一个投资者从一笔房地产交易中，比如从买入一个房产中，实现了赢利，或者，从一只主动管理型共同基金或第11章阐述的多因素"聪明的β"基金中已实现赢利。TLH抵税技巧使一个投资者能够避免本会要求缴纳的税款，并且达到3 000美元的税收净损失可以从收入中扣减。这一抵税技巧与跟踪大型指数的指数化投资完全兼容，可以给投资者提供可靠的益处。软件可以做到让这一抵税技巧的益处最大化。通过不间断地监控投资组合，自动导航式投资顾问能够对市场暂时出现的下跌加以利用 ⊖。

除了完全自动导航式投资顾问服务之外，还有混合顾问服务，它使用技术手段协助实现一些功能，但也允许和投资顾问进行有限的个人接触。先锋个人顾问服务公司（Vanguard Personal Advisory

---

⊖ 即使你不使用自动导航式投资顾问，你也能自己做一些抵税操作。例如，如果你持有的MSCI新兴市场交易所交易基金价格下跌，你不妨卖掉它，同时买进一只先锋新兴市场交易所交易基金来保持你的风险暴露。因为这两只交易所交易基金使用不同的基准指数，所以卖出操作并不违反美国国税局的有关规定。

Services）会提供投资组合管理服务，既使用低成本指数化投资产品，又使用先锋发行的基金。先锋能够让客户通过电话或视频聊天与投资顾问直接交流。人工接触会有代价，因为这项服务向投资者收取30个基点的管理年费，并且规定的最低投资金额（5万美元）往往高于完全自动导航式投资顾问服务。

Rebalance公司专门做有税收优势的退休金投资组合。它在所有提供投资组合顾问服务的公司中，是自动导航程度最低的公司（投资组合由投资委员会选定）。它强调自己拥有这样的优势：你总能通过电话联系到尽职尽责的顾问。年费为50个基点，低于传统面对面接触的顾问所收取的常规费率。

嘉信理财（Charles Schwab）这家头部折扣经纪商，已引入自己的投资组合服务，称作嘉信聪明投资组合。嘉信理财要求最低投资额为5 000美元，根据投资者的年龄和投资目标，挑选投资组合并重新调整资产权重。虽然这项服务没有显性顾问费，但投资组合可能包含由嘉信发行的基金，基金费率一般高于简单的根据市值确定权重的指数基金。此外，投资者根据要求需以现金持有很大一部分投资组合。虽然嘉信理财将其服务描述为"自动导航式服务"，但其挑选的投资组合不太可能与自动导航式最优化方案所产生的投资组合一致。

15.5 对我们的这次漫步做一些总结

现在，我们这次漫步已到了终点。让我们回首片刻，看看我们都到过哪些地方。很显然，能够持续胜过市场平均指数的极为稀少。无论对股票坚实基础价值所进行的基本面分析，还是对市场建造空中楼阁倾向所进行的技术分析，都不可能带来可靠的出色结果。即便是专业投资者，当他们将自己的投资结果与向圆靶投掷飞镖选股的结果进行比较时，也一定会羞愧地低下头来。

对个人投资者而言，要形成明智的投资策略，必须采取两个步骤。至关重要的是，要了解如何在风险与收益之间进行平衡，如何根据你的脾性和要求选择股票。本书第四部分为这段漫步提供了详细指导，包括从税收计划的制订到储备资金的管理等一系列热身练习，也包括根据生命周期对投资组合进行资产配置的指南。本章内容涵盖我们在华尔街漫步的三种步伐——购买股票的三种重要方法。一开始，我建议投资者采取一些明智策略，这些策略与市场相当有效的观点是一致的。指数化投资策略是我最愿意推荐投资者采用的策略。至少每一个投资组合的核心部分应该做到指数化。不过，我也意识到，告诉投资者根本不存在战胜平均指数的希望，就好比告诉一个 6 岁小孩不存在圣诞老人。这会剥夺他们的生活趣味。

你们有些人深深迷恋投机且无可改变，坚持自己挑选个股以图战胜市场，我为这些人提供了四条选股规则。说实在的，要战胜平均指数，机会非常渺茫，但你也可能会撞大运，赚到很多。另外，我也非常怀疑你能找到什么投资经理，指望他们有些才干，可以找到散落市场的不常有的百元大钞。永远不要忘记，过去的记录并非未来业绩的可靠指南。

说到底，投资真是一种艺术，你需要某种天赋，也需要某种称为运气的神秘力量出现。实际上，战胜平均指数的为数极少的人之所以获得了成功，可能 99% 的原因还是靠运气。拉罗什福科 [⊖] 曾写道："尽管人们会吹嘘自己有过哪些了不起的作为，但这些作为之所以常常出现，与其说是个人了不起的设计所产生的结果，不如说是或然性给予的安排。"

⊖　拉罗什福科（1613—1680），法国著名伦理作家，著有《道德箴言录》。鲁迅曾有评价："无论单就人生哲理，还是单就处世指导，拉罗什福科的影响都要超过培根，这诚为足信。"——译者注

投资游戏让人觉得乐趣无穷且难以放弃。如果你天赋异禀，能够识别有价值的股票，并拥有技巧，可以识别能引起其他人喜爱的故事，那么看到市场证明你的正确，实在是一种非常美妙的感觉。即使你没这么好的运气拥有这样的能力和技巧，我的选股规则也会帮你控制风险，帮你免受玩游戏的过程中有时会出现的很多痛苦。如果你知道自己要么会胜出，要么至少不会输得太惨，如果你至少将投资组合的核心部分进行了指数化投资，那么你便能以更加欣慰的心态去玩游戏。最起码，我希望本书能使投资游戏更加令人愉快。

15.6　最后一例

我在撰写本书 13 个版本的过程中，有一件事最让我感到满足，就是很多心怀感激的投资者纷纷给我来信。他们告诉我，因为采纳了我 50 年来始终不变的简单建议而获益匪浅。永不过时的经验教训包括：投资时要进行广泛的多样化安排、每年重新调整投资组合内资产类别权重、使用指数基金以及将这一切坚持到底。

新千年头 10 年，对于投资者来说，是一段最富挑战的时期。即便是进行广泛多样化投资的整体股市基金，若仅仅专注于美国股票，也还会赔钱。然而，就是在如此糟糕的 10 年里，倘若遵循我所提出的那些不受时间影响的投资教训，也会产生令人满意的投资结果。如果你愿意遵循本书阐述的那些简单的投资规则，以及永不过时的投资教训，你很可能也会表现不错，即便是在最难熬的时候。

跋

投资者一直在遵循本书所提建议，将数千亿美元的资金从主动管理型基金中撤出，转而投入指数基金。目前，在投入共同基金和交易所交易基金的资金总额中，指数基金占比超过40%。据晨星公司提供的数据，先锋整体股市指数基金2022年初管理的资产超过1.3万亿美元，现在占所有投资基金资产的10%。对此，主动管理型基金做出回应，发起新一轮批评。据称，指数基金不但给股票市场，而且给总体经济，都带来了严重危害。

华尔街一家最受尊敬的投资研究公司 Sanford C.Bernstein 发布了一份 47 页的研究报告，标题是《默默走向奴役之路——为何被动投资极其糟糕》，颇有煽动性。报告称，若投资者被动地投资于指数基金，则可恶至极。指数化投资会造成资金涌入一系列不考虑公司盈利能力和增长机会等因素的投资。正是主动管理型基金确保了公司新信息在股票价格中得到适当反映。指数化投资还受到指责，被认为造成了股权集中的状况，致使自洛克菲勒信托诞生以来，所有权集中状况达到前所未有的程度。

倘若每个人都投资指数基金，指数化投资在未来有可能增长到出现大批股票错误定价的局面吗？倘若每个人都投资指数基金，有谁来保证股票价格会反映出与不同公司前景相关的所有公开信息吗？谁会调仓换股交易不同的股票，从而确保市场有效？指数化投资的悖论在于，股票市场需要一些主动型交易者来分析新信息，并据以采取交易行动，如此股票才会被有效定价，且具有足够的流动性，让投资者得以买进卖出。在确定股票价格以及如何配置资本上，主动型交易者起着积极正面的作用。

这是有效市场理论赖以成立的主要逻辑。如果信息传播畅通无碍，那么价格会迅速做出反应，因此价格会反映所有已知信息。矛盾之处在于，主动型投资者的活跃交易使得未被利用而可获得异常利润的机会不大可能继续存在下去。

我讲过金融学教授及其学生在大街上发现一张百元钞票的故事。"要真是一张百元钞票，"教授大声推断说，"早已有人把它捡走了。"幸好，学生持怀疑态度，不但怀疑华尔街的专业人士，而且怀疑学识渊博的教授，于是，他们捡起了那张钞票。

显然，金融学教授的看法有一定道理。在聪明人都在寻找价值的市场上，人们不太可能会把百元钞票长久地留在周围，让人随时捡走。但是，历史告诉我们，确实会时不时地存在未被利用的机会，比如投机性的过度估值时期就会出现这样的机会。我们知道荷兰人为郁金香球茎支付过相当于天文数字的价钱，英国人在荒唐的南海泡沫上胡乱花钱，现代机构基金经理让自己深信某些网络股迥异于其他股票，任何价格都合情合理。当投资者深感悲观之时，真正的重大投资机会，比如封闭式基金，被错过了。然而最终，过度估值均会得到纠正，投资者的确一把抓走了便宜至极的封闭式基金。或许，金融学教授的建议本该这样："你最好快点捡起那张百元钞票，因为，如果真在那儿，别人肯定会捡走的。"

　　主动管理型基金受金钱激励的驱动，通过收取大量管理费来履行这一功能。它们会不断地对其服务展开营销，声称它们有着高于平均水平的洞察力，使它们能够战胜市场，即便它们不像加里森·凯勒所说的神话般的沃比根湖的孩子们那样人人都有中上之资，并不能都获得高于平均水平的市场收益。即使主动管理型基金所占比例减少至占共同基金和交易所交易基金总数的 10% 或 5%，依然会有充足的主动管理型基金使价格反映已知信息。我们今天有太多主动管理型投资，而不是太少。

　　但是，作为一次思维实验，现在假设每个人都进行指数化投资，并且个股没有反映新信息，看看会有什么样的结果。假设一家制药公司开发了一种抗癌新药，有望让公司销售额和盈利翻一番，但公司股价没有上涨，未反映这一信息。在资本主义系统里，无法设想不会冒出某个交易者或对冲基金来推升股价，从这一误定价中获取利润。在自由市场体制中，我们可以预期，无论有多少投资者进行指数化投资，有利的套利机会都将被寻求利润的市场参与者加以利用。事实表明，输给指数的主动管理型基金，随着时间推移，其比例已经上升。如果说有什么不同，那就是股票市场正变得更加有效，而非有效性降低，尽管指数化投资规模在增长。

　　毋庸置疑，指数化投资者是免费乘车人。他们的确会因为存在主动管理型交易，而不用承担成本便能从中获益。在自由市场经济中，依赖一系列由他人确定的市场价格，都会让我们从中获益。

　　诚然，随着指数化投资继续增长，在提供指数化投资的群体中，很可能出现所有权日益集中的现象，这类群体将在行使代理投票权上拥有更大的影响力。他们必须使用其投票权来确保上市公司的行动最符合股东利益。我长期担任先锋集团（先锋集团是指数基金革命的开创者和领导者，名下管理资产逾 7.5 万亿美元）董事，以我自己的经历而论，我从未见过一例鼓励反竞争行为的投票。据我所知，没有任何例子可以表明，指数基金利用投票来串通勾结，以图对行业实行卡特尔式垄断控制。

没有任何证据表明，投资界巨头，如贝莱德、先锋、道富（State Street）之类，由于共同持有某个行业内所有大型公司的股权，而有过鼓励反竞争的做法。如此鼓励也不符合它们的利益。这些投资公司，控制着市场上每家大型公司比例相当可观的股票。或许，拉帮结伙一起鼓动航空公司提高运价，会使其持有的航空公司股票从中受益。但是，这意味着，其投资组合中依靠航空公司提供商务旅行便利的其他所有公司，都将面临成本上升的局面。指数基金没有理由去偏爱一个行业而不爱另一个行业。的确，指数基金鼓励公司管理层基于相对而非绝对绩效来建立薪酬体系，这是在明确促进每个行业内的公司开展富有活力的竞争。

对于个人投资者，指数基金一直有着巨大益处。竞争已驱使以大型指数为跟踪对象的指数基金实质上将成本降到了零。个人投资者现在能够比以前更为高效地为退休后的生活储蓄资金。指数化投资已然大大改变了数百万投资者的投资经历。指数化投资通过提供可用于建立多样化投资组合的有效工具，帮助投资者为退休生活积攒资金，并帮助投资者实现其他投资目标。我希望，本书将鼓励人们进一步增加对指数基金的利用。毫无疑问，指数基金对社会有益。

附

录

随机漫步者的共同基金、交易所交易基金参考指南

A RANDOM
WALK DOWN
Wall Street

附表1　应税货币市场基金精选（2022年1月）

基金名称	基金代码	设立时间（年）	2022年的资产净值（10亿美元）	平均期限（天）	近期费率（%）
贝莱德政府货币市场基金	MNRSV	1986	0.11	31	0.50
富达政府货币市场基金	SPAXX	1990	228.58	37	0.15
TIAA-CREF政府货币市场基金	TIRXX	2006	1.40	48	0.22
先锋联邦货币市场基金	VMFXX	1981	203	44	0.11

附表2　全美免税货币市场基金精选（2022年1月）

基金名称	基金代码	设立时间（年）	2022年的资产净值（10亿美元）	平均期限（天）	近期费率（%）
富达市政货币市场基金	FTEXX	1980	4.49	35	0.16
普信免税货币市场基金	PTEXX	1981	0.42	27	0.22
先锋免税货币市场基金	VMSXX	1980	15.73	11	0.15

附表3　一般股票指数基金及交易所交易基金精选（2022年1月）

基金名称	基金代码	基准指数	设立时间（年）	近期费率（%）	2022年的资产净值（10亿美元）
富达整体指数基金	FSTVX	道琼斯美国整体市场指数	1997	0.04	54.68
嘉信整体股市指数基金	SWTSX	道琼斯美国整体市场指数	1999	0.03	17.24
iShares整体美国股市指数基金	BKTSX	罗素3000	2015	0.03	2 143.67
先锋500指数上将基金	VFIAX	标普500指数	2000	0.04	453.24

（续）

基金名称	基金代码	基准指数	设立时间（年）	近期费率（%）	2022年的资产净值（10亿美元）
先锋整体股市指数基金	VTSAX	CRSP美国整体市场指数	2000	0.04	1 400
交易所交易基金					
iShares标普核心整体股市	ITOT	标普整体股市	2004	0.03	41.97
嘉信美国大市值	SCHX	道琼斯美国大市值整体股市指数	2009	0.03	30.89
SPDR标普500 ETF信托	SPY	标普500指数	1993	0.09	455.22
SPDR整体股市	SPTM	SSGA整体股市指数	2000	0.03	6.09
先锋整体股市基金指数	VTI	CRSP美国整体股市	2001	0.03	1 260

附表4　房地产共同基金及交易所交易基金（2022年1月）

基金名称	基金代码	设立时间（年）	近期费率（%）	2022年的资产净值（10亿美元）
Cohen & Steers房地产基金	CSRSX	1991	0.88	9.16
TIAA-CREF房地产基金	TIREX	2002	0.50	3.87
先锋房地产投资信托指数基金	VGSLX	2001	0.12	91.36
交易所交易基金				
富达MSCI房地产	FREL	2015	0.09	2.31
嘉信美国房地产投资信托	SCHH	2011	0.07	7.29
iShares Cores美国房地产投资信托	USRT	2007	0.08	2.75
先锋房地产	VNQ	2004	0.12	83.20

附表5　国际指数基金及交易所交易基金精选（2022年1月）

基金名称	基金代码	基准指数	设立时间（年）	近期费率（%）	2022年的资产净值（10亿美元）
DFA国际核心股票基金	DFIEX	MSCI不含美国世界指数	2005	0.25	34.68
富达国际指数基金	FSHX	MSCI欧澳远东指数	2011	0.04	41.18
嘉信国际指数基金	SWISX	MSCI欧澳远东指数	1997	0.06	8.91
先锋发达市场指数基金	VTMGX	FTSE不含北美的发达国家指数	1999	0.07	157.2
先锋整体国际股市指数上将基金	VTIAX	FTSE不含美国的全球全市值指数	2010	0.11	404.28
富达斯巴达人新兴市场指数基金	FPADX	MSCI新兴市场指数	2011	0.75	6.87
交易所交易基金					
iShares Core MSCI其他发达市场	IDEV	MSCI不含美国世界指数	2017	0.05	6.79
嘉信国际股票	SCHF	FTSE不含美国的发达国家指数	2009	0.06	29.17
SPDR除美国外发达世界	SPDW	标普不含美国的BMI指数	2007	0.04	12.74
先锋整体国际股票ETF	VXUS	FTSE不含美国的全球全市值指数	2011	0.08	404.73
先锋FTSE全世界指数基金	VEU	FTSE不含美国的全世界指数	2007	0.08	53.64
先锋新兴市场	VWO	FTSE新兴市场指数	2005	0.10	117.28

附表6　公司债券及外国债券基金和交易所交易基金（2022年1月）

基金名称	基金代码	近期费率（%）	资产净值（10亿美元，2022年）
富达公司债券基金	FCBFX	0.45	1.37
先锋新兴市场政府债券指数基金	VGAVX	0.25	235.36
先锋高收益公司债券上将基金	VWEAX	0.13	24.95
先锋中期公司债券指数基金	VICSX	0.07	1.51
交易所交易基金			
Invesco新兴市场主权债务投资组合	PCY	0.50	25.55
SPDR长期公司债券	SPLB	0.07	1.05
先锋新兴市场政府债券	VWOB	0.25	3.27
先锋整体公司债券基金	VTC	0.05	705.33

附表7　股利增长型股票基金及交易所交易基金（2022年1月）

基金名称	基金代码	近期费率（%）	资产净值（10亿美元，2022年）
智慧树美国优质股利增长型基金	DGRW	0.28	7.10
先锋股利增长型指数基金	VDAIX	0.08	13.58
先锋股利增长型基金	VDIGX	0.26	56.42
先锋股权收入型基金	VEIRX	0.19	52.74
交易所交易基金			
iShares核心高股利	HDV	0.08	7.48
ProShares标普500股利贵族	NOBL	0.35	6.83
嘉信美国股利权益	SCHD	0.06	31.28
先锋高股利收益率	VYM	0.06	48.50
智慧树大市值股利基金	DLN	0.28	3.36

附表8　"聪明的β"共同基金及交易所交易基金精选（2022年1月）

基金名称	基金代码	设立时间（年）	近期费率（%）	资产净值（10亿美元，2022年）
DFA美国大市值价值组合	DFLVX	1993	0.22	25.47
DFA美国小市值价值组合	DFSVX	1993	0.39	12.70
先锋价值指数基金	VVIAX	2000	0.05	140.20
先锋小市值指数基金	VSMAX	2000	0.05	154.08
交易所交易基金				
PowerShares FTSE RAFI美国1000组合	PRF	2005	0.40	5.65
PowerShares标普500等权重组合	RSP	2003	0.20	31.26
高盛主动β美国大市值股票	GSLC	2015	0.09	13.25
iShares核心标普美国价值	IUSV	2000	0.05	11.47
AQR趋势基金	AMOMX	2009	0.40	1.15
PowerShares标普500低波动性基金	SPLV	2011	0.25	9.15
iShares标普小市值600价值	IJS	2000	0.25	4.07
PowerShares标普500纯价值组合	RPV	2006	0.35	3.15
Principal美国超大市值多因素指数	USMC	2017	0.12	1.55
先锋美国多因素	VFMF	2018	0.19	0.12

附表9　以净资产折扣价交易的市政债券封闭式基金精选（2022年1月）

基金名称 （交易代码）	资产净值 （美元）	价格 （美元）	折价率 （%）	描述
Templeton Dragon（TDF）	18.17	16.64	−8.5	中国
摩根士丹利中国（CAF）	21.64	19.78	−9.4	中国
印度基金（IFN）	24.33	22.20	−8.8	印度
中国基金（CHN）	20.00	18.54	−7.3	中国大型公司
墨西哥股票基金（MXE）	11.31	9.09	−19.6	墨西哥
Aberdeen新兴市场基金（AEF）	8.87	8.10	−8.7	所有新兴市场
Templeton新兴市场基金（EMF）	18.12	16.30	−10.5	所有新兴市场

附表10　以净资产折扣价交易的市政债券封闭式基金精选（2022年1月）

基金名称 （交易代码）	资产净值 （美元）	价格 （美元）	折价率 （%）	描述
贝莱德市政收入型投资（BBF）	15.63	14.67	−6.1	全美
Invesco市政信托（VKQ）	13.03	12.16	−6.7	全美
Nuveen增强型市政价值（NEV）	15.61	15.06	−3.5	全美
贝莱德CA市政（BFZ）	15.60	14.08	−9.7	加利福尼亚州
Nuveen AMT-Free市政信用收入型（NVG）	17.13	16.66	−2.7	全美
Nuveen Ohio优质市政收入型（NUO）	17.20	15.61	−2.6	俄亥俄州
黑石PA市政收益型（MPA）	16.02	15.61	−2.6	宾夕法尼亚州
Nuveen NY优质市政收入型（NAN）	15.27	14.11	−7.6	纽约州
Nuveen NJ优质市政收入型（NXJ）	16.21	14.61	−9.9	新泽西州